HADASSAH SANTANA

A inserção dos tratados em
MATÉRIA TRIBUTÁRIA NO SISTEMA JURÍDICO BRASILEIRO

Hadassah Santana

A INSERÇÃO DOS TRATADOS EM MATÉRIA TRIBUTÁRIA NO SISTEMA JURÍDICO BRASILEIRO

EDITORA CRV
Curitiba - Brasil
2016

Copyright © da Editora CRV Ltda.
Editor-chefe: Railson Moura
Diagramação: Editora CRV
Capa: Lucas de Sousa Santana
Revisão: A Autora
Conselho Editorial:

Profª. Drª. Andréia da Silva Quintanilha Sousa (UNIR)
Prof. Dr. Antônio Pereira Gaio Júnior (UFRRJ)
Prof. Dr. Carlos Alberto Vilar Estêvâo
- (Universidade do Minho, UMINHO, Portugal)
Prof. Dr. Carlos Federico Dominguez Avila (UNIEURO - DF)
Profª. Drª. Carmen Tereza Velanga (UNIR)
Prof. Dr. Celso Conti (UFSCar)
Prof. Dr. Cesar Gerónimo Tello
- (Universidad Nacional de Três de Febrero - Argentina)
Profª. Drª. Elione Maria Nogueira Diogenes (UFAL)
Prof. Dr. Élsio José Corá (Universidade Federal da Fronteira Sul, UFFS)
Profª. Drª. Gloria Fariñas León (Universidade de La Havana – Cuba)
Prof. Dr. Francisco Carlos Duarte (PUC-PR)
Prof. Dr. Guillermo Arias Beatón (Universidade de La Havana – Cuba)

Prof. Dr. João Adalberto Campato Junior (FAP - SP)
Prof. Dr. Jailson Alves dos Santos (UFRJ)
Prof. Dr. Leonel Severo Rocha (URI)
Profª. Drª. Lourdes Helena da Silva (UFV)
Profª. Drª. Josania Portela (UFPI)
Profª. Drª. Maria de Lourdes Pinto de Almeida (UNICAMP)
Profª. Drª. Maria Lília Imbiriba Sousa Colares (UFOPA)
Prof. Dr. Paulo Romualdo Hernandes (UNIFAL - MG)
Prof. Dr. Rodrigo Pratte-Santos (UFES)
Profª. Drª. Maria Cristina dos Santos Bezerra (UFSCar)
Prof. Dr. Sérgio Nunes de Jesus (IFRO)
Profª. Drª. Solange Helena Ximenes-Rocha (UFOPA)
Profª. Drª. Sydione Santos (UEPG PR)
Prof. Dr. Tadeu Oliver Gonçalves (UFPA)
Profª. Drª. Tania Suely Azevedo Brasileiro (UFOPA)

Este livro foi aprovado pelo conselho editorial.

CIP-BRASIL. CATALOGAÇÃO-NA-FONTE
SINDICATO NACIONAL DOS EDITORES DE LIVROS, RJ

S223i

Santana, Hadassah Laís de Sousa
A inserção dos tratados em matéria tributária no sistema jurídico brasileiro. / Hadassah Laís de Sousa Santana. - 1. ed. - Curitiba, PR: CRV, 2016.
198 p.

Inclui bibliografia
ISBN 978-85-444-1180-3

1. Direito tributário - Brasil. I. Título.

16-35993

CDU: 34:351.713(81)

2016
Foi feito o depósito legal conf. Lei 10.994 de 14/12/2004
Proibida a reprodução parcial ou total desta obra sem autorização da Editora CRV
Todos os direitos desta edição reservados pela:
Editora CRV
Tel.: (41) 3039-6418
www.editoracrv.com.br
E-mail: sac@editoracrv.com.br

A Deus, que me sustém, acalma, me dá forças, cumpre todas as promessas e cuja mão está constantemente pronta a me abençoar, não porque sou merecedora, mas porque a graça dele superabundou e trouxe vida quando não havia esperança.

Aos meus pais, Eude e Alice. Obrigada pelo exemplo, por tanta dedicação, pelo cuidado tão profícuo, por este amor irrestrito, por todos os conselhos e, pela prontidão em ajudar no que preciso for! A minha gratidão não se pode expressar nessas breves linhas.

Aos meus irmãos Lucas e Israel. Meu sincero agradecimento por se importarem e se envolverem com todos os meus projetos! Pelas palavras de apoio, pelos gestos de carinho, por estarem comigo nos momentos de alegria e de dor e nesses, mais tristes, me apertar até que eu esboçasse um sorriso! Vocês são presentes da minha vida! O amor que eu vos tenho é incomensurável.

À minha estimada e tão querida professora Liziane, que hoje, mais do que professora, posso dizer amiga, com todos os adjetivos que lhe cercam. Obrigada por acreditar em mim quando eu achei que não daria conta. Obrigada por seus conselhos tão certos. Sua sabedoria, delicadeza, conhecimento continuam a me fascinar. Minha admiração é contínua. Obrigada por tornar esse sonho possível.

Aos amigos, amigas-irmãs e minha família em Cristo que perdoaram a ausência, deram suporte, oraram, visitaram e se prontificaram em tantos momentos, lutaram junto, amaram, me ensinaram e fizeram valer a pena cada momento. A vocês, o meu eterno e grato amor!

Á Cris, amiga, irmã e sem a qual eu não teria conseguido ir em frente. Obrigada por tudo!

Ao amigo de todas as horas, Rodrigo Monteiro, pelo incentivo, pela revisão atenta, pela parceria irrestrita, pelo amor que não se mede nessa amizade de tantos anos.

"Mas vós sois a geração eleita, o sacerdócio real, a nação santa, o povo adquirido, para que anuncieis as virtudes daquele que vos chamou das trevas para a maravilhosa luz".

1 Pedro 2.9

SUMÁRIO

PREFÁCIO 11

INTRODUÇÃO 13

CAPÍTULO 1
ANÁLISE HISTÓRICA DA INCORPORAÇÃO DE TRATADOS
NAS CONSTITUIÇÕES BRASILEIRAS 17
1.1 Análise da incorporação de tratados
nas constituições brasileiras no período de 1824 a 1887 19
1.1.1 A Incorporação na Constituição de 1824 19
1.1.2 A Incorporação na Constituição de 1891 21
1.1.3 A incorporação na Constituição de 1934 23
1.1.4 A incorporação na Constituição de 1937 25
1.1.5 A incorporação na Constituição de 1946 28
1.1.6 A incorporação na Constituição de 1967 30
1.1.7 A incorporação delineada na Emenda Constitucional nº. 1 de 1969 32
1.2 A constituinte de 1988 e a incorporação
dos tratados internacionais 35

CAPÍTULO 2
RELAÇÕES ENTRE OS SISTEMAS DE DIREITO
NACIONAL E O DIREITO INTERNACIONAL 41
2.1 A antiga discussão: monismo versus dualismo 45
2.1.1 A teoria dualista 46
2.1.2 Críticas à doutrina dualista 51
2.1.3 A teoria monista 53
2.1.4 Monismo nacionalista 55
2.1.5 Monismo internacionalista 58
2.1.6 Monismo internacionalista dialógico 63
2.1.7 Doutrinas conciliatórias 65
2.1.8 Teoria do paralelismo 65

CAPÍTULO 3
ALGUNS ELEMENTOS DA CONVENÇÃO DE VIENA
DE 1969 SOBRE OS TRATADOS 67

CAPÍTULO 4
ACERCA DOS TRATADOS SOBRE MATÉRIA TRIBUTÁRIA.......... 77
4.1 Tratados de natureza tributária... 78
4.1.1 Tratados para evitar a bitributação da renda e do capital............ 80
4.1.2 Acordos sobre de Troca de Informação..................................... 81
4.2 Acordos tributários com repercussão em outras
matérias do comércio exterior 96
4.2.1 Acordos Comerciais: OMC, ALADI e MERCOSUL................. 97
4.2.2 Organização Mundial do Comércio - OMC............................. 100
1.2.7.1 O acordo TRIPS 108
4.2.3 A ALADI 111
4.2.4 Tratado do MERCOSUL 114
4.2.5 Acordos-quadro 117
4.2.6 Acordos Executivos 117
4.2.7 Acordos de Navegação Marítima e Aérea............................... 119
4.2.8 Tratados comerciais bilaterais... 121
4.2.9 Tratados sobre imunidades e privilégios diplomáticos 122
4.2.10 Tratados sobre Cooperação Aduaneira................................. 122
4.2.11 Tratados sobre Cooperação jurídica internacional 124

CAPÍTULO 5
A HIERARQUIA DAS NORMAS TRIBUTÁRIAS
ADVINDAS DE TRATADOS INTERNACIONAIS
NA ORDEM JURÍDICA BRASILEIRA............................... 125
5.1 Hierarquia dos tratados internacionais..................................... 132
5.2 A hierarquia da lei complementar 132
5.3 Conflito entre tratado e a constituição..................................... 138
5.4 Validade Constitucional do art. 98 do CTN.............................. 145
5.5 Entendimento dos Tribunais Superiores Acerca
dos Tratados Internacionais 150

CONSIDERAÇÕES FINAIS 157

REFERÊNCIAS... 171

SOBRE A AUTORA 197

PREFÁCIO

O Direito Internacional apresenta-se rico, profícuo, dinâmico e de estudo extremamente desafiador. Em nosso país, contudo, as correntes doutrinárias continuam se digladiando sobre questões fulcrais, ao passo que, na Constituição, onde deveríamos encontrar nossas opções políticas e jurídicas internacionais, consignou-se muito pouco, de forma esparsa e contraditória. As preocupações do constituinte brasileiro se concentraram em questões internas, deixando grandes lacunas e problemas estruturais para o jurista que se dedica Direito Internacional.

Por meio de tratados, acordos ou convenções internacionais, os Estados soberanos manifestam formalmente suas vontades com o objetivo de produzir efeitos jurídicos. No entanto, esses efeitos variam em função do sistema jurídico adotado. A primeira questão é a opção jurídico-política de cada país: a sua relação com o Direito Internacional.

No sistema monista, não há divisão entre o direito interno e o direito internacional; todas as normas internacionais a que o Estado tenha anuído integram imediatamente o seu ordenamento jurídico, prescindindo de ratificação interna. O sistema se apresenta em três formas: em uma, deve prevalecer o direito internacional sobre o nacional; em outra, este deve predominar sobre o forâneo e, na terceira, denominada monismo moderado, há equivalência entre normas internas e internacionais, sendo utilizado o princípio *lex posteriori rogat priori* para dirimir conflitos entre as normas.

Para os países que adotam a linha dualista, coexistem dois sistemas jurídicos distintos: a ordem jurídica internacional e a nacional. Assim, as regras aprovadas no âmbito internacional somente são válidas internamente depois de introduzidas de acordo com procedimento previsto em lei nacional.

Nesse contexto que devem ser vislumbradas as disquisições sobre direito internacional e tributário desenvolvidas por Hadassah Laís de Sousa Santana durante seu Mestrado na Universidade Católica de Brasília. Cabe consignar que é um trabalho de fôlego e coragem, que enfrenta tema de difícil sistematização de maneira crítica e honesta, não se deixando levar pelo atalho das respostas tautológicas.

A grande e importante questão deste estudo: vislumbrar o sistema de recepção de normas internacionais adotado no Brasil, especialmente no âmbito tributário. A autora debruça-se sobre as regras do texto constitucional, sobre a doutrina e a jurisprudência nacionais, sem se descuidar das regras e teorias de âmbito internacional.

O trabalho inicia-se com uma detida análise das regras constitucionais de incorporação de tratados internacionais desde a Constituição de 1824 até a atual, mostrando-nos a evolução (ou mera variação) do tratamento constitucional dessa matéria, no qual sempre esteve presente o traço da parcimônia. Problema constitucional que, no âmbito tributário, cristalizou--se no artigo 98 do Código Tributário Nacional. A autora também se dedica ao estudo dos mais importantes acordos na seara tributária e aduaneira e nos apresenta um panorama e uma análise ao mesmo tempo completa e profunda sobre esses tratados e sua inserção no sistema jurídico nacional.

É com grande alegria, portanto, que escrevo estas linhas de apresentação do novo livro **A inserção dos tratados em matéria tributária no sistema jurídico brasileiro**, da jovem professora Hadassah Laís de Sousa Santana. Trata-se de uma obra elaborada com esmero, e, tendo em conta a crescente importância desses temas no cenário do direito brasileiro e internacional, configura relevante contribuição para a inteligência do direito brasileiro e internacional.

Brasília, 26 de outubro de 2016.

Liziane Angelotti Meira
Auditora Fiscal da Receita Federal do Brasil,
Coordenadora da Pós-Graduação Stricto Sensu em
Direito da Universidade Católica de Brasília

INTRODUÇÃO

O tema desse trabalho são os acordos internacionais em matéria tributária celebrados pelo Brasil e sua relação com a legislação interna. Discorrer-se sobre o procedimento de internalização dos tratados, faz-se uma disquisição da maneira como o ordenamento jurídico brasileiro recebe as normas advindas dos tratados nacionais em matéria tributária, perpassando pelas diversas Constituições e pela a discussão embasada nas disposições da Constituição de 1988. No desenvolvimento da pesquisa, analisou-se as diretrizes jurisprudenciais do Superior Tribunal de Justiça e do Supremo Tribunal Federal.

A investigação do tema acordos internacionais possui uma base teórica que impele a um resultado prático. A aplicação das normas formalizadas em plano internacional no ordenamento interno remete à teoria de acepção dos tratados que a doutrina baliza de monismo ou dualismo. No ordenamento pátrio, não há uma resposta clara e objetiva. Deveria estar evidente na Constituição, mas não está.

A relação entre o Direito Internacional e o Direito Interno é proposta no estudo das duas correntes de pensamento exploradas nesse diapasão: o monismo e o dualismo, quando se questiona a possibilidade da supremacia de uma ordem (internacional ou nacional) sobre a outra. Para tanto, faz-se necessário compreender as diferenças entre o monismo e o dualismo quanto à natureza da ordem internacional e da ordem interna determinando a forma de resolução de conflitos na aplicação das normas.

A questão é vista de forma controvertida, em um plano no tocante à teoria monista e dualista e a acepção dada pelo Supremo Tribunal Federal de que somos da corrente dualista moderada, quando há a dispensa à exigibilidade de confecção de lei, necessitando apenas de um procedimento para a internacionalização dos tratados e atos internacionais no país.

Os tributos estão presentes na participação, cada vez mais intensa, dos contribuintes no mercado internacional de capitais, de bens e serviços, na possibilidade de se aferir renda em mais de um Estado e na transferência internacional de rendas. Os Estados se voltam para a possibilidade de pluritributação internacional da renda, na concessão de diversos incentivos à exportação e dificuldades à importação. Além disso, a inserção dos Estados em organismos internacionais como o MERCOSUL, a OCDE e a OMC, que importam na observância e na submissão dos Estados a princípios como o Tratamento Nacional, representam entraves que podem e geralmente são solucionados por tratados internacionais bilaterais ou multilaterais.

Dentre os Principais Acordos internacionais sobre tributação mencionam-se os Acordos para Evitar a Dupla Tributação, os Acordos para Intercâmbio de Informações relativo a tributos, os Acordos de Complementação Econômica, os Acordos de Cooperação Aduaneira e os Acordos de Cooperação Técnica.

A realização da pesquisa se deu porque a interação do Brasil com os demais Estados, mediante a celebração de acordos em matéria tributária *lato sensu*, colide, em certos casos, com o ordenamento interno. Noutro giro, a aproximação de fronteiras trouxe uma ampliação de ocorrências tributáveis, fruto da presença de pessoas, físicas e jurídicas, conjunturas e objetos, que passaram a ser sujeitas a mais de um ordenamento. Nesse sentido, ampliam-se os tratados para evitar evasão fiscal e aqueles relativos à troca de informações. Por exemplo, a troca de informações tributárias, situação advinda da celebração de acordos internacionais, é uma necessidade para as administrações tributárias contemporâneas. E, várias são as situações em que, apesar dos esforços para incorporar determinados tratados ou convenções, estes demoram a ter efetividade, seja pelo processo de incorporação, seja por falta de norma regulamentadora *a posteriori*.

Justificou-se o presente trabalho tendo em vista que o cenário em torno da celebração de tratados internacionais em matéria tributária e a inserção destes no ordenamento interno é de suma importância tanto para o governo brasileiro quanto para o contribuinte, pessoa física ou jurídica, porque existe uma multiplicidade de atos bilaterais e multilaterais para evitar a dupla tributação, cooperação sobre troca de informações, acordos aduaneiros, entre outros temas. Dessa forma, é preciso estar atento a esse tema para acompanhar os acordos celebrados sobre tributação e compreender sua inserção e validade no ordenamento interno.

Além disso, trouxe o desenvolvimento de uma reflexão crítica sobre as normas do ordenamento brasileiro no que tange à incorporação e efetividade das normas internacionais, notadamente as disposições constitucionais em contraponto à interpretação jurisprudencial e doutrinária, firmando desta forma, uma visão reflexiva e panorâmica, que, apesar de não esgotar o tema, se mostre fiel à evolução deste no direito pátrio.

Para se perquirir acerca da incorporação das normas advindas dos tratados internacionais em matéria tributária foram pesquisadas as normas internacionais, constitucionais e infraconstitucionais, além das normas infralegais, como as instruções normativas exaradas pela Receita Federal do Brasil e o entendimento jurisprudencial sobre o tema. O objeto de estudo está, assim, delimitado ao campo normativo, jurisprudencial e doutrinário.

O problema da pesquisa que ora se projetou pode assim ser sintetizado: É possível definir nosso sistema jurídico no tocante à incorporação de normas advindas de tratados em matéria tributária no ordenamento pátrio? E, por essa perspectiva, perquire-se: qual procedimento adequado para incorporação dos acordos internacionais sejam estes gravosos ou não? Por fim: como se relacionam as normas tributárias advindas de acordos internacionais e a legislação produzida no âmbito interno?

Apesar, da proposição firmada acima, pontua-se como hipótese principal do trabalho que a autorização constitucional para celebrar tratados e a incorporação destes mediante processo legislativo próprio não destoa da teoria dualista, em particularidade no que toca o direito tributário ao dispor de normas próprias, não revogadas pela Constituição de 1988.

Neste ponto, retoma-se a alusão o acerca da constitucionalidade do art. 98, ante ao novo posicionamento do Brasil frente às normas advindas dos tratados internacionais, além disso, pondera-se a acepção frente aos tratados sobre troca de informações, e sua aplicação no ordenamento interno em contraposição a princípios constitucionais na ordem interna.

Sendo assim, é possível afirma que o objetivo do presente trabalho está em verificar o procedimento de internalização dos acordos internacionais sobre matéria tributária e a relação dessas normas com as normas produzidas internamente.

Aplicou-se os métodos de investigação documental e bibliográfica com a finalidade exploratória, e, claro, de algum modo, para uma reflexão acerca da posição do ordenamento brasileiro hodierno quanto à internacionalização de normas, o texto será permeado necessariamente por um contexto histórico.

A estratégia de estudo partiu da técnica bibliográfica de pesquisa para fundamentação e delimitação dos conceitos, com leitura cética, codificação e análise de discurso (padrões e funções das características do discurso) em julgados dos tribunais superiores STF e STJ.

A técnica de pesquisa bibliográfica foi utilizada por se mostrar inteiramente viável em relação aos materiais a serem examinados. Foi feira uma análise usando a doutrina para exame das posições divergentes acerca da internalização de normas advindas de tratados em matéria tributária A técnica também foi eleita em virtude da reunião de suas características: a existência de um levantamento bibliográfico seguido da seleção das obras: livros e artigos científicos. Cuida-se de pesquisa organizada e concretizada mediante documentação indireta e de cunho qualitativo, de forma que os dados coletados são submetidos à análise e interpretação descritiva. Portanto, a técnica de pesquisa bibliográfica se adequa aos propósitos que ora se anunciam.

CAPÍTULO 1

ANÁLISE HISTÓRICA DA INCORPORAÇÃO DE TRATADOS NAS CONSTITUIÇÕES BRASILEIRAS

A relação entre Estados soberanos possui uma inegável carga valorativa no que tange à soberania. Acentuando-se a definição de soberania como sendo o poder supremo sobre o qual não haja outro, que determina a si mesmo os limites de sua competência[1] e no qual a autonomia lhe está subordinada, pois atua em limites que a soberania tenha lhe prescrito.

Hodiernamente a questão preponderante é a interdependência econômica e a aproximação das fronteiras. Isso traz uma integração internacional maior que outrora e que levou os Estados-nacionais a se unirem na antiga Liga das Nações, na atual Organização das Nações Unidas – ONU e na formação de blocos econômicos e até em ordens supranacionais, como a União Europeia.

Reconhece-se que, no contexto jurídico-político, o chamado constitucionalismo contemporâneo possui uma abertura que deriva do posicionamento de diversas soberanias, que, por meio de suas Cartas-Constitucionais estão ligadas à uma percepção de cultura constitucional revelando parâmetro supranacional.

Bernardo Gonçalves Fernandes[2] aborda nesse sentido "certo deslocamento da ideia de dirigismo constitucional para os tratados internacionais à luz de uma arena de debates e conjecturas normativas não nacionais (locais), mas, sobretudo internacionais" e trouxe as palavras de Canotilho:

> Numa época de cidadanias múltiplas e de múltiplos de cidadanias que: "a Constituição dirigente está morta se o dirigismo constitucional for entendido como normativismo constitucional revolucionário capaz de, só por si, operar transformações emancipatórias. Também suportará impulsos fanáticos qualquer texto constitucional dirigente

---

1 FERREIRA Filho, Manoel Gonçalves. **Curso de direito constitucional**. 38. ed., rev. e atual. – São Paulo: Saraiva, 2012. p. 17.
2 Bernardo Goncalves Fernandes - **Curso de Direito Constitucional** – 3. ed, 2011, Rio de Janeiro. ed. Lumen Juris, p. 68

introvertidamente vergado sobre si próprio e alheio aos processos de abertura do direito constitucional ao direito internacional e aos direitos supranacionais[3].

De maneira geral, nas Constituições hodiernas, aduz-se, nesse processo de incorporação de normas, que a vontade exarada nos veículos de volitividade vai integrar o direito interno a partir do aceite pacífico que se inicia com o direito de negociar tratados como uma competência do Poder Executivo e o consentimento decorrente do Poder Legislativo, e só então haverá um compromisso efetivo quando for convertido em lei sob o aspecto interno, vinculando o Estado, seus Poderes e cidadãos.

No aspecto internacional prevalece, em certa medida, que as condições de ratificação estejam sujeitas a diretivas internas, sendo necessário o percurso completo de ratificação para sua eficácia plena, não sendo as condições dos tratados, obrigatórias antes de findar este processo de incorporação, ressalvando alguns casos de urgência comprovada, na qual o chefe de Estado pode autorizar *ad referendum* do Poder Legislativo, os ajustes de atos e a sua execução imediata[4].

Esses veículos de volitividade no plano internacional pressupõem um acordo de vontades que não gera uma efetiva obrigação anterior à sua aprovação definitiva, sendo no momento da celebração uma promessa de acordo, e a partir dessa premissa, o posicionamento do Poder Legislativo iria transcender o direito interno[5], preservando de forma preliminar a soberania do Estado, sendo a decisão legislativa efetividade de produção de norma vigente não só para seus jurisdicionados, mas com efeitos externos, porque representaria a soberania estatal frente à ordem internacional, é o que se verá nos próximos itens quando da abordagem do processo de incorporação nas Constituições do Brasil.

---

3   "A ideia de uma Constituição Dirigente é típica do Estado Social. O dirigismo constitucional pressupõe uma concepção de Estado e de seu modelo de regulação social, econômica e cultural" in CANOTILHO, José Joaquim Gomes. O Estado Adjetivo e a Teoria da Constituição. **Revista Latino-Americana de Estudos Constitucionais.** N. 5, Belo Horizonte: Del Rey, p. 139-154, jan./jul. 2005, p. 145.

4   RICCITELLI, Antônio. **Direito constitucional:** teoria do Estado e da Constituição. - 4. ed. rev. - Barueri, SP: Manole, 2007, p. 126. E sobre o tema há referência expressa no art. 5, da Convenção de Havana, de 1928, e no art. 16 do princípio confirmado pela Corte Permanente de Justiça Internacional.

5   RICCITELLI, Antônio, op.cit.,. p. 127.

1.1 Análise da incorporação de tratados nas constituições brasileiras no período de 1824 a 1887

Abordar-se, neste item, os diversos ordenamentos constitucionais brasileiros pontuando-se contextos econômicos, sociais e políticos para uma visão sistemática, quanto à realidade jurídica, no que se refere à internalização de normas pelos diversos ordenamentos constitucionais do Brasil.

Amado Luiz Cervo[6] traz um enfoque[7] que será útil para contextualizar os períodos abordados neste item. O objetivo é analisar as Constituições do Brasil anteriores a 1988 com um olhar na política das relações internacionais do Brasil.

O Texto Constitucional brasileiro desde o princípio (na Constituição do Império), como será verificado, não enverga com clareza a respeito do ingresso e da efetividade das normas internacionais dentro do ordenamento jurídico nacional. Ainda não há preceito constitucional expresso que elucide ou pontue a hierarquia das normas internacionais dentro do direito interno (há dúvidas, inclusive, sobre a própria hierarquia das normas internas), o que leva a doutrina e a jurisprudência a opiniões dissonantes quanto ao tratamento às normas internacionais.

1.1.1 A Incorporação na Constituição de 1824

Dentro de um paradigma liberal-conservador, a primeira constituição do Brasil foi outorgada e teve forte influência europeia. Na Constituição Politica do Imperio do Brazil[8], como foi designada, as relações de poder têm por alicerce o Poder Moderador e a Representação política. A estrutura política era de um Estado centralizado com Monarquia hereditária e Constitucional, possuindo quatro poderes. Ela copiou um modelo externo de monarquias europeias restauradas (após o congresso de Viena). Esteve conformada por ideais liberais[9].

---

6   CERVO, Amado Luiz. Política exterior e relações internacionais do Brasil: enfoque paradigmático. **Revista Brasileira de Política internacional**, v. 46, n. 2, p. 5-25, 2003. Disponível em: <http://www.scielo.br/pdf/rbpi/v46n2/v46n2a01.pdf>. Acesso em: 24 agosto. 2014, p. 7.

7   Cervo traz paradigmas para elucidação da política externa brasileira que trarão a necessária articulação das relações de causa e efeito.

8   OTACIANO, Nogueira. Constituições Brasileiras. v. I, 3. ed. Brasília. Senado Federal. 2012. Disponível em: <http://www2.senado.leg.br/bdsf/bitstream/handle/id/137569/Constituicoes_Brasileiras_v1_1824.pdf?sequence=5>. Acesso em: 14 nov. 2014.

9   BONAVIDES, Paulo; ANDRADE, Paes de. **História constitucional do Brasil**. 5ed. Florianópolis: OAB Editora, 2004, p. 105.

Cervo observou que os europeus impuseram à periferia do capitalismo, a América Latina, o modelo de fazer comércio, de organizar a produção e mesmo de criar instituições políticas e sociais. Nesse tocante, os tratados bilaterais eram o instrumento deste ordenamento político, jurídico e econômico, refletindo na política das portas abertas, em que a periferia não tinha opção: era a abertura de seu mercado aos manufaturados e a imersão em atividades primárias. O liberalismo europeu era uma via de mão única: externa[10].

Nessa Constituição cabia ao Chefe do Poder Executivo reger as relações com os Estados estrangeiros, não havia aqui interdependência dos poderes executivo e legislativo a não ser que o assunto remetesse à cessão ou troca de território. Percebe-se que a exceção à celebração de acordos internacionais era a passagem pela casa legislativa[11]. A celebração de tratados estava, nesta carta, sob a gestão exclusiva do Poder Executivo.

O artigo 102 da constituição do império trazia uma lista de tratados, relacionando de modo expresso os casos em que haveria a apreciação legislativa.

> Art. 102. O Imperador é o Chefe do Poder Executivo, e o exercita pelos seus Ministros de Estado.
> São suas principais atribuições
> (...)
> VII. Dirigir as Negociações Políticas com as Nações estrangeiras.
> VIII. Fazer Tratados de Alliança offensiva, e defensiva, de Subsidio, e Commercio, levando-os depois de concluidos ao conhecimento da Assembléa Geral, quando o interesse, e segurança do Estado permittirem. Se os Tratados concluidos em tempo de paz envolverem cessão, ou troca de Territorio do Imperio, ou de Possessões, a que o Imperio tenha direito, não serão ratificados, sem terem sido approvados pela Assembléa Geral. (*SIC*)

Cachapuz[12] afirma que a doutrina à época se posicionava em favor da necessidade de aprovação legislativa para tratados que versasse matéria da competência do Legislativo, agregando os ares doutrinários das Revoluções Americana e Francesa.

---

10 CERVO, Amado Luiz, op. cit., p. 9.
11 GABSCH, Rodrigo. D'Araújo. **Aprovação de Tratados Internacionais pelo Brasil**. Brasília: Funag. 2010, p. 21
12 MEDEIROS, Antônio Paulo Cachapuz. **O poder de celebrar tratados: competência dos poderes constituídos para a celebração de tratados à luz do Direito Internacional, do Direito Comparado e do Direito Constitucional Brasileiro**. Porto Alegre: Sergio Antonio Fabris, 1995, p. 97.

Correlacionando a visão que a nação faz de si e a visão projetada no mundo, Dom Pedro I, afirmando o Brasil dentro do sistema mundial, amplia o horizonte de seu relacionamento bilateral e assina tratados de amizade, comércio e navegação com o Rei Carlos X, da França, em 8 de janeiro de 1826 e com o Rei da Prússia, Frederico Guilherme III, em 9 de julho de 1827[13].

Gabesh pontua que a manifestação da Assembleia Geral com a letra da Constituição, principalmente no que se refere à celebração de acordos comerciais desiguais com potências europeias, denominados "sistema dos tratados" teve sua primeira vitória, quando a lei de 14 de junho de 1831 conferiu dentro das competências dos regentes, a aprovação legislativa prévia para todos os tipos de tratados[14], que retornou às mãos do executivo com a maioridade de Dom Pedro II.

1.1.2 A Incorporação na Constituição de 1891

Ainda dentro de um paradigma liberal-conservador, a proclamação da República em 1889 fez necessária uma nova Constituição porquanto o novo diploma rompia com o Império e instaurava uma nova ordem que, sob a autoridade do Senador Rui Barbosa promulgou, na Assembleia Constituinte de 1890, a união perpétua e indissolúvel das antigas Províncias e firmou o pacto federativo do Brasil sob um diploma republicano[15], conciliando nesta conjuntura os interesses ligados à oligarquia latifundiária.

A visão que o país projetou no mundo teve por fulcro a ideologia do liberalismo, calcada na concepção europeia, e ressoando na construção das instituições política advindas do Estado monárquico e nas que se conformavam no Estado republicano. Tal ideologia está presente inclusive nos tratados entre livre cambistas, correspondendo ao apelo protecionista no que tange à política alfandegária e de comércio exterior.

Cervo pontua que essa ideologia liberal explica a assinatura de tratados e a política aduaneira, colocando o Brasil na condição periférica, de acordo com ele, de modo permanente[16].

Quanto à percepção dos operadores na execução dos interesses nacionais, o projeto de industrialização dos anos 1840 repercutiu na

---

13 Acquarone, Appio Claudio. **Tratados de extradição:** construção, atualidade e projeção do relacionamento bilateral brasileiro. Brasília: FUNAG. Instituto Rio Branco: Fundação Alexandre Gusmão, 2003. p. 41
14 GABSCH, Rodrigo. D'Araújo. op., cit, p. 21.
15 MENDES, Gilmar; COELHO, Inocêncio Mártires Coelho; BRANCO, Paulo Gustavo Gonet. **Curso de Direito Constitucional.** 7. ed. São Paulo: Saraiva, 2013, p. 186-189.
16 CERVO, Amado Luiz, op. cit., p. 11.

dualidade subserviência e soberania que incitavam a política exterior e o modelo de inserção internacional do país da vigência do paradigma liberal na esfera econômica e do conservador na esfera política e geopolítica. A leitura do interesse nacional era feita sob dois segmentos: os grandes proprietários das terras e o resto da sociedade (escravos, ex-escravos, trabalhadores livres, imigrantes etc.).

Esta Constituição organizada em três poderes: Legislativo, Executivo e Judiciário, na qual o Congresso Nacional era dividido em Senado e Câmara, faz-se relevante mencionar a criação do Supremo Tribunal Federal como órgão máximo do Poder Judiciário, composto à época por quinze juízes.

Quanto à elaboração política que condiciona tendências e explica determinadas rupturas, a Constituição da Primeira República, de 1891, ao dispor sobre o poder convencional acerca dos tratados, explicitou:

> Art. 34 Compete privativamente ao Congresso Nacional:
> (...)
> 12– resolver definitivamente sobre os tratados e convenções com as nações estrangeiras;
> (...)
> Art. 48 Compete privativamente ao Presidente da República:
> (...)
> 16 – entabolar negociações internacionais, celebrar ajustes, convenções e tratados, sempre *ad referendum* do Congresso[17];

A promulgação da Constituição de 1891 conferiu ao Congresso o poder de resolver definitivamente sobre os tratados e convenções do poder executivo com as nações estrangeiras e que o Presidente da República negociaria sempre *ad referendum* do congresso.

De acordo com o professor Rezek[18], o constituinte de 1891 pretendeu submeter à apreciação legislativa todas as formas de comprometimento convencional, como ajustes convenções e tratados, além de expressar que sempre passariam pelo poder legislativo.

O termo "resolver definitivamente" inserido no ordenamento de 1891 permanece até hoje e é tecnicamente impreciso, nos dizeres de Gabesh, pois o Congresso Nacional somente decidia em definitivo caso

---

17 BRASIL. **Constituição da República dos Estados Unidos do Brasil de 24 de fevereiro de 1891**. Disponível em: <http://www.planalto.gov.br/ccivil_03/Constituicao/Constituicao91.htm>. Acesso em: 22 ago. 2014.
18 REZEK, José Francisco. **Direito Internacional Público**: Curso Elementar. 12. ed., 2010, p. 60.
MELLO, Celso Duvivier de Albuquerque. **Direito constitucional internacional**: uma introdução. Rio de Janeiro: Renovar, 1994, p. 269.

rejeitasse o tratado, ao passo que, no caso da aprovação, a decisão é do poder executivo por meio da ratificação, inclusive discricionária do Presidente da República.

Outro comentário relevante é de que a Constituição Federal em 1891 não indicava de maneira expressa a Casa em que deveria haver início a tramitação do tratado internacional. Na lei n°. 23, no artigo 9°, a discussão da matéria se iniciaria na Câmara dos Deputados mediante projeto de lei formulado pelo Poder Executivo sujeito à sanção do Presidente da República.

A doutrina da época, citada por Gabesh, como Barbalho e Bevilaqua mostra que a vinculação definitiva do País aos acordos internacionais exigia o concurso dos dois Poderes constituídos: Executivo e Legislativo, bem como evidencia que a competência em matéria de tratados concedida ao poder legislativo significa que lhe é facultado aprová-lo ou rejeitá-lo *in totum*, sem poder emendá-los ou aprovar apenas em parte[19].

Sob a constituição de 1891, o STF reconheceu o primado dos tratados internacionais em face de legislação interna posterior no julgamento da extradição n° 7 de rel. Min Canuto Saraiva ocorrido em 1.1.1914, quando anulou julgamento anterior para afastar a aplicação dos requisitos para extradição da Lei n° 2.416 de 28 de junho de 1911 em proveito de tratado de extradição entre os governos do Brasil e do Império Alemão de 17.9 de 1877[20].

1.1.3 A incorporação na Constituição de 1934

O paradigma de 1930 a 1989 foi definido por Cervo como desenvolvimentista, tendo em vista que, nos anos da depressão capitalista e no contexto da Segunda Guerra Mundial o Brasil sofreu a influência com a queda de importações exportações devida à crise de 1930 e a disputa pelo mercado e sistema produtivo, além da divisão do mundo em blocos e a política econômica americana de Roosevelt.

O cenário internacional, caracterizado pelas democracias liberais e pelo advento de Constituições que consagravam direitos sociais, como a Constituição Mexicana de 1917 e da Constituição de Weimar

---

19 Diferente da posição adotada hoje, em que é possível aprovar com reservas, como no caso da própria Convenção de Viena.

20 Cf. RODRIGUES, Manoel Coelho. A Extradição no Direito Brasileiro e na Legislação Comparada. Tomo III, Anexo B. Rio de Janeiro: Imprensa Nacional, 1931, p. 75-78. *Apud* BRASIL. SUPREMO TRIBUNAL FEDERAL. **RE 460.320/PR. Voto Rel. Min. Gilmar Mendes**. Em elaboração. 31 ago. 2011. Plenário. Disponível em: <http://www.stf.jus.br/portal/processo/verProcessoAndamento.asp?numero=460320&classe=RE&codigoClasse=0&ORIGEM=JUR&recurso=0&tipoJulgamento>. Acesso em: 22 ago. 2014, p. 4.

de 1919, levaram a uma mudança que resultou no Estado Social. E, em contraponto à exploração da classe trabalhadora e dentro dessa influência dos Direitos Sociais que permeavam a época, Getúlio Vargas subiu ao poder e surgiu a Constituição de 1934.

Quanto à visão que o país projetava, está incorporada na inserção da América Latina ao processo de modernização e se confunde com a percepção dos dirigentes quanto à operação dos interesses nacionais.

Cervo[21] expõe que as relações econômicas internacionais se moldavam dentro de um contexto de exportações primárias e importações industriais, exprimindo o prestígio externo como convinha a oligarquia de dominação interna.

Salutar distinguir que a Constituição de 1934 coloca a resolução sobre tratados na competência exclusiva do Poder Legislativo, ao invés de privativa do Congresso Nacional, e amplia essa competência pontuando que inclusive os tratados relativos à paz teriam de passar pelo crivo da competência exclusiva do Poder Legislativo.

Além disso, em relação à competência do Presidente, ela continua privativa, mas denota-se mais enxuto o termo quando expressam apenas convenções e tratados e retirando o termo "sempre":

> Art. 40 É da competência exclusiva do Poder Legislativo:
> a) resolver definitivamente sobre tratados e convenções com as nações estrangeiras, celebrados pelo Presidente da República, inclusive os relativos à paz;
> (...)
> Art. 56 Compete privativamente ao Presidente da República:
> (...)
> § 6º.
> celebrar convenções e tratados internacionais ad referendum do Poder Legislativo;[22]

Em 1934, o Senado passou a compor em colaboração o processo legislativo de algumas matérias, de forma mais restrita, mas permeando a competência no que tange aos tratados e convenções com as nações estrangeiras. Essa foi uma inovação através da qual o Poder Legislativo seria exercido pela Câmara dos Deputados com a colaboração do Senado:

---

21 CERVO, Amado Luiz, op. cit., p. 13
22 BRASIL. Constituição da República dos Estados Unidos do Brasil de 16 de julho de 1934. Disponível em: <http://www.planalto.gov.br/ccivil_03/Constituicao/Constituicao34.htm>. Acesso em: 23 ago. 2014.

Art. 91 - Compete ao Senado Federal:
1 - colaborar com a Câmara dos Deputados na elaboração de leis sobre:
(...)
e) mobilização, declaração de guerra, celebração de paz e passagem de forças estrangeiras pelo território nacional;
f) tratados e convenções com as nações estrangeiras;
g) comércio internacional e interestadual[23];

Além disso, a constituição de 1934 atribui à União a competência exclusiva para celebrar tratados, embora o poder de concluir acordos internacionais não tivesse sido conferido aos Estados, de forma interpretativa e doutrinária desde 1891[24].

Pontes de Miranda revela que as leis resultantes dos projetos de aprovação de tratados dispensavam a sanção do Presidente e se posiciona pela imprescindibilidade da aprovação legislativa no que se refere a tratados celebrados pelo Presidente da República[25].

1.1.4 A incorporação na Constituição de 1937

Dentro do paradigma desenvolvimentista, a Constituição de 1937 surge na transição para um novo período autoritário no país. Em uma crise político-ideológica, Vargas, projetando no mundo oposição ao comunismo, outorga a Constituição de 1937 com amplos poderes ao Presidente da República: "Art. 73 – O Presidente da República, autoridade suprema do Estado, coordena a atividade dos órgãos representativos de grau superior, dirige a política interna e externa, promove ou orienta a política legislativa de interesse nacional e superintende a administração do país[26]".

O golpe de Vargas marca uma forte centralização política e, consequentemente, imiscuída de autoritarismo. Apelidada de "polaca[27]" representa o golpe de Vargas e o Estado Novo, podendo ser identificada como uma carta outorgada de inspiração fascista com forte intervenção do Estado na econômica.

---

23 BRASIL. Constituição da República dos Estados Unidos do Brasil de 16 de julho de 1934. Disponível em: <http://www.planalto.gov.br/ccivil_03/Constituicao/Constituicao34.htm>. Acesso em: 23 agosto. 2014
24 GABSCH, Rodrigo. D'Araújo, op. cit., p. 23
25 MIRANDA, Pontes de. **Comentários à Constituição da República dos Estados Unidos do Brasil**. Rio de Janeiro. Ed. Guanaara, 1934, tomo I, p. 527. Apud GABSCH, Rodrigo. D'Araújo, op. cit., p. 25.
26 BRASIL. Constituição dos Estados Unidos do Brasil de 10 de novembro de 1937. Disponível em: <http://www.planalto.gov.br/ccivil_03/Constituicao/Constituicao37.htm>. Acesso em: 23 agosto. 2014.
27 Esse apelido se deu por ter a Constituição de 1937 se baseado na Constituição polonesa de 23 de abril de 1935.

A figura do Conselho de Estado inseria no aparente bicameralismo, a influência direta do executivo, já que inclusive seu presidente era escolhido pelo chefe do Poder Executivo. O texto básico outorgava o exame de tratados ao Conselho Federal:

> Art. 15 - Compete privativamente à União:
> I - manter relações com os Estados estrangeiros, nomear os membros do Corpo Diplomático e Consular, celebrar tratados e convenções internacionais;
>
> Art. 54 - Terá inicio no Conselho Federal a discussão e votação dos projetos de lei sobre:
> a) tratados e convenções internacionais;
> b) comércio internacional e interestadual;
> c) regime de portos e navegação de cabotagem.
>
> Art. 74 - Compete privativamente ao Presidente da República: (Redação dada pela Lei Constitucional nº 9, de 1945)
> a) sancionar, promulgar e fazer publicar as leis e expedir decretos e regulamentos para sua execução; (Redação dada pela Lei Constitucional nº 9, de 1945)
> b) expedir decretos-leis, nos termos dos arts. 12, 13 e 14 (Redação dada pela Lei Constitucional nº 9, de 1945)
> c) dissolver a Câmara dos Deputados no caso do parágrafo único do art. 167; (Redação dada pela Lei Constitucional nº 9, de 1945)
> d) adiar, prorrogar e convocar o Parlamento; (Redação dada pela Lei Constitucional nº 9, de 1945)
> e) manter relações com os Estados estrangeiros; (Redação dada pela Lei Constitucional nº 9, de 1945)
> f) celebrar convenções e tratados internacionais, ad referendum do Poder Legislativo; (Redação dada pela Lei Constitucional nº 9, de 1945)

Insta ressaltar a preponderância de normas internacionais sobre normas infraconstitucionais, em matéria tributária, admitida na vigência da CF de 1937, conforme os termos da Apelação Cível nº. 7.872/RS, Rel. Min. Philadelpho de Azevedo, julgada em 11.10.1943.

O exemplo é extraído do voto de relatoria do min. Gilmar Mendes, no relato que a Corte teria mantido afastada a aplicação do imposto adicional de 10% criado pelo Decreto nº 24.343, de 5.6.1934, em privilégio das disposições de tratado entre o Brasil e o Uruguai, firmado em 25.8.1933 e promulgado pelo Decreto nº 23.710, de 9.1.1934. Elucida com o voto do relator, Min. Philadelpho de Azevedo: "Chegamos, assim, ao ponto nevrálgico da questão – a atuação do tratado, como lei interna, no sistema de aplicação do direito no tempo, segundo o equilíbrio de normas, em regra afetadas as mais antigas pelas mais recentes"[28].

E, no mesmo voto, em referência à revogação do tratado por leis ordinárias posteriores, afirma-se que a equiparação absoluta entre a lei e o tratado conduziria à resposta afirmativa. Mas tal solução pareceu ao Ministro, desacertada, porque o tratado teria um caráter convencional, e o Brasil estaria envolto em um Judiciário que não poderia apreciar a legitimidade de atos do legislativo ou do executivo, seria incômodo deixar ao Governo a responsabilidade em nível internacional com as potências contratantes que reclamarem contra a indevida e unilateral revogação de um pacto por lei posterior.

Ressalta-se a confluência dessa posição com a postura dos demais países da América em que teria força vinculatória a regra de que um país não pode modificar o tratado sem o acordo dos demais contratantes, conforme art. 10 da Convenção sobre Tratados, assinada na 6ª Conferência Americana de Havana, promulgada no Brasil pelo Decreto nº. 18.956, de 22 de outubro de 1929.

A riqueza do voto traz um princípio codificado por Epitácio Pessoa que estendia a vinculação ao que, perante a equidade, os costumes e os princípios de direito internacional, pudesse ser considerado presente na intenção dos pactuantes quando nenhuma das partes se exoneraria isoladamente, podendo apenas fazer denúncia, segundo o combinado ou de acordo com a cláusula *rebus sic stantibus* subentendida, aliás, na ausência de prazo determinado[29].

Clóvis Beviláqua coaduna sua doutrina com estes princípios, considerando-os universais e eternos, acentuando quão fielmente devem ser executados os tratados, não alteráveis unilateralmente e interpretados segundo a equidade, a boa fé e o próprio sistema dos mesmos[30].

Sob essa perspectiva, Hildebrando Accioly[31], reitera o posicionamento acima descrito acrescendo que, quando o tratado se incorpora à lei interna enseja a formação de direitos subjetivos, alinhando a este

---

28 BRASIL. SUPREMO TRIBUNAL FEDERAL. RE 460.320/PR. VOTO. REL. Min. Gilmar Mendes. Em elaboração. 31/08/2011. Plenário. Disponível em: <http://www.stf.jus.br/portal/processo/verProcessoAndamento.asp?numero=460320&classe=RE&codigoClasse=0&ORIGEM=JUR&recurso=0&tipoJulgamento>. Acesso em: 22 ago. 2014.
29 Idem, p. 6.
30 **Direito Público Internacional.** A syntese dos princípios e a contribuição do Brazil. Tomo II 2. Livraria Francisco Alves 166 Rua do Ouvidor – Rio de Janeiro. 1911. Disponível em: <http://www.oab.org.br/editora/revista/users/revista/1211291763174218181901.pdf>. p. 31-32. Acesso em: 12 nov. 2014.
31 **Tratado de Direito Internacional.** v. 2, 3. ed. Quartier Latin, 2009, p. 1.309.

posicionamento o art. 11 da Convenção de Havana que assenta: "Os tratados continuarão a produzir seus efeitos, ainda quando se modifique a constituição interna do Estado, salvo caso de impossibilidade, em que serão eles adaptados às novas condições".

1.1.5 A incorporação na Constituição de 1946

Em um período qualificado por Cervo ainda como desenvolvimentista, o Presidente eleito, Eurico Gaspar Dutra, convoca a Constituinte e promulga a Constituição de 1946 com princípios liberais e democráticos como a igualdade e a liberdade[32]. O Estado de direito e a autonomia federativa são restabelecidos e no aspecto econômico a restrição às importações favorece a indústria nacional em um contexto de regime cambial desfavorável às exportações. Tida por alguns doutrinadores como a melhor Constituição do Brasil até hoje.

Surge no campo diplomático a doutrina da licitude dos acordos executivos, tendo por doutrinador de destaque Hildebrando Accioly[33] e em contraponto Francisco Rezek[34], pontuando que a história diplomática do Brasil concede exemplos de comprometimento externo, na velha República, por ação isolada do poder Executivo em afronta aparente ao texto constitucional.

Quanto à internalização de acordos, a Constituição de 1946 esboçava:

> Art. 5º - Compete à União:
> I - manter relações com os Estados estrangeiros e com eles celebrar tratados e convenções;
> Art. 66 - É da competência exclusiva do Congresso Nacional:
> I - resolver definitivamente sobre os tratados e convenções celebradas com os Estados estrangeiros pelo Presidente da República;
> Art. 87 - Compete privativamente ao Presidente da República:
> (...)
> VI - manter relações com Estados estrangeiros;
> VII - celebrar tratados e convenções internacionais ad referendum do Congresso Nacional;[35]

---

32 SILVA, José Afonso da. **Curso de Direito Constitucional Positivo**. 32. ed. São Paulo: Malheiros, 2009, p. 83.
33 Rezek, Francisco. Parlamento Constitucional e tratados: o modelo constitucional do Brasil. **Revista de Informação Legislativa**. Brasilia, a. 41 b. 162, abr/jun. 2004, p. 121-148, p. 125.
34 Idem.
35 BRASIL. Constituição dos Estados Unidos do Brasil de 18 de setembro de 1946. Disponível em: <http://www.planalto.gov.br/ccivil_03/Constituicao/Constituicao46.htm>. Acesso em: 22 agosto. 2014.

Além disso, trouxe o Senado como participante direto no processo legislativo, mantendo a prerrogativa de, juntamente com a Câmara dos Deputados, iniciar o processo legislativo após a celebração pelo Presidente da República[36].

Quanto ao entendimento relativo à prevalência dos tratados internacionais sobre o direito interno infraconstitucional, tal posicionamento foi esboçado por Philadelpho Azevedo, ainda em 1945, quando Ministro do Supremo Tribunal Federal[37].

Em outro julgamento do Supremo Tribunal Federal, na Apelação Cível nº. 9.587/RS, Rel.Min. Lafayette de Andrada, julgada em 21.8.1951, aplicou-se tratamento tributário previsto no "Tratado de Comércio entre os Estados Unidos do Brasil e os Estado Unidos da América", firmado em 2.2.1935 e promulgado por meio do Decreto 542, de 21.12.1935, em detrimento das disposições do Decreto-Lei nº 7.404, de 22.3.1945:

> A controvérsia girou sobre a prevalência de tratado da União com Estados estrangeiros. Nego provimento à apelação. A sentença bem apreciou a hipótese dos autos. Realmente não pode ter aplicação a autora os dispositivos do dec.-lei 7.404 de 1942 porque há um Tratado entre o Brasil e os Estados Unidos da América do Norte e Inglaterra, pelo qual o Imposto de consumo deveria ser cobrado de acordo com o regulamento vigente à época de sua promulgação. Está expresso no art. 7º do referido Tratado que os países signatários não podem elevar 'as taxas, custas, exações ou encargos internos nacionais, ou federais que sejam diferentes ou mais elevados do que o estabelecido ou previstos, respectivamente, nas leis dos Estados Unidos da América, em vigor no dia da assinatura do Tratado.

Firmava-se no ordenamento a disposição de que lei posterior teria de obedecer ao tratado, isso marcado no voto de Rel. do Min. Lafayette de Andrada, julgado em 21.8.1951:

> Portanto, as leis posteriores que alteram a vigorante naquela oportunidade ficam sem aplicação nos produtos importados nos países signatários dessa convenção. [...]. Já sustentei, ao proferir voto nos embargos na apelação cível 9.583, de 22 de junho de 1950, que os tratados constituem leis especiais e por isso não ficam sujeitos às leis gerais de cada país, porque, em regra, visam justamente à exclusão dessas mesmas leis. [...] Sem

---

36 Miranda, Pontes de. **Comentários à constituição de 1946**. Rio de Janeiro: Henrique Cahen Editor, 1946, v. II, p. 66.
37 REZEK, José Francisco. **Direito Internacional Público**: Curso Elementar. ed. 12, a. 2010, p. 99.

dúvida que o tratado revoga as leis que lhe são anteriores, mas não pode ser revogado pelas leis posteriores, se estas não se referirem expressamente a essa revogação ou se não denunciarem o tratado. A meu ver, por isso, uma simples lei que dispõe sobre imposto de consumo não tem força para alterar os termos de um tratado internacional[38].

Ressalta-se que, nesse contexto, foi editado o Código Tributário Nacional, em 25.10.1966, prevendo explicitamente a preponderância dos tratados sobre normas infraconstitucionais internas em matéria tributária: "Art. 98. Os tratados e convenções internacionais revogam ou modificam a legislação tributária interna e serão observados pela que lhe sobrevenha".

Quanto ao aspecto de elaborações políticas que condicione tendências, a assunção de João Goulart ao poder trouxe uma instabilidade e fragilidade política que foi usada pelos Militares na realização do Golpe de 1964. José Afonso da Silva trata desse período, afirmando que:

> Jango Goulart tenta equilibrar-se no poder acariciando a direita, os conservadores e a esquerda. Apesar de tudo, a economia nacional prospera, e a inflação muito mais. Jango, despreparado, instável, inseguro e demagogo, desorienta-se. Perde o estribo do poder. Escora-se no peleguismo, em que fundamentara toda a sua carreira política. Perde-se. Sem prestar atenção aos mais sensatos, que, aliás, despreza, cai no dia 1º de abril de 1964, com o Movimento Militar instaurado no dia anterior[39].

O período democrático dá espaço a uma ditadura que irá durar mais de 20 anos. O governo militar irá legislar por meio de Atos Institucionais, e o primeiro deles, o Ato Institucional nº 1, revoga de plano praticamente toda a Constituição de 1946.

1.1.6 A incorporação na Constituição de 1967

Ainda no contexto desenvolvimentista apontado por Cervo, a Constituição de 1967 foi outorgada sob o argumento de preservar a segurança nacional, conferindo amplos poderes ao Poder Executivo, valorizando a União na estrutura federativa do Estado brasileiro e concedendo a ela certas competências que antes pertenciam aos Estados e aos Municípios.

---

38 BRASIL. Supremo Tribunal Federal. **Apelação Cível nº 9.587**/RS, Rel. Min. Lafayette de Andrada, julgada em 21.8.1951.
39 SILVA, José Afondo da op.cit., p. 86.

Quanto à internalização de normas advindas de tratados internacionais, a Constituição de 1967 expressava:

> Art. 8º - Compete à União:
> I - manter relações com Estados estrangeiros e com eles celebrar tratados e convenções; participar de organizações internacionais;
> Art. 47 - É da competência exclusiva do Congresso Nacional:
> I - resolver definitivamente sobre os tratados celebrados pelo Presidente da República;
> Parágrafo único - O Poder Executivo enviará ao Congresso Nacional até quinze dias após sua assinatura, os tratados celebrados pelo Presidente da República.
> Art. 83 - Compete privativamente ao Presidente:
> [...]
> VII - manter relações com Estados estrangeiros;
> VIII - celebrar tratados, convenções e atos internacionais, ad referendum do Congresso Nacional[40];

Ao congresso manteve-se a função de resolver definitivamente sobre os tratados celebrados pelo Presidente da República, a quem competia de modo privativo celebrar tratados, convenções e atos internacionais *ad referendum* do Congresso Nacional, enviando a este no prazo de até quinze dias após sua assinatura.

Gabsch[41] traz a discrepância inicial do art. 47 e 83 que deveriam compor uma norma em simetria, mas o primeiro refere-se a tratados e o seguinte a tratados, convenções e atos internacionais e neste segundo artigo a literalidade do artigo remete a um entendimento de que todos os atos internacionais celebrados pelo Presidente estariam sujeitos a referendo do congresso, inviabilizando atos ordinários da diplomacia brasileira. Mas a interpretação que se firmou foi no sentido de ato como sinônimo de tratado[42].

A inovação do parágrafo único determinando o envio ao congresso nacional em até 15 dias foi objeto de crítica na doutrina, isso porque o entendimento preponderante é de que o envio ao Poder Legislativo é em princípio, ato discricionário do Presidente da Republica, sendo o texto literal contrário ao costume jurídico e à doutrina pacífica.

---

40 BRASIL. Constituição da República Federativa do Brasil de 1967. Disponível em: <http://www.planalto.gov.br/ccivil_03/Constituicao/Constituicao67.htm>. Acesso em: 23 ago. 2014.
41 GABSCH, Rodrigo d'Araújo. op. Cit.,. 27
42 Mello, Celso Duvivier de Albuquerque. **Curso de Direito Internacional Público**. 8. ed. Rio de Janeiro: Freitas Bastos, 1986, v. 1, p. 164-165.

Não houve respaldo político para o cumprimento deste parágrafo único do art. 47, porque a pressão política que acontecia no país não dava poder ao Legislativo para pressionar o Executivo, sendo deste o poder para ratificá-los, permanecendo a praxe para os acordos executivos que continuavam a ser adotados sem comunicação ao Legislativo.

Ainda sob a Constituição de 1967, Pontes de Miranda[43] registra a competência do Presidente para iniciativa do projeto de aprovação de tratados internacionais, iniciando a discussão na Câmara dos Deputados, ficando a cargo do Congresso Nacional o exame, em sessão conjunta, em caso de urgência a pedido do Chefe de Estado.

1.1.7 A incorporação delineada na Emenda Constitucional n°. 1 de 1969

A Emenda Constitucional n° 1 de 1969, a despeito de discussões doutrinárias, constitucionalizou a utilização dos Atos Institucionais. E, após a revogação do ato institucional n°. 5, em 1978, as características de tal emenda lhe conferiram, na posição de alguns doutrinadores, o *status* de Carta Ditatorial, assumindo o caráter de uma nova Constituição.

Quanto à incorporação das normas internacionais no ordenamento interno, considerada manifestação do poder constituinte originário, a Carta de 1969 continuou a afirmar:

> Art. 8°. Compete à União:
> I - manter relações com Estados estrangeiros e com êles celebrar tratados e convenções; participar de organizações internacionais;
> Art. 44. É da competência exclusiva do Congresso Nacional:
> I - resolver definitivamente sôbre os tratados, convenções e atos internacionais celebrados pelo Presidente da República;
> Art. 81. Compete privativamente ao Presidente da República:
> [...]
> IX - manter relações com os Estados estrangeiros;
> X - celebrar tratados, convenções e atos internacionais, ad referendum do Congresso Nacional[44].

---

43 Miranda, Pontes de. **Comentários à constituição de 1967**. São Paulo: Editora Revista dos Tribunais, 1967, tomo III, p. 105.
44 BRASIL. Redação dada pela Emenda Constitucional n° 1 de 17 de outubro de 1969. Disponível em: <http://www.planalto.gov.br/ccivil_03/Constituicao/Constituicao67EMC69.htm>. Acesso em: 23 agosto. 2014.

No que tange aos interesses nacionais, é interessante mencionar, que na vigência da Carta de 1967, com redação dada pela EC nº 1/69, o Pleno do Supremo Tribunal Federal, acolhendo clara concepção monista, decidiu, no RE nº. 71.154/PR, de Rel. do Min. Oswaldo Trigueiro, julgado em 4 de agosto de 1971, que os tratados internacionais, de forma geral, "têm aplicação imediata, inclusive naquilo em que modificam a legislação interna[45]".

Mas, em 1977, no julgamento do RE nº 80.004/SE[46] Rel. p/ o acórdão Min. Cunha Peixoto, Pleno, DJ 29.12.1977, o STF alterou seu entendimento tradicional quanto à relação entre Direito Interno e Direito Internacional e passou a entender o sistema sob uma perspectiva dualista. Baseado na visão de Triepel, o Min. Cunha Peixoto expressou que o artigo 98 só se aplicaria aos denominados tratados-contratos e declarou não haver na Constituição, qualquer artigo que declarasse irrevogável uma lei positiva brasileira pelo fato de ter sua origem em um tratado:

> Nem se diga estar a irrevogabilidade dos tratados e convenções por lei ordinária interna consagrado no direito positivo brasileiro, porque está expresso no art. 98 do Código Tributário Nacional, verbis: 'os tratados e as convenções internacionais revogam ou modificam a legislação tributária interna, e serão observados pelas que lhe sobrevenham'. Como se verifica, o dispositivo refere-se a tratados e convenções. Isto, porque os tratados podem ser normativos, ou contratuais. Os primeiros traçam regras sobre pontos de interesse geral, empenhando o futuro pela admissão de princípio abstrato, no dizer de Tito Fulgêncio. Contratuais são acordos entre governantes acerca de qualquer assunto. O contratual, é, pois, título de direito subjetivo. Daí o art. 98 declarar que tratado ou convenção não é revogado por lei tributária interna. É que se trata de um contrato, que deve ser respeitado pelas partes. [...][47]

O ministro Cunha Peixoto, no mesmo RE citado, compõe o argumento agregando o princípio do artigo 178 do Código Tributário quanto à isenção, em que este proibia sua revogação quando concedida por tempo determinado. Aduzia que nesta medida houve um contrato entre a entidade pública e o particular, que, transformado em direito subjetivo, deve ser respeitado naquele período.

---

45 BRASIL. Supremo Tribunal Federal. **RE nº. 71.154/PR**. Voto. REL. Min. Oswaldo Trigueiro. Julgado em: 4 ago. 1971.
46 BRASIL. Supremo Tribunal Federal. **RE nº 80.004/SE**. Voto. Rel. Min. Cunha Peixoto, Pleno, DJ 29.12.1977.
47 BRASIL. Supremo Tribunal Federal. **RE nº 80.004/SE**. Voto. Rel. Min. Cunha Peixoto, Pleno, DJ 29.12.1977.

Nesse sentido o artigo 98 do Código Tributário Nacional referia-se à legislação tributária, não sendo um princípio de ordem geral e ainda aduziu ser este um dispositivo de "de constitucionalidade duvidosa". Em comparação aos outros ordenamentos, trouxe a doutrina dualista, informando que a norma naquela medida não era aceita por todos os países, colacionando argumento de Triepel:

> Por um decreto de 1893, o governo italiano exigiu que todos os direitos aduaneiros fossem pagos em metal, ou em meios de liberação análogos. A Suíça reclamou e, apoiando-se na cláusula compromissória do art. 14 do tratado de comércio, provocou a instauração do Tribunal arbitral, previsto para as dificuldades que surgissem quanto à interpretação e aplicação do tratado. A Itália não o aceitou, e, em nossa opinião, com razão, porque a modificação do direito italiano, de que a Suíça se queixava, era apenas modificação do direito interno suposto, não ordenado, pelo tratado de comércio[48].

Outro fato pontuado no Voto do Min. Cunha no RE nº 80.004/SE, DJ 29.12.1977 é de que a lei tributária falaria de tratados ou convenções pressupondo aí o fato de serem contratuais, não esposando o mesmo entendimento as leis brasileiras que tiveram origem em um tratado, porquanto este, quando transformado em direito positivo, deixaria de ser tratado.

O entendimento que se firmou ali foi de que o artigo 98 do Código Tributário Nacional apenas se aplicaria aos denominados tratados-contratos. E, sendo assim, quando houvesse antinomias entre tratados internacionais e leis internas, elas seriam resolvidas apenas por critérios de cronologia (*lex posteriori derogat priori*) e de especialidade (*lex specialis derogat generali*). Em 1981, no julgamento do HC 58.727/DF, Rel Min. Soares Muñoz, destacou-se que na colisão entre a lei e o tratado, prevalece este último, porque conteria normas específicas.

Apesar disso, o Min Gilmar Mendes demonstra que, mesmo após a fixação do novo entendimento a respeito ausência de preponderância dos acordos internacionais, de forma geral, sobre normas internas infraconstitucionais, o Plenário da Corte aplicou, no RE nº. 90.824/SP, de relatoria do Min. Moreira Alves, o mencionado art. 98 do CTN para privilegiar o Tratado de Montevidéu – firmado em 18 de fevereiro de 1960 e promulgado pelo Decreto nº 50.656, de 24 de maio de 1961 – em detrimento da incidência de preço de referência criado pelo Decreto-Lei nº. 1.111 de 10

---

48   Idem.

de julho de 1970. Nesse aspecto, pontua-se que o entendimento do STF era de privilegiar as normas internacionais em matéria tributária sobre as normas internas posteriores.

1.2 A constituinte de 1988 e a incorporação dos tratados internacionais

A Constituição da República Federativa do Brasil de 1988 trouxe como um de seus princípios basilares, em seu artigo 4º[49], o reconhecimento de uma política internacional que respeite, em primeiro plano, a independência nacional e, em um segundo momento particulariza os Direitos Humanos como prevalência sobre demais elementos integrantes das relações internacionais, mas sem deixar de mencionar a integração econômica dos povos da América Latina como um de seus princípios dirigentes.

Sublinha-se que a vinculação do Estado Brasileiro ao cenário internacional se dá pelo reconhecimento do ato internacional no ordenamento interno, denominado internalização ou incorporação de tratados.

A internalização de tratados no Brasil segue uma diretriz consagrada desde a Constituição de 1891, que respeita o processo decisório de vinculação a tratados. Hodiernamente a disciplina cabe aos poderes Legislativo e Executivo na qual, ao Presidente, de maneira geral, incumbe a competência privativa para celebrar acordos, e ao Congresso Nacional, a prerrogativa de decidir pela aprovação por meio de um processo legislativo próprio.

A Constituição de 1988 tem três dispositivos que disciplinam a incorporação dos tratados internacionais ao sistema jurídico brasileiro, artigos 84 e 49 e o art. 5 § 3º. Os dois primeiros dispositivos são prerrogativas definidas, uma ao Presidente, como representante do Estado Federativo Brasileiro e a outra dada ao Congresso Nacional como símbolo de uma Democracia com repartição definida de poderes, em que este representa o interesse do povo e dos Estados Federados, o último trata da incorporação dos acordos que versem sobre direitos humanos.

---

49 Art. 4º A República Federativa do Brasil rege-se nas suas relações internacionais pelos seguintes princípios: I - independência nacional; II - prevalência dos direitos humanos; III - autodeterminação dos povos; IV - não-intervenção; V - igualdade entre os Estados; VI - defesa da paz; VII - solução pacífica dos conflitos; VIII - repúdio ao terrorismo e ao racismo; IX - cooperação entre os povos para o progresso da humanidade; X - concessão de asilo político. Parágrafo único. A República Federativa do Brasil buscará a integração econômica, política, social e cultural dos povos da América Latina, visando à formação de uma comunidade latino-americana de nações.

Esmiuçando o processo de incorporação de normas internacionais, menciona-se, como dito, inicialmente, o art. 84, VIII da Constituição de 1988 que aduz a competência do Presidente da República de forma privativa para a celebração de tratados convenções a atos internacionais, sujeitando-os a posterior referendo do Congresso Nacional.

Destaca-se neste ponto que o inciso VII do artigo 84 denota a necessidade de aprovação dos tratados pelo Congresso Nacional, mas há uma corrente de autores consagrados na doutrina internacionalista como Francisco Rezek e Antônio Cançado Trindade, que se posiciona no sentido de que em alguns casos a ratificação é desnecessária, porque, apesar da menção de que, ao Congresso Nacional cabe a competência exclusiva para resolver definitivamente sobre tratados, acordos ou atos internacionais, o art. 49, I da Constituição diz que tal competência se dá somente quando tais tratados, acordos ou atos acarretarem encargos ou compromissos gravosos ao país.

A primeira fase de celebração de um acordo internacional é a sua negociação e assinatura do tratado na ordem internacional. Concluída tal etapa, o Presidente pode ou não dar seguimento à incorporação, podendo, se achar conveniente, arquivar o fruto daquela negociação por não acreditar mais ser um momento propício politicamente ou mesmo economicamente; ou ainda pode solicitar um estudo sobre aquele assunto e a repercussão dele no ordenamento ou, dar andamento e, submeter à aprovação do Congresso Nacional[50].

Antônio Cachapuz Medeiros[51] aborda as duas correntes doutrinárias acerca do referendo do Congresso Nacional. A primeira defende que a Constituição exigiria a aprovação do Congresso para todos os acordos internacionais e, a segunda, de que certos acordos poderiam ser concluídos pelo Executivo sem a necessidade de aprovação congressional. Por conseguinte, a vinculação do Estado Brasileiro aos tratados internacionais sujeita à apreciação legislativa teria uma exceção quando relativa aos denominados acordos-executivos.

O Presidente da República envia uma mensagem acompanhada do inteiro teor do compromisso e da exposição de motivos e, a aprovação (Referendo) do Congresso Nacional se dá por meio de decreto

---

50 O Chefe de Estado não é obrigado a submeter o texto convencional à aprovação legislativa, mas precisa do consentimento do Congresso Nacional para vincular o Estado Brasileiro a um tratado. Sendo exceção a tal discricionariedade o caso das convenções internacionais do trabalho que devem ser obrigatoriamente submetidas ao Congresso Nacional em um ano após o encerramento do momento em que foram celebradas.

51 MEDEIROS, Antônio. Paulo Cachapuz. de. A constituição de 1988 e o poder de celebrar Tratados. **Revista de Informação Legislativa**, p. 89-125. 2008.

legislativo. Para esta aprovação, exige-se apenas um turno de discussão e votação em cada Casa, considerando-se aprovado se obtiver o voto da maioria simples dos parlamentares. Caso haja rejeição na casa iniciadora, finalizar-se-á o processo.

Na casa iniciadora (Câmara), o processo de votação começa na Comissão de Relações Exteriores e de Defesa Nacional, a quem cumpre elaborar o projeto do decreto legislativo que, tramita em regime de urgência. O projeto é apreciado simultaneamente por todas as comissões a quem a Mesa Diretora determinar[52] e pelas: comissões de Finanças e Tributação, de Constituição e Justiça e, de Redação. Por fim é levado ao Plenário para votação e discussão em um único turno.

Sendo aprovado, o projeto do Decreto Legislativo é enviado para o Senado e, quando aprovado na forma em que fora recebido é transformado em Decreto Legislativo, sendo promulgado pelo Presidente do Senado. Nesse caso, não há emendas, haja vista que no caso de aprovação de acordo internacional a possibilidade é de fazer reservas, mas não se pode acrescentar nada ao texto, sendo qualquer nova disposição submetida ao crivo internacional, gerando nova negociação.

Quando da aprovação do tratado em forma de Decreto Legislativo, o Congresso Nacional terá o condão de fazer restrições, a que o Chefe do Executivo colocará como reservas, ou aprovará com declaração de desabono às reservas opostas pelo executivo quando da assinatura. Nesse sentido, colaciona-se o parecer do Deputado Federal José Thomaz Nono à consulta 7/1993 mencionada por Valteir: "O Congresso Nacional, no exercício de seu "poder-dever", expresso no art. 49, inciso I, da Constituição Federal, poderá aprovar, ainda que parcialmente, tratado, acordo, convenção ou qualquer outro compromisso internacional, sobre o qual deva se pronunciar"[53].

Sobre a atribuição do Legislativo, além dos acordos de caráter oneroso que devem passar pelo Congresso Nacional, aqueles que se referem à matéria sujeitas à reserva legal têm a mesma condicional e, nesse teor, destaca-se que o princípio da legalidade tem caráter dúplice: em relação ao Estado, visa ao equilíbrio dos Poderes na estrutura governamental, com freios e contrapesos, de forma a garantir a democracia e afastar os riscos da tirania; no que tange ao cidadão, entende-se

---

52 Cf. inciso II do art. 151, e 139, IV e VI do regimento Interno da Câmara dos Deputados – RICD.
53 BRITO, Valteir Marcos de. A recepção dos Tratados Internacionais pelo Ordenamento Jurídico Brasileiro e a Participação do Poder Legislativo na Celebração de Tratados. **Revista de Direito Internacional, Econômico e Tributário**. p. 35.

que o princípio da legalidade lhe garante que as decisões constritivas de sua liberdade, sua propriedade, seus direitos serão tomadas de modo democrático, por meio do consentimento indireto, ou seja, os cidadãos escolhem pelo voto os membros do Poder Legislativos e lhes designam a tarefa de legislar. Dessarte, nem o Presidente da República representando o Brasil na celebração de acordos internacionais tem o poder de inserir, sem consultar o Congresso Nacional, no sistema jurídico brasileiro, normas que disciplinem temas sob reserva legal[54].

O artigo 59, *caput* e inciso VI, da Carta Magna prevê o decreto legislativo como instrumento legal para o exercício da competência exclusiva do Congresso Nacional, ressaltando que este ato normativo é aprovado por maioria simples e teria a hierarquia de lei ordinária[55].

Todavia, não há na Constituição Federal norma expressa determinado que o Decreto fosse o instrumento adequado à promulgação de acordos internacionais.[56] No que se refere a essas diferenças nas nomenclaturas dos institutos, já havia um posicionamento citado por Gabsch quando em crítica à Constituição de 1967 explicitando que, a competência do Congresso Nacional para apreciar acordos estaria se referindo a tratados e não a qualquer expediente do Ministério das Relações Exteriores.

Jonathan Vita[57] apresenta quanto ao procedimento de produção normativa brasileira, uma forma de delimitar a relação entre os textos introduzidos e a ordem nacional vigente. Nesse sentido, para este autor, o Decreto presidencial estaria como fato jurídico necessário à incorporação no ordenamento interno confirmando a relação entre o Estado e o povo destinatário de tais normas.

O procedimento sobre o qual se discorreu autoriza a ratificação do tratado pelo Presidente, mas não traz obrigatoriedade da ratificação, porque, pela própria demora do procedimento, pode não ser mais interessante ao país a ratificação daquele tratado. Frisa-se que a ratificação é feita sob a condição autorizativa do Congresso Nacional, mas a autorização em si não tem o condão de medida obrigatória.

---

54   MEIRA, Liziane Angelotti. **Tributos sobre o comércio exterior**. São Paulo: Saraiva, 2012, p. 102-113
55   Tal assentimento será discutido em tópico próprio.
56   Há, conforme observou de Francisco Rezek, uma tradição no direito brasileiro, através de costume iniciado desde os tempos do Império, de se promulgar por decreto presidencial os atos internacionais, transformando-se esta prática em verdadeira praxe administrativa. **Direito Internacional Público: curso elementar**, 8. ed. São Paulo: Saraiva, 2000, p. 79. *Apud* MEIRA, Liziane Angelotti.Tributos sobre o comércio exterior. São Paulo: Saraiva, 2012. Nota de rodapé 190, p. 134.
57   VITA, Jonathan Barros. **Valoração aduaneira e preços de transferência:** pontos de conexão e distinções sistêmico-aplicativas. Tese apresentada à Pontifícia Universidade Católica de São Paulo. 2010, p. 259.

Uma ressalva importante mencionada é com relação ao termo aprovação, que no ordenamento brasileiro se traduz na autorização do Congresso Nacional ao Presidente e que na Convenção de Viena foi usado de forma genérica. Após a autorização pelo Congresso Nacional, o Presidente ratifica por meio da troca ou depósito de um instrumento de ratificação junto ao país depositário e posteriormente procede à promulgação do tratado por meio de um decreto que trará a vigência no ordenamento interno após a publicação[58].

Nessa medida, para que o tratado tenha sua execução no plano interno é necessária sua publicação. A publicação não está disciplinada pela constituição, mas pela Lei de Introdução às Normas de Direito Brasileiro que determina a vigência de uma norma após sua oficial publicação. Celso Albuquerque Mello afirma que "a publicação é condição essencial para o tratado ser aplicado no âmbito interno"[59]. Compreende-se dessa forma as etapas de negociação, assinatura, mensagem ao Congresso, aprovação parlamentar, ratificação, promulgação e publicação.

A celebração de acordos é, assim, processo legislativo que produz normas de direito internacional. Faz-se dessa forma um processo legislativo uno que possui duas fases, uma no âmbito interno e outra no âmbito externo e produzem dois tipos de norma, uma de direito internacional e outra de direito interno, depois da incorporação[60].

O instrumento legal para que determinado Estado-parte se desligue de um compromisso firmado internacionalmente é a denúncia, tendo como certo o parecer de Bevilaqua, quando afirma que é de todo indiferente que o tratado disponha ou não sobre a perspectiva de sua própria denúncia. Nessa medida importa que o tratado seja validamente denunciável e aduz que parece bastante lógico que, onde a comunhão de vontades entre governo e parlamento seja necessária para obrigar o Estado, lançando-o numa relação contratual internacional, repute-se suficiente a vontade de um daqueles dois poderes para desobrigá-lo por meio da denúncia[61].

---

58 MEIRA, Liziane. Angelotti. (julho/agosto de 2012). Mecanismo de incorporação dos Acordos Internacionais - Questões tributárias e normas do Mercosul. **Revista Fórum de Direito Tributário - RFDT,** 58, p. 101-124. p. 109.

59 MELLO, Celso D. de Albuquerque. **Curso de Direito Internacional Público.** Rio de Janeiro: Renovar, 2001, p. 229.

60 Valteir Marcos de Brito faz menção e nos relembra que m tratado internacional pode vir a ser incorporado ao direito interno sem que tenha vigência internacional, situação esta que ocorre quando não é alcançado o quorum de ratificação predeterminado. Cf. A recepção dos Tratados Internacionais pelo Ordenamento Jurídico Brasileiro e a Participação do Poder Legislativo na Celebração de Tratados. **Revista de Direito Internacional, Econômico e Tributário,** p. 23.

61 BRITO, Valteir Marcos de. A recepção dos Tratados Internacionais pelo Ordenamento Jurídico Brasileiro e a Participação do Poder Legislativo na Celebração de Tratados. **Revista de Direito Internacional, Econômico e Tributário,** p. 35-36.

Essa é a prática da internalização dos tratados no ordenamento pátrio. Não se tratou neste tópico da forma legal que se reveste o tratado quando da sua internalização, mas sim do ato de internalizar, do procedimento para que uma norma externa adentre o ordenamento e seja por este considerada uma regra normativa a ser seguida pelos seus nacionais e pelo Estado que compõe tal ordenamento.

CAPÍTULO 2

RELAÇÕES ENTRE OS SISTEMAS DE DIREITO NACIONAL E O DIREITO INTERNACIONAL

Assinalar-se-á, conforme anota Jonathan Vita[62], utilizando argumentos de Teubner[63], que a ideia de um direito internacional *per se*, acaba sendo problemática, porque a sociedade nacional não é totalmente diferenciada da sociedade internacional, conjuntura que fragiliza o debate entre a supremacia das normas internacionais.

No campo teórico, têm-se férteis discussões a respeito do tema nas mais diversas ramificações do Direito e, para o tributarista, este é assunto afeto antes mesmo da Constituição de 1988, isso porque o Código Tributário Nacional Consubstanciou em seu artigo 98 que "os tratados e as convenções internacionais revogam ou modificam a legislação tributária interna, e serão observados pela que lhes sobrevenha". E em seu art. 96 que "a expressão "legislação tributária" compreende as leis, os tratados e as convenções internacionais, os decretos e as normas complementares que versem, no todo ou em parte, sobre tributos e relações jurídicas a eles pertinentes".

Ora, para além do debate sobre a supremacia da ordem interna ou da norma internacional no campo teórico do Direito Internacional, a prática do Direito Tributário se depara com posições fluídas que permitem interpretações, algumas vezes colidindo com a frase exposta pelo Ministro Celso de Mello, do STF: é na Constituição da Republica – e, não na controvérsia doutrinária que antagoniza monistas e dualistas - que se deve buscar a solução normativa para a questão da incorporação dos atos internacionais ao sistema de direito positivo interno brasileiro[64]. O grande problema daí advindo, é que a Constituição não é clara, nem a de outrora e nem a atual.

Antes da explanação sobre as teorias existentes sobre a supremacia de normas referindo-se à sua prevalência e abarcando certa unicidade ou multiplicidade, será importante considerar duas teorias precedentes consideradas fundamentos do Direito Internacional: a voluntarista e a objetivista.

---

[62] VITA, Jonathan Barros. **Valoração aduaneira e preços de transferência:** pontos de conexão e distinções sistêmico-aplicativas. São Paulo. 2010, p. 217-218.
[63] Cf. TEUBNER, Gunther. **Global Law Without a State**. Brookfield: Dartmouth. 1997, p. 3-28.
[64] BRASIL. SUPREMO TRIBUNAL FEDERAL, Tribunal Pleno, ADI-MC 1480/DF. Relator: Celso de Mello, DJ de 18.05.2001, p. 429.

Para o voluntarismo, vertente subjetiva, o elemento central é a vontade dos sujeitos de Direito Internacional. Nessa tônica, os Estados e Organizações Internacionais observam as normas internacionais porque expressaram sua concordância de forma expressa (assinatura de tratados) ou tácita (aceitação generalizada de um costume)[65].

Para o objetivismo, a obrigatoriedade de obediência às normas internacionais decorre da existência de valores, princípios ou regras que se revestem de importância tal que delas pode depender, objetivamente, o bom desenvolvimento e a existência da sociedade internacional. Nessa dinâmica, surgem independentemente da vontade dos sujeitos de Direito Internacional e se colocam acima da vontade dos Estados, que deverão pautar suas relações por base naqueles enunciados.

Portela resume as correntes do voluntarismo pontuando: a) a corrente da autolimitação da vontade, tendo como expoente Georg Jellinek, na qual o Estado, por sua própria vontade, submete-se às normas internacionais e limita sua soberania; b) a corrente da vontade coletiva, de Heinrich Triepel, para quem o Direito Internacional nasce não da vontade de um ente estatal, mas da conjunção das vontades unanimes de vários Estados, formando uma só vontade coletiva; c) a corrente do consentimento das nações, de Hall e Oppenheim, em que o fundamento do Direito das Gentes e a vontade da maioria dos Estados de um grupo é exercida de maneira livre e sem vícios, mas sem a exigência de unanimidade; e d) a corrente da delegação do Direito interno, ou do "Direito estatal externo", de Max Wenze, para a qual o fundamento do Direito Internacional é encontrado no próprio ordenamento nacional dos entes estatais[66].

As correntes do objetivismo, nascida no final do século XIX, são postas, na doutrina de Portela[67], da seguinte maneira: a) a corrente do jusnaturalismo (teoria do Direito Natural) em que as normas internacionais impõem-se naturalmente, por terem fundamento na própria natureza humana, tendo origem divina ou sendo baseadas na razão; b) as correntes sociológicas do Direito em que a norma internacional tem origem em fato social que se impõe aos indivíduos e, c) a corrente da norma-base de Kelsen para quem o fundamento do Direito Internacional é a norma hipotética fundamental, da qual decorrem todas as demais, inclusive as do Direito interno,

---

[65] PORTELA, Paulo Henrique Gonçalves. **Direito Internacional Público e Privado Incluindo Noções de Direitos Humanos e de Direito Comunitário**. 2. ed. Ed. *jus*PODIVN. Bahia. 2010, p. 40.
[66] PORTELA, Paulo Henrique Gonçalves. **Direito Internacional Público e Privado Incluindo Noções de Direitos Humanos e de Direito Comunitário**. 2. ed. Ed. *jus*PODIVN. Bahia. 2010, p. 41.
[67] PORTELA, Paulo Henrique Gonçalves. **Direito Internacional Público e Privado Incluindo Noções de Direitos Humanos e de Direito Comunitário**. 2. ed. Ed. *jus*PODIVN. Bahia. 2010, p. 41-42.

até porque não haveria diferença entre normas internacionais e internas; e, d) a corrente dos direitos fundamentais dos Estados para a qual o Direito Internacional fundamenta-se no fato de os Estados possuírem direitos que lhe são inerentes e que são oponíveis em relação a terceiros.

Mazzuoli, ao citar Verdross afirma que as raízes do voluntarismo estão no Direito Romano, pelo qual todo acordo internacional se tornava irrevogável pela vontade dos contratantes[68].

Rezek pontua como crítica à teoria voluntarista o fato de que ela não explica como um novo Estado, que surge no cenário internacional, estaria obrigado por tratado internacional, norma costumeira ou princípio geral do direito de cuja formação ele não participou com o produto da sua vontade:

> Não informam tais autores, de modo idôneo, a base sobre a qual garantem a existência dessa suposta obrigatoriedade — de resto, incompatível com o princípio da tabula rasa, segundo o qual, ao nascer, o Estado encontra diante de si um vazio de obrigações internacionais, a ser preenchido na medida em que consinta sobre regras costumeiras e se ponha a celebrar tratados. Tunkin lembrou, com razão, que todo novo Estado tem o direito de repudiar certas normas consuetudinárias, ponderando, todavia, que seu silencio, e seu ingresso em relações oficiais com os demais Estados, justificara oportunamente uma presunção de assentimento sobre o direito costumeiro, em tudo quanto não tenha motivado, de sua parte, o protesto, a rejeição manifesta[69].

E, ainda mais firmemente, Mazzuoli afirma que se o Direito Internacional encontra seu fundamento de obrigatoriedade na vontade coletiva dos Estados, bastaria que um deles se retirasse da coletividade ou modificasse sua vontade original para que a validade do Direito Internacional estivesse comprometida: "Defender o voluntarismo é, pois, permitir que os Estados possam a qualquer momento desligar-se unilateralmente das normas jurídicas internacionais sem que se possa falar em responsabilidade, nem, tampouco, em violação do Direito Internacional"[70].

A corrente do objetivismo de outra forma também não completa as lacunas da aplicabilidade e efetividade das normas internacionais, porque, em certa medida, acaba por minimizar a vontade sobrada dos Estados, que são atores na criação das regras de Direito Internacional, que não existem sem estes.

---

68 MAZZUOLI, Valério de Oliveira. **Curso de Direito Internacional Público.** 7. ed. rev. atual. e ampl. São Paulo: RT, 2013, p. 102.
69 REZEK Francisco. **Direito Internacional:** Curso Elementar. 12. ed, 2010, p. 131-132.
70 MAZZUOLI, Valério de Oliveira **Curso de Direito Internacional Público.** 7. ed. rev. atual. e ampl. São Paulo: RT, 2013, p. 103

Uma terceira corrente afirma como fundamento do Direito Internacional o primado do *pacta sunt servanda*, o qual a base se dá por princípios jurídicos alçados a um patamar superior ao da vontade dos Estados. Mazzuoli[71] afirma tratar-se de uma teoria objetivista temperada, porque leva em consideração da manifestação de vontade dos Estados. Nessa teoria abandona-se o esquema piramidal de hipótese da norma fundamental que justificaria a existência e validade do Direito Internacional atribuindo-lhe regra objetiva, qual seja, a imposição aos Estados do dever de respeitar a sua palavra e de cumprir com a obrigação aceita no livre e pleno exercício de sua soberania.

> Os Estados procedem a luz de quanto pactuaram, não por qualquer virtude mística do próprio texto convencional, mas por força do princípio *pacta sunt servanda* — sendo este, para alguns, a própria norma fundamental do direito das gentes, e para outros, seu desdobramento imediato. *Pacta sunt servanda* foi, para Dionisio Anzilotti, a norma fundamental, de que todo o Direito Internacional Público recolhe sua validade. Hans Kelsen, o mais notável expoente dessa concepção piramidal da ordem jurídica, preferiu formular a Grundnorm — a norma superior, necessariamente uma hipótese jurídica, e não um princípio metajurídico — de modo diverso. Para ele, pacta sunt servanda é uma regra costumeira eminente, de que deriva a obrigatoriedade dos tratados. A validade dessa, e de outras grandes regras costumeiras, resulta da verdadeira norma fundamental, assim concebida: "os Estados devem comportar-se como se tem comportado costumeiramente"[72].

A convenção de Viena de 1969 consagra essa regra quando no seu art. 26 aduz que "todo tratado em vigor obriga as partes e deve ser cumprido por elas de boa-fé". E em 1871, o Protocolo de 17 de janeiro do mesmo ano da Conferência de Londres declarou que "é princípio essencial do direito das gentes que nenhuma potência possa livrar-se dos compromissos de um tratado, nem modificar as estipulações, senão como resultado do assentimento das partes contratantes, por meio de entendimento amigável".

Ainda, uma vertente do Direito Internacional pós-moderno, que seria a quarta corrente, valoriza a formulação dos fundamentos do Direito Internacional como ferramenta para regular a convivência entre Estados e destes com os respectivos cidadãos, através dos ordenamentos internos, quando então surge a coexistência aos valores compartilhados[73].

71　MAZZUOLI, Valério de Oliveira. **Curso de Direito Internacional Público**. 7. ed. rev. atual. e ampl. São Paulo: RT, 2013, p. 105
72　REZEK, José Francisco. **Direito Internacional:** Curso Elementar. 12. ed., 2010, p. 140.
73　Tese esposada por Liliana Lyra no texto: Os Fundamentos do Direito Internacional Contemporâneo: da Coexistência aos Valores Compartilhados e por Paulo Borba Casella em **Direito Internacional Tributário Brasileiro**. São Paulo: Ed. LTr, 1995.

A partir do aparecimento de entes não-estatais no cenário internacional e das crescentes normas de cooperação, o fundamento de validade tão somente na vontade estatal resta fragilizado, nesse tocante, Liliana Lyra afirma: "os Fundamentos do Direito Internacional contemporâneo seriam, assim, o consenso sobre a necessidade de segurança (jurídica) para a consecução dos objetivos e proteção dos valores compartilhados pela sociedade internacional"[74].

A partir de então surgiriam três elementos para os fundamentos do Direito Internacional Contemporâneo: o consenso, que remeteria à ideia das teorias voluntaristas; a consecução dos objetivos e a proteção dos valores compartilhados com a segurança jurídica garantida pelo Direito Internacional que apaziguaria as duas teorias (voluntarista e objetivista).

Nesse cenário pós-moderno, Liliana Lyra[75] afirma que esse fundamento de validade do Direito Internacional respeitaria o aspecto político que limita o cenário internacional com base na soberania estatal e acrescentaria uma dimensão axiológica ao Direito Internacional coadunando com uma sociedade Internacional em Construção, consubstanciada na afirmação das normas de *jus cogens* e a primazia da teoria do constitucionalismo sobre a teoria da fragmentação internacional.

O fundamento para existência do Direito Internacional possui uma dicotomia que se revela na relativização da soberania e na sua própria manutenção com grau de segurança. Nesse ponto, o Direito Internacional como um direito de coordenação em oposição a um Direito de subordinação é caracterizado por ter normas criadas por seus próprios destinatários.

Tais normas terão impacto no âmbito interno dos Estados e, vários atos vinculados ao Direito Internacional irão depender das regras do ordenamento nacional o que culmina no estudo da polêmica questão relativa à incorporação e efetividade que se funda na discussão dicotômica entre monismo e dualismo.

2.1 A antiga discussão: monismo *versus* dualismo

No estudo da relação entre os Sistemas de Direito Nacional e o Direito Internacional, a eficácia e aplicabilidade do Direito Internacional na ordem jurídica nacional é situação que prepondera. Nesse tocante, Mazzuoli[76] afirma que a eficácia e a aplicabilidade do Direito Internacional possuem

---

[74] JUBILUT, Liliana Lyra. Os fundamentos do Direito Internacional Contemporâneo: da Coexistência aos Valores Compartilhados. **V anuário brasileiro de Direito Internacional**. v. 2, p. 203-209, 2013.

[75] JUBILUT, Liliana Lyra. Os fundamentos do Direito Internacional Contemporâneo: da Coexistência aos Valores Compartilhados. **V anuário brasileiro de Direito Internacional**. v. 2, p. 203-216, 2013.

[76] MAZZUOLI, Valério de Oliveira. **Curso de Direito Internacional Público**. 5. ed, 2011. p. 74

dois aspectos, um teórico, consistente no estudo da hierarquia do Direito Internacional frente ao Direito interno e outro prático, relativo à efetiva solução dos conflitos que advierem entre as normas internacionais e o regramento doméstico. As duas teorias que surgem para dirimir as questões expostas figuram a um tempo considerável na doutrina brasileira: a teoria monista e a teoria dualistas, cada uma com seu temperamento, a saber, se as ordens jurídicas (interna e externa) são distintas e independentes ou se são dois sistemas que derivam um do outro.

A clássica divisão entre monismo e dualismo é objeto de críticas por enfatizar questões formais, resvalando o conteúdo que a norma pretende proteger. A discussão em seu aspecto teórico parece ultrapassada, inclusive muitos teóricos já abandonaram a tentativa de engendrar uma ou outra tese, como Rousseau, para quem o estudo das relações entre as concepções monista e dualista não passa de uma *discussion d'ecole*[77], contudo, os problemas jurídicos hodiernos enfrentados pelos Tribunais Superiores do Brasil demonstram que as respostas possíveis permeiam as duas teorias e perpassam ora uma, ora outra ou criam, como chamam os doutrinadores, temperos (mitigações, novas roupagens ou derivações) a estas, de modo que temos a monista moderada ou a dualista moderada e, ainda surge espaço para o chamado monismo internacionalista dialógico[78].

2.1.1 A teoria dualista

Em 1899 Triepel sistematiza o estudo sobre a existência de um conflito entre normas partindo do pressuposto que o Direito Internacional e o Direito interno são noções diferentes e em consequência duas ordens jurídicas, que seriam tangentes e não secantes, não possuindo qualquer área em comum[79]. O termo Dualismo foi cunhado em 1914 por Alfred Von Verdross, abarcada e conhecida a partir de Carl Heinrich Triepel, em 1923, seguida por Strupp, Walz, Listz, Anzilotti, Balladore Pallieri e Alf Ross[80].

O dualismo aduz que o Direito interno de cada Estado e o Direito Internacional são dois sistemas independentes e distintos. Nessa medida constituir-se-iam em círculos que não se interceptam, embora igualmente

---

77 Cf. Charles Rousseau. **Droit international public approfondi.**, Dalloz, Paris. 1958, p. 3-16, in MELLO, Celso D. de Albuquerque. **Curso de Direito Internacional Público.** v. 1, 12. ed., rev. e aum. Rio de Janeiro: Renovar, 2000, p. 109
78 Cf. MAZZUOLI, Valério de Oliveira. **Curso de Direito Internacional Público.** 5. ed, 2011, p. 75
79 MELLO, Celso D. de Albuquerque. **Curso de Direito Internacional Público.** v. 1, 12. ed., rev. E aum. Rio de Janeiro: Renovar, 2000. p. 109.
80 Mazzuoli, 75.

válidos. Os elementos que integram os dois sistemas seriam diferentes e por isso não haveria conflito entre as duas ordens jurídicas. Os elementos que diferenciam um do outro sistema foram consolidados por Triepel e expostos por Celso de Mello[81] como: 1) o sujeito nas relações; 2) as fontes que integram as ordens jurídicas; 3) a estrutura das ordens jurídicas.

Nessa medida, a primeira diferenciação para o dualismo, no que tange aos sujeitos das relações, é que o Estado é o sujeito de direito na ordem internacional, sendo na ordem interna, também, o homem[82]. O ponto fulcral está na finalidade das normas regentes das relações, em que se pressupõe o Direito Internacional a dirigir a convivência entre os Estados ao passo que o Direito interno disciplinaria as relações entre os indivíduos e entre estes e o ente estatal[83]. Para os dualistas, o Direito Internacional apenas regularia as relações entre os Estados ou entre estes e as organizações internacionais e o Direito interno regularia a conduta do Estado com seus indivíduos, que não precisariam estar pautados sob o enfoque das normas internacionais[84].

A diferenciação quanto às fontes se dá como o resultado da vontade, pois o Direito Interno é resultado da vontade de um Povo, elemento do Estado, materializado no exercício do poder Legislativo ou da vontade do próprio Estado representado por seus Poderes independentes e harmônicos na produção de normas jurídicas e administrativas, ao passo que o Direito Internacional tem como fonte a vontade coletiva dos Estados que se manifestam nos tratados e no costume internacional. Celso de Mello expõe que Triepel utiliza os trabalhos de Bergbohm e Binding para expressar, quando nesta explanação, a fusão de vontades com o mesmo conteúdo (para explicitar as normas internacionais), utilizando a expressão *Vereinbarung* como vontade coletiva dos Estados, diferenciando do contrato, *Vertrag*, em que as vontades teriam conteúdo diferente[85].

Resultando dessa premissa que as fontes e as normas regentes do Direito Internacional não teriam influência sobre o Direito interno, uma por sua natureza e outra pelo objeto a reger, não havendo conflito entre os dois sistemas, pois se tratariam de sistemas normativos diferentes, independentes um do outro e que não se tocariam por nenhum meio.

---

[81] MELLO, Celso D. de Albuquerque. **Curso de Direito Internacional Público.** v. 1, 12. ed., rev. E aum. Rio de Janeiro: Renovar, 2000, p. 109.

[82] MELLO, Celso D. de Albuquerque. **Curso de Direito Internacional Público.** v. 1, 12. ed., rev. E aum. Rio de Janeiro: Renovar, 2000, p. 109.

[83] PORTELA, Paulo Henrique Gonçalves. **Direito Internacional Público e Privado Incluindo Noções de Direitos Humanos e de Direito Comunitário.** 2ª edição. Ed. *jus*PODIVN. Bahia. 2010, p. 51.

[84] MAZZUOLI, Valério de Oliveira. **Curso de Direito Internacional Público.** 5. ed., 2011, p. 75.

[85] MELLO, Celso D. de Albuquerque. **Curso de Direito Internacional Público.** v. 1, 12. ed., rev. E aum. Rio de Janeiro: Renovar, 2000, p. 109.

Afirma-se que, para os dualistas, quando um Estado assume um compromisso no exterior, perfaz-se uma fonte do Direito Internacional sem repercussão imediata, direta ou suplementar no seu cenário normativo interno. Isso porque uma norma internacional não poderia, em nenhuma hipótese, regular questão interna sem antes ter sido incorporada a esse ordenamento por um procedimento receptivo que a transforme em lei nacional, havendo aqui a relação entre as normas produzidas internamente e aquelas decorrentes de acordos internacionais incorporados. Sendo assim, por se tratar de sistemas distintos, não haveria supremacia de um sobre o outro.

A terceira diferença proposta por Triepel e delineada por Celso Mello é que a estrutura das duas ordens jurídicas é distinta, porque a estrutura interna estaria baseada em um sistema de subordinação e a ordem internacional estaria pautada por um sistema de coordenação, sendo a comunidade internacional uma sociedade paritária[86].

As três premissas expostas conduzem a teoria de Triepel à denominada "teoria da incorporação", ou da "transformação de midiatização", formulada por Paul Laband[87] (1838-1918), que reafirmando a soberania dos Estados, defendeu a necessidade de se reproduzir internamente as normas contidas nas normas internacionais, impedindo o Direito Internacional de regular as relações dentro do território de um Estado caso não houvesse a incorporação da norma ao ordenamento interno, por meio de um procedimento que o transformasse em norma nacional.

A tese dualista, nesse ponto exposta por Laband, nega a aplicação imediata ao Direito Internacional, permitindo que suas normas se tornem vinculantes internamente quando integradas ao Direito nacional por meio de diploma legal distinto que tenha o mesmo conteúdo e seja apreciado mediante o processo legislativo cabível, inexistindo, nessa medida, conflito entre o Direito Internacional e o Direito interno, pois caso houvesse, este seria agora interno e se regeria pelas regras internas[88], consubstanciando o primado da lei interna de cada Estado e não do Direito Internacional.

Mirtô Fraga pontua que, para os dualistas a ordem Nacional seria a única verdadeiramente soberana[89] e, desse modo, coroa-se a supremacia do Direito do Estado, que em sua soberania, seria o único responsável a autorizar o ingresso de uma norma internacional no plano do Direito interno.

---

86 MELLO, Celso D. de Albuquerque. **Curso de Direito Internacional Público.** V. 1, 12. ed. rev. E aum. Rio de Janeiro: Renovar, 2000, p. 109.
87 PORTELA, Paulo Henrique Gonçalves. **Direito Internacional Público e Privado Incluindo Noções de Direitos Humanos e de Direito Comunitário.** 2. ed., Ed. *jus*PODIVN. Bahia. 2010, p. 51.
88 PORTELA, Paulo Henrique Gonçalves. **Direito Internacional Público e Privado Incluindo Noções de Direitos Humanos e de Direito Comunitário.** 2. ed. Ed. *jus*PODIVN. Bahia. 2010, p. 51.
89 FRAGA Mírtô. **O conflito entre tratado internacional e norma de direito interno**: estudo analítico da situação do tratado na ordem jurídica brasileira, Rio de Janeiro: Forense, 1998, p. 4-6.

Mazzuoli afirma, então, que, nessa medida, os sistemas mutuamente excludentes não iriam interferir um no outro pela evidente separação, pois os compromissos internacionalmente assumidos não teriam a potencialidade de gerar efeitos automáticos na ordem jurídica interna[90], se tudo o que tiver sido pactuado na ordem externa não se materializar na forma de uma espécie normativa típica do Direito interno, não operando nenhum efeito a simples ratificação enquanto não houvesse a transformação.

Denota-se daí a necessidade de uma manifestação dos poderes constituídos (Poder Legislativo e o controle do Poder Judiciário *a posteriori*) em um controle interno normativo tradicional. A incorporação no ordenamento Nacional seria mais do que condição de aplicabilidade do tratado, mas consubstanciar-se-ia na sua própria existência na ordem interna. Nas palavras de Triepel, retirada da obra de Mazzuoli: "[...] quando se fala das relações entre o direito internacional e o direito interno, supõe-se como estabelecido que o direito internacional é diferente do direito interno. Na nossa opinião, o direito internacional e o direito interno são noções diferentes"[91].

Desdobra-se dessa teoria a afirmação de que os juízes nacionais deveriam aplicar o Direito interno, mesmo contrário ao Direito Internacional, envergadura que não coaduna com a relação interdependente e com o florescimento da internacionalização dos Direito Humanos, por exemplo.

Mazzuoli cita o trabalho de Dionisio Anziiotti que adotou a teoria dualista em 1905 no trabalho intitulado *Diriito Intemazioncaenelgiuaizio intemo*, mas com algumas modificações, denominando-o então de dualismo moderado, porque em alguns casos o Direito Internacional seria aplicado internamente pelos Tribunais ainda que não houvesse uma recepção do tratado na ordem interna[92] e autores como Hildebrando Accioly defendem que bastaria a incorporação por meio de um procedimento específico[93].

> Nesse entendimento, um preceito de direito das gentes não poderia revogar outro que lhe fosse diverso no ordenamento interno, isso porque o Estado pactuante estaria obrigado a incorporar tais preceitos em seu ordenamento doméstico e teria nesse tocante uma obrigação moral, e caso não o fizesse haveria uma responsabilização no plano internacional, sendo um ilícito internacional decorrente do *pacta sunt servanda*[94].

---

90   MAZZUOLI, Valério de Oliveira. **Curso de Direito Internacional Público**. 5. ed. 2011, p. 76.
91   MAZZUOLI, Valério de Oliveira. **Curso de Direito Internacional Público**. 5. ed. 2011, p. 78.
92   MAZZUOLI, Valério de Oliveira. **Curso de Direito Internacional Público**. 5. ed. 2011, p. 78.
93   ACCIOLY, Hildebrando; SILVA, Geraldo Eulálio do Nascimento e. **Manual de direito internacional público**. 15a ed. São Paulo: Saraiva, 2002, p. 66.
94   MAZZUOLI, Valério de Oliveira. **Curso de Direito Internacional Público**. 5. ed. 2011, p. 78.

Nessa perspectiva, a norma internacional passaria a ter o mesmo *status* normativo que outra norma do Direito interno e poderia então ser revogada por uma norma interna posterior.

Quanto à tese Dualista pura (apenas para diferenciar da Dualista moderada), Mazzuoli[95] cita que nenhuma Constituição brasileira exigiu dupla manifestação do Congresso Nacional como condição de validade dos tratados internacionais em nosso ordenamento interno. Além da aprovação do tratado por meio de Decreto Legislativo, não houve em nenhuma a exigência de um segundo diploma legal, uma lei interna que reproduzisse as regras convencionadas, materializando-as internamente.

A corrente do dualismo moderado não adota a necessidade de um segundo diploma normativo, mas admite a necessidade de um ato formal de internalização, seja um decreto ou um regulamento executivo, o que tradicionalmente ocorre no Brasil, pois, após a aprovação do tratado pelo Congresso Nacional e a respetiva troca dos instrumentos de ratificação, o tratado internacional é promulgado internamente, por meio de um decreto executivo presidencial, não se exigindo, portanto, a transformação em lei interna. O Supremo Tribunal Federal[96] considera que o decreto do Poder Executivo é o momento culminante do processo de incorporação na tradição do sistema jurídico brasileiro.

Poder-se-ia afirmar com base nessa premissa, a posição dualista moderada pelo ordenamento de 1988, mas denota-se claro que não há um dispositivo constitucional que obrigue à promulgação executiva do tratado no plano interno, isso porque na Constituição de 1988 não há explícita a competência do Presidente para promulgar ou publicar tratados; tal competência está adstrita às leis, não se referindo a tratados[97]. A doutrina dualista fora defendida no Brasil, isoladamente, por Amilcar de Castro[98], considerando a distinção dos sistemas jurídicos: interno e internacional, levando em conta a diversidade de suas fontes, sujeitos e objetos. E ainda Amílcar Castro pronuncia-se em acordo com o Sistema Constitucional:

> O tratado normativo é fonte de direito internacional, só obriga o governo no meio internacional (para fora), mas não é fonte de direito nacional, nem obriga os particulares individualmente considerados (para

---

95 MAZZUOLI, Valério de Oliveira. **Curso de Direito Internacional Público**. 5. ed. 2011, p. 79.
96 BRASIL. SUPREMO TRIBUNAL FEDERAL. **ADIn 1.480-DI** rel. Min. Celso de MeEo, *in*. Informativo do STF, n° 109, DJU de 13.05.1998.
97 MAZZUOLI, Valério de Oliveira. **Curso de Direito Internacional Público**. 5. ed. 2011, p. 80
98 CASTRO, Amilcar de. **Direito internacional privado**, 5. ed. aum. e atual, por Osiris Rocha. Rio de Janeiro: Forense, 2001, p. 249.

dentro). Na verdade, o tratado nunca é observado pelos particulares, ou obedecido pelos tribunais, sem sua ordem de execução. E, se depois de firmado e ratificado o tratado normativo, o governo deixa de expedir a necessária ordem de execução, apenas ficará internacionalmente responsável pela falta, pois os particulares e os juízes não podem pretender executá-lo sem essa ordem[99].

Valadão expõe em análise aos artigos em referência à incorporação haveria uma condição mista da Carta de 1988, isto é, dualista com temperamentos monistas[100].

2.1.2 Críticas à doutrina dualista

Celso Mello menciona seis pontos de críticas ao dualismo: 1) O Estado não é o único sujeito de direito internacional; 2) O Costume invalida a tese do voluntarismo; 3) A aplicação do direito internacional consuetudinário pelos tribunais sem que tenha havido processo de transformação; 4) Não há que se falar em coordenação e, na tese de Kelsen, pontua-se a subordinação a uma terceira ordem; 5) O Estado não pode ser dissociado de seu ordenamento; 6) A concepção de um sistema privatístico em que o direito internacional possui uma necessária dependência do direito interno para sua efetividade[101].

Quando aborda que o Estado não é o único sujeito de direito internacional, vislumbra o homem como também sujeito de direito internacional com direito e deveres outorgados diretamente pela ordem internacional[102].

Quando afirma que o Direito Internacional não é produto da vontade de um Estado e nem de vários Estados, denota o voluntarismo como insuficiente para explicar a tese do costume internacional, pois este não se perfaz de forma consciente e intencional por parte dos Estados[103].

---

99 CASTRO, Amílcar. **Direito Internacional Privado** 5. ed. Rio de Janeiro: Forense, 2000, p. 114. Apud SILVA, Bruno Mattos e. **Conflito entre leis e tratados internacionais no Direito Privado e no Direito Tributário**. Dissertação apresentada ao programa de Mestrado da Universidade Católica de Brasília sob orientação de Antonio de Moura Borges. 2003. p. 7.

100 VALADÃO, Marcos Aurélio Pereira. **Limitações ao poder de tributar e Tratados Internacionais**. Belo Horizonte: Del Rey, 2000, p. 169.

101 MELLO, Celso D. de Albuquerque. **Curso de Direito Internacional Público.** v. 1, 12. ed., rev. E aum. Rio de Janeiro: Renovar, 2000, p. 121-122.

102 MELLO, Celso D. de Albuquerque. **Curso de Direito Internacional Público.** v. 1, 12. ed., rev. E aum. Rio de Janeiro: Renovar, 2000, p. 121-122.

103 MELLO, Celso D. de Albuquerque. **Curso de Direito Internacional Público.** v. 1, 12. ed., rev. E aum. Rio de Janeiro: Renovar, 2000, p. 121-122.

Conquanto à aplicação pelos tribunais internos do Direito Internacional consuetudinário sem que haja qualquer transformação ou incorporação, rebate a tese da necessária incorporação[104], isso porque, os costumes são notadamente válidos e aplicados pelos tribunais internos, como fontes formais de Direito Internacional Público, reconhecidos expressamente no art. 38 do Estatuto da Corte Internacional de Justiça[105].

Explicita a observação de Kelsen quando critica o Direito Internacional como um direito de coordenação enquanto o Direito nacional seria um direito de subordinação, pois o pressuposto da coordenação seria a existência de um terceiro ordenamento que os delimite reciprocamente em esferas respectiva de validade, o que não ocorre, tornando o Direito Internacional como diferente pela estrutura e não pela natureza[106].

E, quanto à tese da escola dualista italiana de que o Direito Internacional se dirige apenas ao Estado e não ao sujeito interno, não há que se afiançar a dissociação do Estado de seu ordenamento, já que a noção de Estado automaticamente se refere a seu ordenamento jurídico[107].

Acrescenta, ainda, que o dualismo no Direito Internacional está ligado à sua concepção como sistema privatístico, demonstrando necessária dependência do Direito interno para sua efetividade[108].

Mazzuoli afirma que ao reconhecer a diversidade de fontes entre o Direito interno e o Direito Internacional e os colocar como contrários, invariavelmente um será não jurídico e, como ao Direito interno não há que se negar o seu caráter jurídico, seria coerente entender o Direito Internacional como não jurídico, pois não há que ser possível entender como jurídicos dois sistemas antagônicos e divergentes[109].

Para Mazzuoli, se o Direito é uno e anterior à vontade dos Estados não se pode entender de outra maneira senão como sendo o Direito interno inserido no Direito Internacional, pois pensar de outra forma significaria entender o Estado como algo estranho à sociedade internacional, à margem do mundo exterior, não havendo qualquer integração jurídica ou social, o que seria inadmissível no cenário hodierno ou mesmo em cenários históricos, quando os Estados já se mobilizavam de forma a uma integração econômica na busca de interesses.

---

104 MELLO, Celso D. de Albuquerque. **Curso de Direito Internacional Público.** v. 1, 12. ed., rev. E aum. Rio de Janeiro: Renovar, 2000, p. 121-122.
105 MAZZUOLI, Valério de Oliveira. **Curso de Direito Internacional Público.** 5. ed. 2011, p. 80.
106 MELLO, Celso D. de Albuquerque. **Curso de Direito Internacional Público.** v. 1, 12. ed., rev. E aum. Rio de Janeiro: Renovar, 2000, p. 121-122.
107 MELLO, Celso D. de Albuquerque. **Curso de Direito Internacional Público.** v. 1, 12. ed., rev. E aum. Rio de Janeiro: Renovar, 2000, p. 121-122.
108 MELLO, Celso D. de Albuquerque. **Curso de Direito Internacional Público.** v. 1, 12. ed., rev. E aum. Rio de Janeiro: Renovar, 2000, p. 121-122.
109 MAZZUOLI, Valério de Oliveira. **Curso de Direito Internacional Público.** 5. ed., 2011, p. 85.

Além disso, a construção dualista despreza o princípio da identidade, admitindo igual validade a duas normas aparentemente antinômicas e o Direito não tolera antinomias, rechaçando a existência simultânea de duas normas regendo as mesmas matérias e os mesmos assuntos[110].

E finalmente, o fato de existir uma norma interna contrária a um tratado internacional não justifica o dualismo, já que o mesmo pode suceder na ordem interna com as várias espécies normativas conhecidas (leis, decretos. Regulamentos etc)[111].

Mazzuoli afirma que o dualismo é o corolário dogmático apológico da teoria da soberania absoluta do Estado[112]. E, se o Direito não é produto exclusivo da vontade do Estado, e sim lhe é anterior, o que o Estado faz é apenas reconhecer sua obrigatoriedade, tanto no plano interno como no plano internacional.

Nesse ponto, se o Estado reconhece tal obrigatoriedade, é porque além de consagrar que o Direito é uno, reconhece que por meio de um princípio geral anterior é que lhe foi concedido o poder de criar normas jurídicas de cunho obrigatório. Mazzuoli sustenta como último argumento crítico à corrente dualista que não se pode olvidar que do sistema internacional é que advém a obrigatoriedade do Direito interno.

2.1.3 A teoria monista

O monismo tem como premissa uma única ordem jurídica com normas internacionais e internas interdependentes. Referencia-se que as normas internacionais terão eficácia condicionada à harmonia de seu teor com o Direito interno, refletindo de forma cíclica a não contrariedade das normas internas com os preceitos do Direito Internacional.

Kelsen é um dos maiores expoentes da teoria monista, sendo esta oposta à concepção dualista, pois o ponto de partida é a unicidade do conjunto das normas jurídicas internas e internacionais[113].

Os monistas vislumbram o Direito Internacional e o Direito interno como dois ramos do Direito dentro de um só sistema jurídico não sendo necessário que haja um novo diploma que transforme o direito Internacional em direito interno[114]. O monismo apregoa que o Direito Internacional se

---

110   MAZZUOLI, Valério de Oliveira. **Curso de Direito Internacional Público**. 5. ed., 2011, p. 85.
111   MAZZUOLI, Valério de Oliveira. **Curso de Direito Internacional Público**. 5. ed., 2011, p. 85.
112   MAZZUOLI, Valério de Oliveira. **Curso de Direito Internacional Público**. 5. ed., 2011, p. 75.
113   Cf. Mirtô Fraga, **O conflito entre tratado internacional e norma de direito interno**, op. cit., p. 6-7.
114   PORTELA, Paulo Henrique Gonçalves. **Direito Internacional Público e Privado Incluindo Noções de Direitos Humanos e de Direito Comunitário**. 2. ed. Ed. *jus*PODIVN. Bahia. 2010, p. 52.

aplica diretamente na ordem jurídica dos Estados independentemente de qualquer transformação ou incorporação, uma vez que esses mesmos Estados, nas suas relações com outros sujeitos do direito das gentes, mantêm compromissos que se interpenetram e que somente se sustentam juridicamente porque pertencem a um sistema uno, baseado na identidade de sujeitos (indivíduos que os compõe) e das fontes (sempre objetivas e não dependentes, contrapondo o voluntarismo, da vontade dos Estados)[115].

Essa afirmação se dá com base na premissa de que quando uma norma internacional é aceita por um Estado (ratificada por este), já teria aptidão para ser aplicada no plano do seu Direito interno sem a necessidade de ser transformada em norma interna, por ato posterior de um dos poderes constituídos, o Poder Legislativo, sendo aplicada internamente como uma norma internacional, sem a transformação em Direito nacional.

Mazzuoli afirma que, segundo esta concepção, o Direito Internacional e o Direito interno convergem para um mesmo todo harmônico em uma situação de superposição em que o Direito interno integra o Direito Internacional, retirando deste a sua validade logica. Nessa medida, diz-se que:

> [...] não existem dois círculos contíguos que não se interceptam, mas, ao contrario, são dois círculos superpostos (concêntricos) em que o maior representa o Direito Internacional que abarca, por sua vez, o menor, representado pelo Direito interno. Nesta ordem de ideias, podem existir certos assuntos que estejam sob a jurisdição exclusiva do Direito Internacional (representado pelo espaço existente entre a orla do circulo menor —Direito interno — e a borda exterior do circulo maior - Direito Internacional), o mesmo não ocorrendo com o Direito interno, que não tem jurisdição exclusiva, vez que tudo o que por ele pode ser regulado, também o pode ser pelo Direito Internacional, sistema de onde retira o seu fundamento ultimo de validade[116].

Afiança a tese monista que a ratificação de um tratado por um Estado pressupõe obrigações aceitas que poderão ser exigidas no âmbito do Direito interno do Estado, não se fazendo necessário, por isso, a edição de novo diploma normativo, formando nesse espaço uma unidade jurídica que não poderá ser afastada na ordem interna em detrimento dos compromissos assumidos pelo Estado em âmbito internacional[117]. Para os monistas, existe apenas um universo jurídico coordenado e regente das atividades sociais

---
115 MAZZUOLI, Valério de Oliveira. **Curso de Direito Internacional Público**. 5. ed. 2011, p. 82.
116 MAZZUOLI, Valério de Oliveira. **Curso de Direito Internacional Público**. 5. ed., 2011, p. 81.
117 MAZZUOLI, Valério de Oliveira. **Curso de Direito Internacional Público**. 5. ed., 2011, p. 81.

dos Estados, das Organizações Internacionais e dos indivíduos, tendo os compromissos exteriores assumidos pelo Estado aplicação imediata no ordenamento interno do país pactuante.

A doutrina internacionalista majoritária propugna pela tese monista que teve por marcos teóricos a doutrina de Hegel, Thomas Hobbes e Jean Bodin, desenvolvida por Rudolf von Ihering e John Austin e alcançando visibilidade com Jellinek e Hans Kelsen, seguida por Verdross, Mirkine-Guetzevitch, Laterpacht, Jimenez de Arechaga, e esposada no Direito pátrio por Haroldo Valladão, Oscar Tenório, Hildebrando Accioly Geraldo Eulálio do Nascimento e Silva, Celço D' de Albuquerque Mello, Vicente Marotta Rangel e Mirtô Fraga[118].

Ocorre que no caso de conflito entre as normas, passível de ocorrer no monismo, já que a existência de duas ordens o pressupõe, contrariando o dualismo, surge um problema hierárquico. O que parece incongruente, porque as teses foram firmadas para justamente resolver o problema da prevalência da ordem jurídica. A questão é que quando há uma unidade na ordem jurídica há de se definir a hierarquia entre as normas internas e as normas internacionais sustentando duas posições no que tange à hierarquia no caso de conflito: o monismo nacionalista e o monismo internacionalista.

Para além desses dois posicionamentos na escola do monismo, Mazzuoli entende ser ainda possível uma subdivisão no monismo internacionalista quando se estiver falando sobre direitos humanos, o que nomina de "monismo internacionalista dialógico". Esta subdivisão seria utilizada quando o conflito entre o Direito Internacional e o Direito interno disser respeito a Direitos Humanos[119].

2.1.4 Monismo nacionalista

A raiz do monismo nacionalista pode ser vislumbrada na doutrina hegeliana (1770 - 1831) que considera o Estado como uma soberania absoluta (correspondente ao imperam do direito romano), não o considerando sujeito a nenhum sistema jurídico que não tenha sido emanado de sua própria vontade. Jellinek afirma que o fundamento do Direito Internacional é a autolimitação do Estado[120]. A partir dessa teoria, o Direito Internacional seria o Direito interno aplicado na esfera internacional.

---

118 MAZZUOLI, Valério de Oliveira. **Curso de Direito Internacional Público**. 5. ed., 2011, p. 82.
119 MAZZUOLI, Valério de Oliveira. **Curso de Direito Internacional Público**. 5. ed., 2011, p. 83.
120 MELLO, Celso D. de Albuquerque. **Curso de Direito Internacional Público**. v. 1, 12. ed., rev. E aum. Rio de Janeiro: Renovar, 2000, p. 110.

Mello nos apresenta a doutrina Russa por meio de Korovin quando sustentou que o Direito Internacional só seria válido para o Estado como parte de seu Direito Nacional, exemplificando, ainda, os juristas nazistas e recentemente Georges Burdeau como adeptos dessa tese, considerando o Direito Internacional um "direito nacional para uso externo"[121].

Mazzuoli nos aponta que o monismo nacionalista considera o Direito Internacional como consequência do Direito interno, valendo a integração na medida em que o Estado reconhece como vinculante em relação a si a obrigação contraída[122], as regras do Direito Internacional geral fariam, então, parte do Direito estatal.

> [...] Segundo esse entendimento o arbítrio do Estado só encontra limitação no arbítrio de outro Estado, mas não nas regras do Direito Internacional Público. Sendo assim, da mesma forma que os indivíduos devem respeitar uns aos outros no exercício de sua atividade autônoma, os Estados respeitam-se mutuamente no exercício de sua Soberania. Se cada Estado, sem invadir a esfera de competência do outro, por meio das suas regras constitucionais de competência, determina e condiciona a existência das normas do Direito Internacional, é porque o fundamento de validade do direito das gentes não encontra guarida em sua própria existência ou no seu próprio arbítrio, e sim na vontade declarada do Direito interno estatal[123].

A primazia do Direito interno parte da ideia da convivência internacional a partir da Paz de Westfália, e, nessa medida, os Estados tão somente se vinculariam às normas com as quais consentissem e, nos termos das respectivas ordens nacionais[124].

Os monistas nacionalistas fundamentam sua teoria na ausência no cenário internacional de uma autoridade capaz de obrigar ao Estado o cumprimento das normas internacionais, sendo cada Estado o sujeito que determina livremente as suas obrigações; além disso, a conclusão dos Tratados é definida no plano constitucional, para então nascer uma obrigação no plano internacional[125].

---
121 MELLO, Celso D. de Albuquerque. **Curso de Direito Internacional Público.** v. 1, 12. ed., rev. E aum. Rio de Janeiro: Renovar, 2000, p. 111.
122 MAZZUOLI, Valério de Oliveira. **Curso de Direito Internacional Público.** 5. ed., 2011, p .84.
123 MAZZUOLI, Valério de Oliveira. **Curso de Direito Internacional Público.** 5. ed., 2011, p. 84.
124 PORTELA, Paulo Henrique Gonçalves. **Direito Internacional Público e Privado Incluindo Noções de Direitos Humanos e de Direito Comunitário.** 2. ed., Ed. *jus*PODIVN. Bahia. 2010, p. 52.
125 *Cf.* Mirtô Fraga, op. cit., p. 7. "Rousseau refuta tais argumentos, afirmando que o primeiro só e valido em relação aos tratados, não se aplicando as demais fontes do Direito Internacional Publico (DIP). Quanto ao' segundo, ela o declara em contradição com o Direito Internacional Positivo, porque, se as

A primeira crítica ao monismo nacionalista é a negação ao próprio Direito Internacional como um direito autônomo e independente, redundando em um direito estatal. Mello cita Truyol e Serra quando estes aduzem ser uma teoria pseudomonista, vez que não existe apenas um direito interno, contrariando a prática internacional e ainda argumenta:

> [...] se a validade dos tratados internacionais repousasse nas normas constitucionais que estabelecem o seu modo de conclusão, com o sustentara Wenzel, toda modificação na ordem constitucional por um processo revolucionário deveria acarretar a caducidade de todos os tratados, concluídos na vigência do regime anterior. Entretanto, isto não ocorre, porque em nome da continuidade e permanência do Estado ele e ainda obrigado a cumprir os tratados concluídos no regime jurídico anterior[126].

Mazzuoli resume os dois argumentos da seguinte maneira: [...] a) se explicam o fundamento do tratado, não explicam satisfatoriamente o fundamento do costume; e b) se as Constituições estatais fundamentam o Direito Internacional, não se explica como este continua a vigorar, mesmo com as modificações nelas introduzidas[127].

Jorge Miranda[128], citado também por Mazzuoli, critica o monismo nacionalista e afirma que ele:

> [...] acaba por reverter numa forma de negação do Direito Internacional, por se aproximar muito da orientação doutrinária (hoje completamente ultrapassada) que, vê o Direito Internacional como uma espécie de Direito estatal externo. Reconhece-se a existência de um só universo jurídico, mas quem comanda esse universo jurídico é o Direito interno e, em último termo, a vontade dos Estados. O fundamento de unidade do Direito Internacional encontrar-se-ia numa norma de Direito Interno.

---

obrigações internacionais do Estado se fundassem na Constituição Estatal, sua validade se subordinaria a da Constituição que lhes deu origem e se tornariam caducas cada vez que se fizesse nova Carta, urna nova ordem constitucional. Ocorre, na pratica internacional, a observância dos tratados, ainda quando haja modificações internas, em razão do principio da continuidade ou da identidade do Estado".

126 MELLO, Celso D. de Albuquerque. **Curso de Direito Internacional Público.** v. 1, 12. ed., rev. E aum. Rio de Janeiro: Renovar, 2000, p. 111.
127 MAZZUOLI, Valério de Oliveira. **Curso de Direito Internacional Público.** 5. ed., 2011, p. 84.
128 MIRANDA, Jorge. **Curso de direito internacional público**: uma visão sistemática do direito internacional dos nossos dias, 4. ed., Rio de Janeiro: Forense, 2009, p. 126.

A crítica maior ao monismo nacionalista realmente é que, endossá-lo, é negar o fundamento de validade do Direito Internacional, isso porque o sistema internacional dialoga e regula a conduta dos Estados em suas relações limitando determinadas regras quando em um equilíbrio político internacional. Nessa medida, ao admitir a existência do Direito Internacional, nega-se o monismo nacionalista.

2.1.5 Monismo internacionalista

O monismo com primazia do Direito Internacional se desenvolveu a partir da escola de Viena, contrariando o voluntarismo, tendo como emissários Kelsen, Alfred Verdross e Joserf Kunz[129]. Essa escola se firmou no cenário mundial a partir do século XX, notadamente após a Segunda Guerra Mundial. Mariângela Ariosi afirma que o monismo encontrou no período pós-II Guerra Mundial sua majoritária aceitação pelos teóricos de todo o mundo, sendo alguns desdobramentos do cenário internacional os fatores que contribuíram para o fortalecimento da ordem jurídica Internacional. É como se a Ordem Mundial do pós-II Guerra Mundial direcionasse a uma democratização das relações internacionais, tendo o Direito Internacional como organizador dessas relações. Nesses termos, apesar da macroestrutura bipolar as relações passaram a ser empreendidas em um contexto de maior integração, onde a responsabilidade internacional aumenta e o tratado internacional passa a ser elemento preponderante para os processos hodiernos das relações entre os Estados e entre os organismos internacionais e por fim, aduz que o monismo com primazia do Direito Internacional é uma das vias para garantia da unidade e do equilíbrio do sistema internacional, sendo contraponto para evitar conflitos jurídicos internacionais[130].

O fortalecimento da ordem jurídica internacional deu voz à primazia do Direito Internacional sustentando a unicidade derivando de si, operando como uma ordem jurídica hierarquicamente superior, direcionadora das relações, modificando o conceito de soberania, operando na formação de organizações supranacionais, coadunando com a Nova Ordem Mundial que florescia.

---

129 MELLO, Celso D. de Albuquerque. **Curso de Direito Internacional Público.** v. 1, 12. ed., rev. E aum. Rio de Janeiro: Renovar, 2000, p. 111.
130 ARIOSI, Mariangêla. **Conflitos entre tratados internacionais e leis internas**: O judiciário brasileiro e a nova ordem internacional. Rio de Janeiro: Renovar, 2000, p. 77-78.

Kelsen coloca o Direito Internacional no topo da pirâmide das normas, sendo a norma fundamental o *pacta sunt servanda*, que subordinaria o direito interno, e, nesse ritmo, o Direito Internacional passa a ser hierarquicamente superior a todo o Direito interno do Estado, da mesma forma que as normas constitucionais o são sobre as leis ordinárias e assim por diante. O Direito Internacional passa a dirigir os Estados a cumprirem suas obrigações com base nessa norma fundamental, regendo a conduta da sociedade internacional, não permitindo revogação unilateral por nenhum de seus atores[131].

A Convenção de Viena sobre o Direito dos Tratados adota a tese do monismo internacionalista quando aduz em seu artigo 27: "Uma parte não pode invocar as disposições de seu Direito interno para justificar o inadimplemento de um tratado". Geraldo Silva e Hildebrando Acciolly afirmam que as normas internacionais deveriam prevalecer sobre a própria Constituição do Estado. Esse entendimento foi proclamado a partir da Corte Permanente de Justiça Internacional (antecessora da Corte Internacional de Justiça) como princípio geral reconhecido do Direito Internacional, que, nas relações entre potências contratantes de um tratado, as disposições de uma lei não podem prevalecer sobre as do tratado[132]".

Consolida-se que nessa toada um ato internacional sempre deveria prevalecer sobre uma disposição normativa interna, mesmo quando essa lhe contradiz. É o que afirma Georges Scelle, citado por Mazzuoli, quando traz a teoria do "desdobramento funcional" (*dedoubianent fonctwnnel*), segundo a qual os órgãos do Estado atuam juridicamente como agentes internacionais em decorrência da competência que lhes é atribuída pelo Direito Internacional. Assim, segundo a tese de Scelle, o Direito Internacional é formado em grande parte em virtude das atividades dos órgãos dos Estados, que atuam dentro de suas respectivas competências a fim de realizar os propósitos almejados pelo Direito Internacional[133].

Ocorre que a existência de normas internas contrárias ao Direito Internacional acarretaria uma responsabilidade internacional do Estado editor da norma em questão, o que fragiliza o monismo internacionalista, justamente pela coerção, que podemos dizer ser o calcanhar de Aquiles do Direito Internacional.

---

131 MAZZUOLI, Valério de Oliveira. **Curso de Direito Internacional Público**. 5. ed., 2011, p. 86.
132 SILVA, G. E. do Nascimento e, ACIOLLY, Hildebrando. **Manual de Direito Internacional Público**. 13. ed., São Paulo: Saraiva, 1998, p. 65.
133 Cf. Georges Scelle. Le phenomene juridique du dedoublement fonctionnel, in *Recktsfragen der internationalen Organisation: Festschriftjur* H. Wehberg, Frankfurt aru Main: Vittorio. Klostermann, 1956, p. 324-342. *In* Mazuolli, op. cit. p. 86.

Apesar de Kelsen não admitir que pudesse haver conflito entre as ordens interna e internacional, sob esse estrito ponto de vista, o primado absoluto do Direito Internacional superior à vontade do Estado passou a ser mitigado por alguns juristas como Alfred Von Verdorss[134].

A partir dessa perspectiva surgem dentro da teoria do monismo internacionalista os monistas moderados[135], que negam a invalidade da norma interna quando contrária a um preceito de Direito Internacional, mas afirmam a possibilidade do Estado lesado impugnar e exigir a responsabilidade do Estado infrator pelos prejuízos decursivos: "A ONU em 5 de novembro de 1948, por meio de seu secretário geral afirmou que os tratados validamente concluídos pelo Estado e as regas geralmente reconhecidas de Direito Internacional formam parte da lei interna do Estado e não podem ser unilateralmente revogadas puramente por ação nacional"[136].

Na visão monista moderada, o juiz nacional deve aplicar tanto o Direito Interacional quanto o Direito interno de seu Estado. Dessa forma os atos internacionais deveriam ser submetidos à Constituição de cada país, modulando as normas de Direito Internacional para abaixo da Constituição, mas acima das normas infraconstitucionais, que deveriam obediência ao tratado, perfazendo no caso de conflito o critério cronológico.

Consolida-se, nas palavras de Mazzuoli que o monismo moderado não prega nem a prevalência do direito Internacional e nem a do direito Interno, mas a concorrência entre as ordens jurídicas determinando-se a prevalência de uma em relação à outra pelo critério cronológico de solução de conflitos de leis[137].

Celso Mello afirma com base no segundo momento da doutrina de Kelsen que no monismo moderado o conflito entre o Direito Interno e o Direito Internacional não quebra a unidade do sistema jurídico. Como fundamento, exemplifica:

---

134 MAZZUOLI, Valério de Oliveira. **Curso de Direito Internacional Público**. 5. ed., 2011, p. 88.
135 André Lipp Lupi afirma que apesar dessas modalizações sobre um e outro instituto, se referindo ao dualismo e ao monismo parecerem pouco úteis, elas permanecem no repertório linguístico dos jusinternacionalistas e compõem sua forma de compreender a realidade normativa que lhes incumbe descrever e sistematizar e demonstra a atualidade do debate na crítica de um dos principais autores de Direito Internacional dos Estados Unidos e o projeto de pesquisa em andamento sobre a matéria, FOOTER (2001) e os trabalhos da Intrenacional Law Association (1998). LUPI, André Lipp Pinto Basto. O Brasil é dualista? Anotações sobre a vigência de normas internacionais no ordenamento brasileiro. **Revista de Informação Legislativa**. Brasília a. 46 n. 184 out/dez., 2009.
136 MAZZUOLI, Valério de Oliveira. **Curso de Direito Internacional Público**. 5. ed., 2011, p. 88.
137 MAZZUOLI, Valério de Oliveira. **Curso de Direito Internacional Público**. 5. ed., 2011 p. 88.

[...] como um conflito entre a lei e a Constituição não quebra a unidade do Direito Estatal. O importante e a predominância do DI, que ocorre na pratica internacional, como se pode demonstrar com duas hipóteses: a) uma lei contraria ao DI dá ao Estado prejudicado o direito de iniciar um "processo" de responsabilidade internacional; b) uma norma internacional contraria a lei interna não dá a Estado direito análogo ao da hipótese anterior. Podemos citar ainda em favor do monismo com primazia do DI a formação de uma nova fonte formal na nossa matéria: a lei internacional. Esta muitas vezes, se dirige diretamente ao individuo sem que haja transformação em lei interna. E o que ocorre com inúmeras decisões da CECA[138].

Mazzuoli afirma que a regra pela qual os tratados passariam a fazer parte do ordenamento interno foi firmada no axioma de Blackstone no séc. XVIII segundo o qual *the Law of Nations is held to be a part of the law of the land*[139], que já de muito dava prevalência ao primado do Direito Internacional e explicita que Verdross, ao comentar essa regra, leciona no sentido de que o seu significado se refere à aplicação interna do Direito Internacional. Afirma, então, que a regra diz que a norma do Direito Internacional não vale somente entre os Estados, mas dentro dos Estados, devendo ser aplicada pelos Tribunais e autoridades internas sem necessidade do acolhimento de uma lei interna.

Mazzuoli acredita que o monismo internacionalista configuraria a posição mais acertada e consentânea com os novos ditames do Direito Internacional contemporâneo, isso tendo em vista que ele permitiria a operacionalidade do sistema jurídico e fomentaria o desenvolvimento do Direito Internacional propiciando uma evolução da sociedade das nações que culminasse na concretização de uma comunidade internacinoal universal, *civitas máxima*.

O discurso do monismo internacionalista resta infrutífero quando aborda a soberania do poder constituinte originário, que ao arrepio dos constitucionalistas, lhe relativiza subordinando-o à ordem internacional, ou seja, aos princípios e regras do direito Internacional, dizendo que daí decorre a própria noção de soberania estatal.

---

138 MELLO, Celso D. de Albuquerque. **Curso de Direito Internacional Público**. v. 1, 12. ed. rev. E aum. Rio de Janeiro: Renovar, 2000, p. 112.

139 Mazzuoli expõe em nota de rodapé citando Brierly que a primeira declaracao judicial desse axioma a decisao do *Lord Chancellor Talbot* no *Caso Barbuit,* em 1735, onde se le que "o Direito Internacional constitui, no seu sentido mais amplo, parte do direito da Inglaterra". BRiERLY, j. L. Direito internacional, 2. ed., Trad. M. R. Crucho de Almeida. Lisboa: Fundação CalousteGulbenkian, 1968, p. 86. Mas, como destaca Brierly: "Nao ha nada na decisao que sugira estar o *Lord Chancellor* a introduzir um principio novo; pelo contrario, parece reafirmar apenas aquilo que o direito, ja consagrava" (Idem, ibidem) in **Curso de Direito Internacional Público**. 5. ed., 2011, p. 88.

A doutrina hodierna e pós-positivista do Direito Constitucional tem se curvado ao denominado efeito *Cliquet*, que nada mais é do que a impossibilidade de retrocesso no campo dos Direitos Humanos e por consequência, de regras concernentes a eles validadas na Ordem Internacional. Conhecido também como princípio da vedação ao retrocesso[140] já se espraiou pelo Direito ambiental, por normas sociais e vai ganhando espaço na tônica dos Direitos Humanos no sentido de admitir cada vez mais o primado do Direito Internacional frente aos ordenamentos internos.

De todo modo, apesar dessa abertura no campo dos Direitos Humanos, parece-nos frágil a tese defendida por Mazzuoli de que a Constituição e todo o arcabouço jurídico estatal extrairiam o seu próprio significado do ordenamento internacional e ambos deveriam conformação para com este ultimo, adequando suas normas às do Direito Internacional, que se sobrepõem a elas[141].

Tal circunstância ocorre porque apesar da clara influência da Ordem Internacional, ela não tem guarida ou sobreposição ao ordenamento interno de forma absoluta. O que se percebe é que as teorias se fragilizam quando tendem ao extremismo ou a um posicionamento radical. Talvez seja contundente afirmar que a Ordem Mundial se encontra hodiernamente na era da Ponderação, demarcada inclusive pela própria natureza do pós--positivismo e isso se reflete na delimitação da hierarquia entre a norma do Direito Internacional e a norma do Direito interno.

Quanto à posição do Brasil, no que tange ao tema das relações do Direito Internacional com o Direito interno, Mazzuoli[142] afirma que preponderá o monismo internacionalista com base na ratificação da Convenção de Viena sobre Direito dos Tratados pelo governo brasileiro em 25 de setembro de 2009. Aduz, ainda, que a Constituição brasileira de 1988, não fez nenhuma distinção entre a jurisdição interna e a internacional. A Constituição limitou-se a dizer que compete privativamente ao Presidente da Republica celebrar tratados *ad referendum* do Congresso Nacional (art. 84, inc. VIII), cabendo a este último a tarefa de resolver definitivamente sobre tratados, acordos ou atos internacionais que acarretem encargos ou compromissos gravosos ao patrimônio nacional (art. 49, inc. I). Nessa medida, Mazzuoli afere em sua teoria, da qual discordamos em parte no

---

140 CANOTILHO, Joaquim José Gomes. **Direito Constitucional e Teoria da Constituição**. 5. ed., Coimbra: Almedina, 2002, p. 336.
141 Cf. Celso D. de Albuquerque Mello, O § 2° do art. 5o da Constituição Federal, in **Teoria dos Direitos Fundamentais**, 2. ed., rev. e atual. Ricardo Lobo Torres (brg.), Rio de Janeiro: Renovar, 2001, p. 20-24.
142 MAZZUOLI, Valério de Oliveira. **Curso de Direito Internacional Público**. 5. ed., 2011, p. 89-90.

presente trabalho, que prepondera o Direito Internacional sobre o Direito interno, principalmente, quando determinadas matérias da legislação interna violem tratados ou normas imperativas de Direito Internacional como as normas denominadas *jus cogens*.

2.1.6 Monismo internacionalista dialógico

A solução monista internacionalista foi ampliada por Mazzuoli quando propôs o Monismo Internacionalista dialógico, no qual diferencia as normas internacionais pelo seu conteúdo utilizando a medida de núcleo material ou substancial para admissão da primazia da norma internacional sobre a norma interna.

Mazzuoli defende essa percepção dialógica diante do tema dos Direitos Humanos, utilizando uma solução mais fluida, possibilitando um diálogo entre as fontes de proteção internacional e as fontes de proteção interna para escolher qual a melhor norma a ser aplicada no caso concreto[143].

Afirma ainda o autor supracitado, que, apesar da prevalência dos tratados internacionais sobre a ordem jurídica interna, quando se tratar dos instrumentos que versem sobre direitos humanos poderia existir uma cláusula de diálogo. O art. 29, alínea b da Convenção de Viena sobre os Tratados rege que nenhuma das disposições da Convenção poderia ser interpretada no sentido de limitar o gozo e exercício de qualquer direito ou liberdade que possam ser reconhecidos em virtude de leis de qualquer dos Estados-partes ou em virtude de Convenções em que seja parte um dos referidos Estados[144].

A cláusula estaria sob a perspectiva do princípio *pro homine*, segundo o qual, havendo conflito entre as disposições internacionais e as de Direito interno, deve-se optar pela norma mais benéfica ou mais favorável ao ser humano sujeito de direitos[145]. Outros autores colocam essa tese como a primazia da norma mais favorável:

> E nesse sentido que, em vista do valor incorporado pela norma, o Direito Internacional dos Direitos Humanos vai conceber o princípio da primazia da norma mais favorável à vítima/ao indivíduo, pelo qual, em conflito entre normas internacionais e internas, deve prevalecer aquela

---

143 MAZZUOLI, Valerio de Oliveira. **Tratados internacionais de direitos humanos e direito interno**. São Paulo: Saraiva, 2010, p. 129-177. Para o conceito de dialogismo jurídico, cf. idem, p. 131-132.
144 MAZZUOLI, Valério de Oliveira. **Curso de Direito Internacional Público**. 5. ed., 2011, p. 90.
145 MAZZUOLI, Valério de Oliveira. **Revista do Tribunal Regional do Trabalho da 15ª Região**, n. 43, 2013, 71–94, p. 72.

que melhor promova a dignidade humana. Esse princípio fundamenta-se não no suposto primado da ordem internacional ou nacional, mas sim na prevalência do imperativo da proteção da pessoa humana, valor atualmente percebido por parte importante da sociedade internacional como superior a qualquer outro no universo jurídico[146].

Nessa medida, percebe-se a prevalência da norma internacional sobre a norma interna, ainda quando a aplicação da norma interna, isso porque a autorização da aplicação da norma mais benéfica advém da própria norma internacional, demonstrando uma hierarquia típica do monismo internacionalista, só que de forma mais transigente, se diferenciando do Direito Internacional Tradicional[147].

Para Mazzuoli, nesse ponto, falar-se-ia de uma hierarquia de valores, seja substancial ou material, em contraposição à ultrapassada hierarquia meramente formal de cunho intransigente[148]. E, referenda que o monismo internacionalista ainda continua a prevalecer, mas com dialogismo, daí a proposta de um monismo internacionalista dialógico quando o conflito entre as normas internacionais e internas disser respeito ao tema dos "direitos humanos"[149].

Mazzuoli afirma como tendência do direito pós-moderno a interligação entre o Sistema Internacional de proteção dos Direitos Humanos com a ordem interna consubstanciando os tratados que lhe dão guarida, sendo assim uma via de mão dupla que ele aborda como vasos comunicantes (ou cláusulas de diálogo, cláusulas dialógicas ou cláusulas de retroalimentação) e nomina o transdialogismo como a autorização presente nas normas internacionais de direitos humanos para que se lhe aplique a mais favorável. É o que ele defende como mecanismo que interliga a ordem jurídica internacional com a ordem interna e retira a possibilidade de antinomias entre um ordenamento e outro em quaisquer casos, fazendo com que os ordenamentos (o internacional e o interno) "dialoguem" e intentem resolver qual norma deve prevalecer no caso concreto (ou, até mesmo, se as duas prevalecerão concomitantemente no caso concreto) quando presente uma situação de conflito normativo[150].

---

146 PORTELA, Paulo Henrique Gonçalves. **Direito Internacional Público e Privado Incluindo Noções de Direitos Humanos e de Direito Comunitário.** 2. ed. Ed. jusPODIVN. Bahia, 2015.
147 MAZZUOLI, Valério de Oliveira. **Curso de Direito Internacional Público.** 5. ed., 2011, p. 90.
148 MAZZUOLI, Valerio de Oliveira. **Tratados internacionais de direitos humanos e direito interno.** São Paulo: Saraiva, 2010, p. 109-110.
149 MAZZUOLI, Valério de Oliveira. **Curso de Direito Internacional Público.** 5. ed., 2011, p. 90.
150 MAZZUOLI, Valério de Oliveira. **Curso de Direito Internacional Público.** 5. ed., 2011, p. 92-93.

2.1.7 Doutrinas conciliatórias

Hodiernamente existe o que Celso Mello denomina como doutrinas conciliatórias. São correntes que sustentam a coordenação de ambos os sistemas a partir de normas a eles superiores a exemplo das regras do Direito Natural. Esta posição também é denominada de monismo jusnaturalista. Tal doutrina é formada por doutrinadores espanhóis que sustentam a subordinação da Ordem Interna e da Ordem Internacional a um terceiro ordenamento formado por normas de direito natural.

Celso traz a ponderação de Antonio Truyol e Serra para sintetizar a posição das doutrinas conciliatórias: "um equilíbrio harmônico entre a comunidade internacional e o Estado" e a afirmação de alguns adeptos a esta corrente como sentimento jurídico[151], aplicando princípios do Direito Natural.

Essa teoria não tem guarida nas normas internacionais e nem na jurisprudência internacional, não fornece qualquer critério concreto para uma divisão de competência ou mesmo delimitação da ordem jurídica, nessa medida porque os enunciados primeiros da justiça como fundamento para as doutrinas conciliatórias, tendo por base o jusnaturalismo, não concorrem para aclarar os conflitos hodiernos.

2.1.8 Teoria do paralelismo

Para esta teoria o Estado e o Direito são realidades interdependentes, mas possuem uma natureza que não se superpõe. Nessa medida, a corrente do paralelismo procura solucionar a antítese: monismo versus dualismo, e adequa o Direito como uma concepção racional da positividade jurídica. Essa corrente veio com o italiano Giorgio Del Vecchio que reconhece na teoria do pluralismo a existência do Direito não estatal, mas tendo o Estado como centro de irradiação da positividade[152].

A teoria do paralelismo contrapõe a teoria monista e pode ser considerada como uma intersecção de conjuntos em relação ao dualismo, considerando que alguns dos elementos que compõem a teoria dualista, também estão insertos na teoria do paralelismo que lhe complementam, tendo como elemento principal o reconhecimento do Estado como centro da positividade ou da produção normativa.

---

151 MELLO, Celso D. de Albuquerque. **Curso de Direito Internacional Público.** v. 1, 12. ed., rev. E aum. Rio de Janeiro: Renovar, 2000, p. 113.
152 MALUF, Sahid. **Teoria Geral do Estado.** 31. ed., São Paulo: Saraiva. 2013, cap. I, p. 3.

Giorgio Del Vecchio coloca em termos racionais e objetivos o problema das relações entre o Estado e o Direito e aborda tal teoria como ponto de partida para o desenvolvimento atual do Culturalismo.

Concordamos que as teses esboçadas não resolvem definitivamente acerca da incorporação de normas resultantes dos compromissos firmados internacionalmente. Ocorre que, em uma análise sistemática do nosso ordenamento jurídico, não vislumbramos a possibilidade de o sistema monista ter sido a escolha do constituinte. Preferimos nesse caso, nos filiarmos à tese dualista com temperamento, apesar de não ser de todo confortável essa afirmação, pois ou se é um ou outro. Alternativamente poderia ser o caso de repensarmos o alcance da teoria do paralelismo para verificarmos seus contrapontos com a relação entre a norma advinda de tratados internacionais e o direito interno.

CAPÍTULO 3

ALGUNS ELEMENTOS DA CONVENÇÃO DE VIENA DE 1969 SOBRE OS TRATADOS

A Convenção de Viena sobre os tratados de 1969 em seu segundo artigo, define algumas expressões e estabelece em sua alínea "a" o que se entende por tratado internacional: *a) "tratado" significa um acordo internacional concluído por escrito entre Estados e regido pelo Direito Internacional, quer conste de um instrumento único, quer de dois ou mais instrumentos conexos, qualquer que seja sua denominação específica.*

Acredita-se que o termo instrumento ou veículo de normatização fosse mais apropriado. Uma situação destacada por Rezek é o fato de que a fórmula "tratados e convenções", sistematicamente utilizada em nosso ordenamento jurídico (exemplos: artigos 96 e 98 do CTN; artigo 84, VIII da CF/88 etc.), induz o leitor desavisado à ideia de que os dois vocábulos se prestam a designar coisas diferentes, quando na verdade, há um uso livre e aleatório dos termos.

Verifica-se uma quantidade expressiva de variantes terminológicas usadas na doutrina, relativas a tratado: acordo, ajuste, arranjo, ata, ato, carta, código, compromisso, constituição, contrato, convenção, convênio, declaração, estatuto, memorando, pacto, protocolo e regulamento. Estes termos são também de uso livre e aleatório. Ocorre, porém, que alguns desses nomes são preferidos para determinados tratados, como, por exemplo, carta e constituição para tratados constitutivos de organizações internacionais, ajuste e arranjo para tratados bilaterais de importância reduzida.

De todo modo, o tratado aborda regras jurídicas que podem versar sobre qualquer assunto e deverão estar sob o arcabouço formal definido pela referida Convenção: Entende-se por tratado todo acordo formal, concluído entre sujeitos do Direito Internacional Publico, regido pelo direito das gentes e que visa à produção de efeitos de direito para as partes-contratantes[153].

---

153 MAZZUOLI, Valério de Oliveira. **Curso de Direito Internacional Público**. 5. ed., 2011, p. 176.

A concepção do tratado apenas em seu aspecto formal é vista por Mazzuoli como possível revés, porque há de saber se determinado texto internacional tem realmente natureza convencional e capacidade de obrigar seus atores ou não. Exemplifica-se com situações em que a Corte Internacional de Justiça teve dúvidas quanto à materialidade e coercibilidade de determinado tratado internacional:

> Não foram poucas as vezes que a Corte Internacional de Justiça teve dúvidas sobre ter certo documento internacional natureza materialmente convencional, podendo ser citada, dentre outras, a sentença de 1° de julho de 1952 (exceções preliminares) relativa ao caso Ambatielos (Grécia v. Reino Unido), em que se discutiu o valor convencional de uma declaração anexa a certo tratado concluído entre a Grécia e o Reino Unido em 1926[154].

Da definição do artigo 2° da Convenção de Viena de 1969, transcrito anteriormente, podemos extrair as características básicas de um tratado internacional: 1) elemento volitivo; 2) Formalismo; 3) Atores; 4) Efeitos Jurídicos; 5) Regência do Direito Internacional Público; 6) Base instrumental.

Quanto ao Elemento Volitivo, a significação de Acordo internacional indica, a priori, a livre vontade dos atores envolvidos e, por isso, o termo Acordo. O elemento volitivo dará validade, será o primeiro indicador do compromisso entre as partes e indicará as tratativas para mantença da relação que se firma além de certa condição no caso de descumprimento, nesse caso, nas palavras de Mazzuoli, um vínculo juridicamente exigível visando à produção de efeitos. É a necessidade de haver certo *animus contraendi*, ou seja, "vontade de contratar". Isso significa que em caso de descumprimento haverá sanção[155].

Quanto ao formalismo, este pode ser consubstanciado como a celebração por escrito. A imposição dessa formalidade implica na positivação das regras consignadas. Tratado é um acordo formal, escrito. Não existe tratado oral. Esta é a principal diferença entre as duas principais fontes do Direito Internacional Público (tratado e costumes), portanto o tratado é formal e solene.

---

154 *In* MAZZUOLI, Valério de Oliveira. **Curso de Direito Internacional Público.** 5. ed., 2011, p. 170.
155 Existe uma decisão do FMI (da década de 60), nos quais os acordos são denominados de *Stand-By Arrangements*. Estes se destinam a conceder apoio de curto prazo (de 12 a 18 meses) a países com problemas na balança de pagamentos, o que é a política mais comum de empréstimos do FMI — linguagem sem conotação contratual. Outros exemplos de *"animus contraendi"*: as normas de *"Soft Law"* (Agenda 21); no âmbito do Direito do Trabalho – as recomendações da OIT; algumas diretivas da União Europeia etc.

Quanto aos atores, refere-se às partes do tratado, que, na Convenção de Viena de 1969 não são necessariamente pessoas jurídicas de direito internacional público (Estados Soberanos, Santa Sé e Organizações Internacionais), mas somente os Estados soberanos[156].

Desta feita, aborda-se inicialmente que o acordo formal entre Estados, ao produzir norma que deverá ser seguida, gera obrigações e prerrogativas. Os efeitos jurídicos decorrem da vontade de se criarem vínculos obrigacionais entre as partes concordantes, do *animus contraendi*.

Pontua-se ainda o *gentlemen's agreement*, pacto entre estadistas, fundado sobre a honra, e condicionado, no tempo, à permanência de seus atores no poder, sendo de pura índole moral, um comprometimento honorífico sem nenhum vínculo jurídico, distinguindo-se, portanto, dos tratados.

Quanto aos efeitos jurídicos estes terão início com a conclusão do acordo. Nesse ínterim, Mazzuoli atenta para o termo concluído constante na expressão da Convenção de Viena que alude ser o "tratado um acordo concluído por escrito entre Estados". Aqui, a expressão "acordo concluído" pode causar certa confusão na aplicação do Direito Internacional Público, isso por querer significar o conjunto de operações pelas quais um acordo internacional ganha forma jurídica acabada, quando se opera a ratificação do acordo e a posterior troca dos seus instrumentos constitutivos, momento a partir do qual, em regra, o acordo já pode potencialmente entrar em vigor.

Rezek afirma ao comentar essa situação que o tratado assinado é tão somente um projeto de tratado caso não seja devidamente aprovado por um decreto legislativo promulgado pelo Presidente do Senado[157], situação confrontada por Pontes de Miranda que afirma ser o tratado assinado algo acabado, apesar de ainda depender da ratificação e aprovação congressual, se assim for a exigência do Direito interno do país. Nessa medida, o tratado internacional já existe, mas sua exigibilidade estaria condicionada à aprovação pelo Congresso e ratificação pelo Presidente da República, sendo assim um negócio jurídico perfeito.

A circunstância que se aduz, portanto é que a expressão "tratado concluído" significa negociado e assinado, não compreendendo nesse momento a confirmação internacional do ato e a vigência. Sendo assim o termo "concluído" deve ser entendido como a manifestação de

---

156 A Convenção de Viena de 1969 em sua introdução define sua aplicação aos tratados entre Estados e, desta feita exclui de sua regência os tratados celebrados entre Organizações Internacionais ou outros atores, que não são regidos por suas normas, pois estas possuem um destinatário exclusivo: o Estado como sujeito de Direito Internacional.

157 REZEK, José Francisco. **Direito dos Tratados**. Rio de Janeiro: Ed. Forense, 1984, p. 24-25.

vontade dos Estados, mas ainda um negócio jurídico imperfeito, sendo perfeito e acabado somente após a aprovação do Congresso e da ratificação do Poder Executivo.

Neste trabalho afirma-se a possibilidade de se enxergar o tratado, enquanto não houver ratificação, operando como um negócio jurídico e posteriormente podendo adquirir uma natureza legal, quando nessa medida operará com certo grau de abstração e coercibilidade próprio das leis positivas.

Quanto ao tratado visto sob o prisma do negócio jurídico[158], faz-se uso da teoria de Pontes de Miranda denominada teoria da invalidade que o instituto precisa perpassar para então produzir efeitos e adquirir em sua essência a concretude. Seria como uma escultura, uma massa em construção, que irá mostrando sua forma, mas só estará concreta após passar pelas três fases (Existência, Validade e Eficácia) e assim poderá ter seus contornos plenamente definidos.

A Teoria da Invalidade foi conformada inicialmente pelos processualistas, em especial aos processualistas da escola de Firenze (Chiovenda, Carnelutti e Calamandrei, todos três professores da escola de Florença). A partir daí é que temos uma visão moderna do plano da existência, da validade e da eficácia. Quem no Brasil tratou isso da melhor maneira foi Pontes de Miranda, em seus comentários ao CPC[159].

Define-se que no mundo jurídico há três planos: existência, validade e eficácia. Afirma-se que o plano da existência é pressuposto para os demais planos. E isso é óbvio, pois não há como discutir a validade e a invalidade se o negócio não existe e, muito menos se é eficaz ou ineficaz. Portanto, o plano da existência é pressuposto para que se penetre nos demais planos.

O plano da validade não interfere no plano da eficácia. Destarte, o plano da validade não é pressuposto para o plano da eficácia. Isso porque pode haver negócio válido e eficaz, mas também existe negócio válido e ineficaz, e, há negócio inválido que é ineficaz. Essa segunda conclusão é que foi o grande salto na Teoria da Invalidade, pois era isso que se confundia, uma vez que o negócio era válido, tinha que ser eficaz, tinha que produzir efeitos. E não é isso, pois há negócios válidos que não produzem efeitos e outros inválidos que produzem efeitos.

a) Plano da existência

Negócios jurídicos inexistentes são aqueles que não entraram no mundo jurídico porque lhes faltou a realidade material, o conjunto de fatos

---

158 Empresta-se o instituto do negócio jurídico, conformado no Direito Civil.
159 MIRANDA, Pontes de. **Comentários ao Código de Processo Civil**. Rio de Janeiro: Forense, 1974. t. I.

que corresponda ao tipo legal. No negócio inexistente há ausência de vontade, ausência de objeto ou ausência de forma, porque, se eu tenho vontade viciada, o negócio é anulável; se eu tenho sujeito incapaz, o negócio é nulo ou anulável; mas, se eu tenho ausência de sujeito, o negócio é inexistente; se eu tenho a forma que viola a forma prescrita em lei, o negócio é nulo; mas se eu tenho ausência de forma, o negócio é inexistente.

O primeiro plano definido como plano da Existência possui como requisitos 1) a manifestação de vontade, sendo no Direito dos Tratados feita de forma escrita, não podendo ser consentida de forma tácita pelo silêncio; 2) o Agente, que no caso do Direito dos Tratados, pela Convenção de Viena de 1969 só poderá ser Estado Soberano; 3) Objeto, sendo a matéria avençada e 4) a forma, sendo aqui o meio pelo qual a vontade se exterioriza, conformado pela própria Convenção com os elementos constantes, que só pode se dar de forma escrita e nas formalidades definidas pela Convenção. É a estrutura do negócio jurídico.

A manifestação de vontade se dará pelas espécies de negociação, que podem se dar em base bilateral ou coletiva. De forma geral, realiza-se a negociação bilateral no território de uma das partes contratantes, o que normalmente ocorre entre o órgão responsável pelas relações exteriores de uma parte e a embaixada da outra parte.

No que se refere ao idioma utilizado, deve ser destacado que, quando o idioma não é comum entre as partes, o acordo terá curso no idioma que ofereça maior comodidade, podendo, inclusive, ser utilizado um idioma diferente dos usados pelas partes. Na prática internacional, tem sido usado o expediente de se lavrar o documento resultante da negociação em duas versões autênticas, uma na língua de cada país, e de igual valor, em cumprimento ao princípio da igualdade.

Quando se encerram as discussões concernentes ao que foi pactuado, restará terminada a negociação. Estará, então, pronto o texto que será finalmente assinado.

Quanto à negociação coletiva, há a necessidade de realizar-se conferência diplomática internacional. Tendo em vista a pluralidade de idiomas, deverá ser escolhido o idioma que será utilizado durante a negociação e o idioma no qual serão lavradas as versões dos textos elaborados.

A adoção do texto de um tratado, em uma conferência internacional, se dá por maioria de dois terços dos Estados presentes e votantes, salvo se esses Estados resolverem, por igual maioria, aplicar regra diversa, conforme dispõe o artigo 9º da Convenção:

Art. 9º - Adoção do texto
1 - A adoção do texto de um tratado efetua-se pelo consentimento de todos os Estados participantes na sua elaboração, salvo o disposto no n.º 2.
2 - A adoção do texto de um tratado numa conferência internacional efetua-se por maioria de dois terços dos Estados presentes e votantes, a menos que estes Estados decidam, por igual maioria, aplicar uma regra diferente.

Após a redação do texto final pactuado, dá-se a assinatura, que garantirá a autenticidade do texto negociado.

b) Plano da validade

Este pressupõe o plano da existência. E os pressupostos de validade de um negócio jurídico vão dizer respeito aos seus sujeitos, ao seu objeto e a forma. O plano de validade qualifica o negócio, tendo como pressupostos o requisito do Direito Internacional para que o tratado seja considerado válido pelos Estados contratantes e pela comunidade internacional.

Internamente, o Código Civil brasileiro estabelece 3 elementos condicionais: I - agente capaz; II - objeto lícito, possível, determinado ou determinável; III - forma prescrita ou não defesa em lei e a doutrina completa com uma manifestação de vontade livre e de boa-fé. No Direito Internacional, para que haja validade, os tratados devem observar quatro requisitos de validade: 1) Capacidade das Partes Contratantes; 2) Habilitação dos Agentes Signatários; 3) Objeto Lícito e Possível; e 4) Consentimento Mútuo.

Quanto à Capacidade das Partes Contratantes é a que depende do reconhecimento de quem são as pessoas de DIP. Conforme já exposto, somente os Estados, a Santa Sé e as organizações internacionais, segundo Rezek, têm capacidade para celebrar tratados e, no Brasil, o governo federal não será responsável se um Estado membro da federação concluir um acordo sem que seja aprovado pelo Senado. A Convenção de Viena se utiliza de uma fórmula genérica conforme seu Artigo 6º: "Todo Estado tem capacidade para concluir tratados".

Quanto à habilitação dos Agentes Signatários, define-se como as pessoas habilitadas a assinar um tratado. São aquelas que possuem os Plenos Poderes, ou seja, possuem o poder de negociar e concluir os acordos. São denominados Plenipotenciários. (art. 2º,1,c da Convenção de Viena).

Um ato relativo à conclusão de um tratado praticado por uma pessoa que, nos termos do art. 7.º, "não pode ser considerada representante de um Estado para esse fim, não produz efeitos jurídicos, a não ser que seja confirmado, posteriormente, por esse Estado". A assinatura por pessoa não habilitada faz com que o tratado não tenha seus efeitos legais, até que o mesmo seja ratificado pelo Estado. É o que dispõe o artigo 8º da Convenção: "Artigo 8º - Confirmação Posterior de Ato Praticado Sem Autorização".

Nos termos do artigo 7º, §2º, da Convenção de Viena sobre o Direito dos Tratados, estão dispensados da carta de plenos poderes, entre outros, os chefes de Estado e de Governo, os Ministros das Relações Exteriores e o chefe da missão diplomática junto ao Estado em que se encontram acreditados (autorizados, reconhecidos). Segue o parágrafo citado:

> § 2o - Em virtude de suas funções e independentemente da apresentação de plenos poderes, são considerados representantes do seu Estado:
> a) os chefes de Estado, chefes de governo e ministros das Relações Exteriores, para todos os atos relativos à conclusão de um tratado;
> b) os chefes de missão diplomática, para a adoção do texto de um tratado entre o Estado acreditante e o Estado acreditado;
> c) os representantes acreditados pelos Estados perante uma conferência ou organização internacional ou um de seus órgãos, para a adoção do texto de um tratado em tal conferência, organização ou órgão.

No caso do chefe da missão diplomática, ele somente pode ser agente signatário de tratados entre o Estado acreditante e o acreditado.

O tratado deve prever um objeto lícito e possível. O tratado que violar uma norma imperativa do Direito Internacional geral é NULO.

Assim, havendo violação de normas imperativas, o tratado não poderá produzir efeitos, podendo ser citado como exemplo a celebração de tratados que violam direitos humanos. Nenhum tratado pode ter um objeto que contrarie a moral, nem deve tratar de algo inexequível. Neste caso, as partes prejudicadas, ou ambas, podem pôr fim àquele tratado.

O consentimento de um Estado é um ato de declaração de se obrigar ao tratado que se torna norma legal quando entra em vigor, todavia, o acordo de vontade entre as partes não deve sofrer nenhum tipo de vício, quais sejam erro, dolo, corrupção e coação (artigos 48, 49, 50 e 51 da Convenção de Viena de 1969), bem como não deve afrontar a norma de direito público interno.

c) Plano da eficácia

Tem por pressuposto o plano da existência, mas não o plano da validade. O plano de eficácia: estuda os elementos que interferem nos efeitos jurídicos do negócio, sendo considerados a condição, o termo, o modo ou encargo.

Após a ratificação o torna como a lei: norma abstrata com grau coercibilidade e a partir daí verificaria a vigência, o plano da obrigatoriedade, quando seria possível a integração, como se daria a interpretação e a sua aplicação no tempo e no espaço.

Quanto à regência do Tratado, está deverá ser conformada pelo Direito Internacional. Pois dois Estados vão expressar formalmente suas vontades não pelo Direito interno de cada um, mas sob a autoridade do Direito Internacional Público.

A importância deste instituto está no fato de que a regência do compromisso vai diferenciar o fenômeno se tratado ou contrato internacional, pois este último apesar de ter os três primeiros elementos do conceito de tratado não possui regência exclusiva do Direito Internacional. Nas palavras de Mazzuoli:

> Se é certo que nenhum acordo entre Estados - justamente por ser concluído entre sujeitos do Direito Internacional - pode afastar a invocação completa do direito das gentes, não é menos certo que muitos dos compromissos internacionais que esses mesmos Estados concluem carecem (propositadamente) de uma regulação total do Direito Internacional, ficando à margem do Direito dos tratados. Não se poderá dizer ser um tratado, por exemplo, o acordo entre Estados em que se elege o foro interno de um deles para resolver os conflitos de interesses porventura existentes[160].

Afirma-se então que a regência dos contratos internacionais se dá pelas normas do ordenamento jurídico interno de determinado Estado, enquanto que os tratados são completamente regidos pelos princípios e regras do Direito Internacional Público.

Quanto à base instrumental, o contrato pode ser celebrado em instrumento único ou em dois ou mais instrumentos conexos. Desta feita, o tratado pode materializar-se em duas ou mais peças documentais distintas. Quando a Convenção usa a expressão "instrumentos conexos", está permitindo tanto a figura denominada "troca de notas", como a utilização de anexos. No instrumento único há um momento singular que após o término da Conferência, as partes assinam.

Os anexos representam documentos que acompanham o corpo principal do tratado, sendo assinados por todos os contratantes e produzidos a um só tempo. Já as trocas de notas, dentro do contexto negocial, apresentam-se como textos produzidos em momentos diversos, firmado cada qual por uma das partes, representando um método negocial e demonstrando a intenção de se celebrar o futuro acordo.

---

160 MAZZUOLI, Valério de Oliveira. **Curso de Direito Internacional Público**. 5. ed., 2011, p. 176.

No caso de instrumentos conexos, Mazzuoli alerta que as trocas de notas podem representar um problema: O problema surge quando os instrumentos que compõem o tratado como um todo são produzidos em momentos distintos uns dos outros, cada um deles firmado apenas no nome de uma das partes, tal como se dá na celebração de um acordo por troca de notas[161].

Utiliza-se também a troca de notas, fora do contexto convencional, como forma rotineira de intercâmbio diplomático, não significando, necessariamente, neste caso, a existência de negociações destinadas à elaboração de futuro acordo.

Portanto, troca de notas no contexto convencional é uma negociação tipo "propõe-aceita". É muito comum quando a negociação não ocorre em um lugar previamente determinado. Mas, deve-se frisar que a troca de notas só pode ser considerada como base instrumental se estiver presente o ânimo de contrair compromissos e não simples consultas:

> Em outras palavras, a inserção desse elemento (pluralidade) no conceito de tratado passou a consagrar a troca de notas como um meio hábil para a celebração de tratados. A permissão dada pela Convenção de Viena de se concluir tratados quer constantes de um instrumento único, quer de dois ou mais instrumentos conexos", veio ampliar o universo formal dos compromissos internacionais lato sensu, os quais passam a poder ser entendidos pela seguinte fórmula, já anteriormente colocada por Rousseau: compromissos internacionais = tratados (acordos, convenções, pactos, protocolos, modus vivendi etc.) + acordos em forma simplificada (troca de notas, de cartas, de declarações etc.)[162].

Na verdade, a troca de notas é mais um instrumento para se celebrar um tratado, do que o tratado propriamente dito, pois, normalmente, depois que as notas vão e vêm, os países consolidam as notas em um texto único[163].

A praxe de notas diplomáticas configuraria no Brasil uma inconstitucionalidade, isso porque violaria o art. 49, §1º CRFB/88, já que não iria passar pelo Congresso Nacional. Sendo assim, ao invés de usar o art. 84, VIII da CRFB/88, usar-se-ia o inciso VII do mesmo artigo sem manifestação do Congresso Nacional, no campo de atuação do Poder Executivo.

Finaliza-se esse tópico afirmando que se depreende da Convenção de Viena que Tratado não tem nome próprio. Será a prática internacional

---

161 MAZZUOLI, Valério de Oliveira. **Curso de Direito Internacional Público**. 5. ed., 2011, p. 176.
162 Cf. Charles Rousseau. *Principes generaux du droit international public*, Tome I, cit., p. 158. In MAZZUOLI, Valério de Oliveira. **Curso de Direito Internacional Público**. 5. ed. 2011, p. 176.
163 REZEK, José Francisco. **Direito dos Tratados**. Rio de Janeiro: Ed. Forense, 1984, p. 115-116.

que dirá qual a terminologia para os tratados. Outras nomenclaturas de tratados utilizados: Acordo, Tratado, Carta, Pacto, Modus Vivendi (tratados provisórios), Notas diplomáticas, Protocolo, Ato ou Ata (nasce no final da Conferência). Já foi utilizada algumas vezes a palavra Constituição, e temos como exemplo a Constituição Europeia.

CAPÍTULO 4

ACERCA DOS TRATADOS SOBRE MATÉRIA TRIBUTÁRIA

Os tratados internacionais tributários ou os tratados internacionais com repercussão tributária são cada vez mais frequentes no contexto de interdependência econômica entre os países no que se denomina hoje de nova ordem mundial. Nesse sentido nos valemos das palavras de Arnaldo Sampaio Godoy ao usar a expressão nova ordem mundial como "identificadora de novos modelos de atuação estatal, de formulação normativa e de interação cibernética":

> [...] não há por parte do trabalho apropriação do conceito de nova ordem mundial tal como utilizado pela geopolítica, no sentido de se opor o mundo de hoje à ordem da guerra fria, ou do sistema de alianças que marcou a primeira guerra mundial. Por nova ordem mundial a pesquisa pretende identificar focos de ressurgimento de *lex mercatoria*, bem como novos contornos para a atuação política do Estado-nação, cotejado com o poder exercido pelos grandes grupos econômicos[164].

Conforme anota Valadão, tratados específicos em matéria tributária de maneira geral são aqueles que visam evitar a bitributação e a evasão tributária, os relacionados à colaboração administrativa fiscal entre os Estados.

Os tratados com repercussão em matéria tributária são aqueles que, possuem um campo próprio de atuação, apesar de tangentes e, em alguns casos, com elementos comuns, se referem aos acordos relativos ao comércio, às uniões aduaneiras e zonas de livre-comércio[165], os relacionados a transporte marítimo ou aéreos, as imunidades e isenções diplomáticas e consulares, o regime fiscal dos organismos internacionais e a cooperação cultural científica ou militar.

---

164 GODOY, Arnaldo Sampaio de Moraes. **Tributação Internacional e a Nova Ordem Mundial**. Publicado na página: <http://www.arnaldogodoy.adv.br/publica/tributacao_internacional_e_a_nova_ordem_mundial.html>. Acesso em: 15 agosto. 2014, item 6.

165 Pontuamos pela autonomia do Direito Aduaneiro, quando, apesar de interligado ao Direito Tributário e retirar em alguns casos validade normativa deste – por exemplo, no caso de tributos incidentes sobre o comércio exterior, possui princípios próprios e regramentos que lhe são peculiares.

4.1 Tratados de natureza tributária

A partir da primeira Guerra Mundial há um prelúdio quanto à assinatura de convenções tendentes a eliminar dupla tributação entre os países europeus. Xavier nos traz que data de 1925 o tratado entre Alemanha e Itália como primeiro tratado a evitar a dupla tributação, e, sob a presidência de Mitchell B. Carroll, foi confeccionado o primeiro *Draft Model* em 1928, tendo sido em 1943 remodelado no modelo de convenção aprovado no México e posteriormente no Modelo de Londres, em 1946[166].

Após a 2ª Guerra Mundial, o movimento de celebração de convenções nos países anglo-saxônicos se amplia e cresce o número de acordos principalmente em decorrência da internacionalização progressiva da economia norte-americana no âmbito das reações entre a Inglaterra com os países do *Commonwealth*[167].

Xavier afirmou que o impulso dos investimentos internacionais em outros países e a integração econômica europeia, a câmara de Comércio Internacional e a criação do Comitê Fiscal da Organização para Cooperação e Desenvolvimento Econômico – OCDE revelaram a tendência mundial no sentido de atenuar através das convenções bilaterais a dupla tributação não só pelos países desenvolvidos, mas pelos países em desenvolvimento[168].

O primeiro movimento no cenário mundial para equacionar o problema da dupla tributação foi no âmbito da liga das nações[169], que, sucedida pela ONU divulgou em 1980 o texto da Convenção Modelo para evitar a dupla tributação. Em concomitância a organização para Cooperação Econômica Europeia – OCEE havia retomado os trabalhos da Liga nas Nações. Ela foi sucedida em 1960 pela Organização para Cooperação e Desenvolvimento Econômico – OCDE. Esta que em 1963 divulgou seu modelo de convenção, revista[170] em 1977, 1992, 1995, 1997, 2000, 2005 e 2008, 2010 e 2014[171]. A OCDE divulgou tam-

---

166 XAVIER, Alberto. **Direito Tributário Internacional do Brasil**. 7. ed. Forense, 2010. p. 68 – 69.
167 XAVIER, Alberto. **Direito Tributário Internacional do Brasil**. 7. ed. Forense, 2010. p. 68.
168 XAVIER, Alberto. **Direito Tributário Internacional do Brasil**. 7. ed. Forense, 2010. p. 68.
169 Cf. Heleno Taveira torres, que informa as primeiras convenções surgem no século XIX sem maiores estímulos (pluritributação internacional).
170 A partir de 1991, a OCDE decide que o processo de revisão passaria a ser continuo sendo então uma "convenção modelo ambulante" atualizada periodicamente, em 1992 foi publicado um novo texto. Cf. VALADÃO, Marcos Aurélio Pereira. **Limitações ao poder de tributar e Tratados Internacionais**. Belo Horizonte: Del Rey. 2000
171 XAVIER, Alberto. **Direito Tributário Internacional do Brasil**. 7. ed. Forense, 2010, p. 67 e Dados disponíveis na página da OCDE: <http://www.oecd.org/tax/treaties/oecd-model-tax-convention-available-products.htm>. Acesso em: 05 nov. 2014.

bém sua convenção modelo para o imposto sobre sucessões e doações de 1966, revista em 1982. Tais modelos têm por objetivo direcionar e harmonizar a atuação dos países membros da OCDE e, também, daqueles que possuem interesse em fazer parte do grupo.

Uma das mudanças importantes nas Convenções sobre dupla tributação se deu em 2006, quando ocorreu a reformulação da Convenção Modelo das Nações Unidas de 1980, no que tange à matéria de impostos sobre o rendimento e capitais. A ONU se mobilizou nesse sentido porque havia uma demanda dos países em desenvolvimento que sentiam ser a convenção da OCDE voltada ao interesse de seus membros, países desenvolvidos e que não se ajustava às características de desigualdade nas relações com os países em desenvolvimento. Nesse ponto, ocorreu um impulso na tributação sobre a renda, privilegiando o critério da fonte em relação ao critério da residência[172]. Isso para permitir um alargamento da noção de estabelecimento permanente e na flexibilidade quanto às alíquotas aplicáveis pelo Estado da fonte em matéria de lucro de empresas de navegação, de serviços independentes e de ganhos de capital[173].

Quanto aos tratados firmados pelo Brasil, em sua maioria, possuem cláusulas de não-discriminação, o que importa em impedir a tributação do nacional da outra parte contratante em níveis superiores aos próprios nacionais nas mesmas circunstâncias, o que repercute aspecto importante na coadunação do ordenamento interno com o ordenamento internacional. Por exemplo, a introdução de normas para o controle dos preços de transferência, ao ciar a Lei nº. 9.430/96[174], cujo objetivo era de impedir a perda da receita tributária em virtude de eventuais sub ou superfaturamento de preços em transações entre empresas vinculadas no exterior. Essa lei trouxe modificação na base de cálculo do Imposto de Renda das Pessoas Jurídicas e da Contribuição Social sobre o Lucro Líquido[175].

---

172 Alberto Xavier cita que nesse contexto se inseria o projeto de Convenção de Cooperação Fiscal, elaborado em 19 de janeiro de 1971, no âmbito da OCAM (Common African, Malgach and Mauricienne Organisation), extindo em 1985 e a decisão nº 40 de novembro de 1971 da Comissão do Grupo Andino, uma sub-região da ALALC (Chile, Colômbia, Peru, Venezuela, Bolívia e Equador), que também documentava a preferência e defendia o critério da fonte. Nesses termos essa decisão nº 40 aprovou dois textos, uma para evitar a tributação entre os países membros, que tem como peculiaridade ser uma convenção multilateral e uma convenção modelo para evitar a dupla tributação entre um país membro e um país situado fora da sub-região. In XAVIER, Alberto. **Direito Tributário Internacional do Brasil**. 7. ed. Forense, 2010. p. 70.

173 BORGES, Antônio de Moura. Convenções sobre dupla tributação internacional entre Estados desenvolvidos e Estados em desenvolvimento. In: **Revista dialética de Direito Tributário** RDDT 8 (1996), p. 143.

174 Cf. artigos 18 da Lei nº. 9.430/96.

175 GUARDIA, Renata Borges La. **O controle dos preços de transferência. Aplicação em operações financeiras e derivativos**. Tese de Doutorado apresentada na Faculdade de Direito de São Paulo no ano de 2010. Não publicada, sob orientação de Heleno Taveira Torres, p. 34.

4.1.1 Tratados para evitar a bitributação da renda e do capital

Os tratados bilaterais para evitar a bitributação da renda e do capital são acordos firmados tendo por base uma convenção, denominadas modelo de convenção destinada a evitar a dupla tributação. O fenômeno da bitributação internacional decorre do choque entre as legislações dos países, quando pretendem tributar o mesmo fato, em decorrência da utilização de diferentes critérios de delimitação da competência tributária.

Os modelos de convenção, em sua maioria, tratam de bitributação sobre a renda e o capital (tributação sobre o patrimônio) e também especificam algumas atividades, como as decorrentes de navegação aérea e marítima[176], além dos artistas e desportistas, os lucros das empresas, os royalties[177]. Apesar de nem todos os tratados constarem em sua denominação a finalidade de evitar a evasão fiscal, esse é um dos principais objetivos desses acordos, os quais normalmente possuem, também, a cláusula de troca de informações.

A celeuma existe porque cada país adota critérios diferentes e a complexidade dos fenômenos econômicos na formação da renda ou do lucro tributável pode ensejar a interveniência de vários Estados e a concomitância de varias legislações fiscais, com critérios e definições diferentes. Daí a denominação utilizada por Heleno Taveira Torres, de pluritributação internacional sobre a renda[178].

De todo modo, com a devida vênia, adotar-se-á denominação proposta por Moura Borges, à qual Valadão[179] também se filia, qual seja, dupla tributação internacional. Esta é tida pelos autores como mais adequada, inclusive por ser esta a contida no Modelo de Convenção da OCDE. A definição seria então que "o fenômeno da dupla tributação jurídica internacional pode ser definido de forma geral como o resultado da percepção de impostos similares em dois (ou mais) Estados, sobre um mesmo contribuinte, pela mesma matéria imponível e por idêntico período de tempo"[180].

---

176 Informa-se que todos os tratados para evitar a dupla tributação da renda, firmados pelo Brasil, contêm cláusulas específicas sobre a navegação marítima e aérea, estabelecendo a tributação da renda das mesmas no Estado sede da empresa.

177 Cf. LEONARDOS, Gabriel Francisco. **Tributação da transferência da transferência de tecnologia**. Ed. Forense. Rio de Janeiro, 1997, p. 99.

178 TORRES, Heleno Taveira. **Pluritributação Internacional sobre Renda das Empresas Transnacionais**. p. 227-228

179 Cf. VALADÃO, Marcos Aurélio Pereira. **Limitações ao poder de tributar e Tratados Internacionais**. Belo Horizonte: Del Rey. 2000.

180 BORGES, Antônio de Moura. Convenções sobre Dupla Tributação Internacional entre Estados Desenvolvidos e Estados em Desenvolvimento, Revista Dialética de Direito Tributário, São Paulo, n. 8, 1996, p. 58-59.

Valadão afirma que os países exportadores de capital tendem a adotar o critério da residência, ou da nacionalidade, para tributar as rendas dos seus residentes ou nacionais obtidas no exterior, ao passo que, inversamente, os países tomadores de capital tendem a tributar, além da renda produzida e consumida internamente, aquela que é remetida para o exterior (critério da fonte). O autor se vale das elucidações de Moura Borges para explicitar as diversas consequências da dupla tributação, citando a consequência de natureza econômica, quando esta interfere nos movimentos de capitais e pessoas, prejudicando a entrada de capitais nos países em desenvolvimento; a consequência de natureza financeira que impele a evasão fiscal; a consequência que possui a fragilidade do elemento justiça, quando não observa o princípio da capacidade contributiva[181].

4.1.2 Acordos sobre de Troca de Informação

Os tratados relativos à troca de informações, com natureza e repercussão tributária, possuem respaldo internacional no artigo 26 do Modelo de Convenção da OCDE conformados como mecanismo de combate à evasão fiscal. A partir de 1990 a OCDE perfilha, conforme elucida Phillipe Toledo[182], um relatório detalhado identificando as práticas e medidas para enfrentar os efeitos da concorrência fiscal prejudicial. Os Acordos de Troca de Informações em Matéria Tributária[183] surgem então em virtude da pressão do G-20[184] no intuito de evitar a perda de divisas dos países desenvolvidos.

> Esta tendência se recrudesceu a partir da crise financeira internacional de 2007. O G20 estabeleceu que algumas providências deveriam ser tomadas com o intuito de evitar novas crises, entre elas a regulação bancária (internacional e em cada jurisdição), o controle do fluxo de capitais irregulares (atividade já bem desenvolvida pelo GAFI/FATF) e a transparência tributária internacional. Esses dois últimos aspectos têm a ver com o fato de que fluxo de capitais irregulares e operações sem visibilidade comprometem os controles governamentais de monitoramento

---

181 Cf. BORGES, Antônio de Moura. Convenções sobre Dupla Tributação Internacional entre Estados Desenvolvidos e Estados em Desenvolvimento, Revista Dialética de Direito Tributário, São Paulo, n. 8, 1996, p. 83-87.
182 Oliveira, Phelippe Toledo Pires. A troca de informações em matéria tributária: práticas e perspectivas brasileiras sobre o assunto. *Revista da PGFN*. 139-160. p. 141.
183 Denominados internacionalmente de TIEAs: *Tax Information Exchange Agreements*
184 São países membros do G20: Alemanha, Arábia Saudita, África do Sul, Argentina, Austrália, Brasil, Canadá, China, Coréia do Sul, Estados Unidos, França, Índia, Indonésia, Itália, Japão, México, Reino Unido, Rússia (Federação Russa), Turquia e a União Europeia.

e prevenção de crises econômica e financeiras, além de comprometerem as receitas tributárias visto que a falta de transparência tributária possibilita a existência de esquemas de evasão e elisão tributária de percepção mais difícil por parte das administrações tributárias[185].

Tavolaro aponta a tendência em regrar as relações tributárias internacionais por meio da celebração de tratados de dupla tributação, que somam mais de 3.000, e que tais acordos tinham como escopo eliminar a dupla tributação, mas posteriormente ampliaram os objetivos, versando em sua maioria sobre a prevenção da evasão fiscal[186].

A necessidade de flexibilização dos Estados na adequação de medidas econômicas tendo em vista a competição internacional é posta por Cruvinel[187] quando discorre acerca da abertura do sistema tributário brasileiro para atrair capital estrangeiro. Nessa medida cita Valadão quando este afirma:

> [...] a globalização, em sua forma mais recente, vem impondo a todos os países do mundo, e em especial aos países em desenvolvimento, novos desafios de adaptação/evolução, daí a necessidade da modernização de estruturas, o que inclui a regulação e fiscalização dos agentes econômicos e também modificação das estruturas tributárias – instrumento estatal da captação de recursos e de intervenção no domínio econômico[188].

Lauriana aborda quanto a essa necessidade de adequação dos países em desenvolvimento, que no caso ela traz como decisões de condições institucionais favoráveis:

> Esse fato é sensível quando se trata de países em desenvolvimento. Na busca pelo progresso, especialmente a partir da década de 1990, eles tendem a celebrar tais tratados bilaterais (e participar de tratados multilaterais) de investimento a fim de proporcionar atrativos para facilitar-lhe o ingresso

---

185 Troca de informações. Nota de rodapé 5. p. 4 Cf. VALDÃO, Marcos Aurélio Pereira; GICO JR., Ivo Teixeira. The (Not So) Great Depression of the 21th Century and Its Impact on Brazil, aceito para publicação na **Law and Business Review of the Americas**, v. 16, n. 1, Winter, 2010.

186 TAVOLARO, Agostinho Toffoli e SILVA, Antonio Carlos Florêncio de Abreu e. O tratado de troca de informações fiscais Brasil-Estados Unidos. **RBCE** – 114. 62-71. p. 62

187 CRUVINEL, Marcelo Pereira. A incompatibilidade do regime de transparência internacional com os tratados contra a bitributação celebrados pelo Brasil. **Revista de Direito Internacional, Econômico e Tributário** - RDIET, Brasília, V. 6, n. 2, p. 291-311, jul/dez, 2011, p. 291-311, p. 294.

188 VALADÃO, Marcos Aurélio Pereira. Uma visão ampliada dos efeitos da globalização no sistema tributário brasileiro. In: PANZARIN FILHO, Clóvis; TONANI, Fernando; BEHRNDT, Marco Antonio; RIBEIRO, Ricardo Pereira; VASCONCELOS, Roberto França de. (Org.). **Revista de Direito Internacional Tributário**. São Paulo - SP: Quartier Latin, 2009, v. 11, p. 131-169.

e a permanência. A busca por atrair investimentos internacionais não é fórmula recente. Desde os tempos remotos, a noção de investimento constitui uma troca: o dispêndio de recursos do investidor é permutado pelas benesses quanto à expansão das riquezas. Essa ideia é associada ao esperado progresso e ampliação do poder do Estado[189].

Frisa-se então que além dos tratados sobre dupla tributação que em sua maioria adotam a cláusula de troca de informações, existem os tratados específicos sobre troca de informação, denominados TIEAs, que podem referir-se a outros tributos além do imposto de renda[190], conforme menciona Valadão no artigo que discorre sobre troca de informações com base em tratados. E, conforme análise de Moura Borges e Laila Khoury, citada também nesse referido artigo, o procedimento sobre troca de informações tem se materializado como tendência desde janeiro de 1988:

> Nesse contexto, o Conselho da Europa e a OCDE, em 25 de janeiro de 1988, celebraram a Convenção multilateral sobre assistência mútua em matéria tributária, a fim de disciplinar detalhadamente o procedimento das modalidades de assistência, sobretudo quanto à troca de informações, uma vez que as relações econômicas revestiram-se de tal grau de intensidade e diversidade que se sentiu a necessidade de elaborar um novo instrumento, simultaneamente de caráter geral, isto é, abrangendo as diferentes modalidades de assistência possíveis, e cobrindo um vasto leque de impostos – e multilateral, ou seja, permitindo uma mais eficaz cooperação internacional entre grande número de Estados, graças à aplicação e à interpretação uniformes das respectivas disposições[191].

O relatório da OCDE de 1998 deu notoriedade à necessidade da inserção das cláusulas sobre trocas de informações em matéria tributária entre as administrações fiscais, que na verdade já estava presente no Modelo de Convenção da OCDE desde 1963, constando também no modelo de Convenção da ONU e dos Estados Unidos.

---

189   SILVA, Lauriana de Magalhães. Direito Internacional dos Investimentos e Tratados Internacionais contra a Dupla Tributação da Renda. **Revista do Mestrado em Direito**. RVMD p. 42-70, p. 44.
190   VALADÃO, Marcos Aurélio Pereira. Troca de informações com base em tratados. **Revista de Direito Internacional, Econômico e Tributário -** RDIET. p. 12. O Brasil tem negociado dois tratados específicos sobre troca de informações, um com os Estados Unidos, já concluído, e outro que permanece sob negociação com o Reino Unido.
191   BORGES, Antônio de Moura; KHOURY, Laila José Antônio. A troca de informações no âmbito de tratados internacionais sobre matéria tributária. In: XVII Congresso Nacional do CONPEDI, 2009, Brasília - DF. **Anais do XVII Congresso Nacional do CONPEDI**, 2008, p. 2534.

Interessante perceber o caráter permissivo do Código Tributário Nacional no parágrafo único do artigo 199, acrescido pela Lei Complementar 104 de 2001 que aduz:

> Art. 199. A Fazenda Pública da União e as dos Estados, do Distrito Federal e dos Municípios prestar-se-ão mutuamente assistência para a fiscalização dos tributos respectivos e permuta de informações, na forma estabelecida, em caráter geral ou específico, por lei ou convênio.
> Parágrafo único. A Fazenda Pública da União, na forma estabelecida em tratados, acordos ou convênios, poderá permutar informações com Estados estrangeiros no interesse da arrecadação e da fiscalização de tributos.

Dentre os objetivos nos modelos de convenção da OCDE, da ONU e dos EUA, a cooperação internacional para facilitar a troca de informação entre as administrações tributárias está ligada à eliminação da evasão e da elisão fiscal.

O artigo 26 do Modelo de Convenção da OCDE e, respectivamente, o artigo 26 do Modelo de Convenção da ONU e dos EUA, tratam do fornecimento de informações entre autoridades fiscais, permitindo o acesso de informações do contribuinte no exterior[192].

Vogel ressalta que o texto do Modelo de Convenção da ONU era mais abrangente que o Modelo de Convenção da OCDE e o Modelo de Convenção dos EUA ampliava ainda mais e explicitava as obrigações dos países no que se refere à troca de informações em matéria tributária[193].

No que tange ao Modelo de Convenção da OCDE, adotado pelo Brasil, o artigo 26 prevê diferentes modalidades para a troca de informações:

> 1. As autoridades competentes dos Estados Contratantes trocarão entre si indicações relevantes para a realização das disposições da presente Convenção ou para a administração ou aplicação das leis nacionais relativas aos impostos de qualquer natureza ou denominação imposta em nome dos Estados contratantes, ou de suas subdivisões políticas ou autoridades locais, na medida em que a tributação não for contrária à Convenção. A troca de informações não é restrita pelo Artigos 1 e 2.

---

192 Tal situação se dá porque não é permitido às autoridades fiscais de um país a investigação sobre um contribuinte em território de outrem ferindo a soberania territorial.

193 Klaus Vogel, item 17 em relação ao art. 26. VOGEL, Klaus. **A Commentary to the OECD, UN and US Model Conventions for the Avoidance of Double Taxation on Income and Capital With Particular Reference to German Treaty Practice**. Third Edition, 1997.

2. Todas as informações recebidas nos termos do n.º 1 por um Estado Contratante só podem ser consideradas secretas, do mesmo modo que as informações obtidas ao abrigo das leis nacionais desse Estado e só poderão ser comunicadas às pessoas ou autoridades (incluindo tribunais e órgãos administrativos) encarregadas do lançamento ou cobrança de procedimentos declarativos ou executivos em relação a decisão de recursos em relação a impostos a que se refere o n.º 1. Tais pessoas ou autoridades utilizarão as informações apenas para tais fins. Podem utilizar as informações em processos judiciais públicos ou em decisões judiciais. Não obstante o anterior, as informações recebidas por um Estado Contratante podem ser utilizadas para outros fins quando de acordo com as leis do Membros e mediante autorização da autoridade competente do Estado para essa finalidade.

3. Em nenhum caso o disposto nos incisos 1 e 2 pode ser interpretado de modo a impor a um Estado Contratante a obrigação: a) de tomar medidas administrativas contrárias à sua legislação e sua prática administrativa ou às do outro Estado Contratante; b) De fornecer informações que não possam ser obtidas sob as leis ou na posição normal curso da administração desse ou do outro Estado Contratante; c) de fornecer informações reveladoras de segredos comerciais, industriais, segredo comercial ou profissional ou processo comercial, ou informações cuja divulgação de que seria contrária à ordem pública (interesse público).

4. Se forem solicitadas informações por um Estado Contratante, em conformidade com o presente artigo, do outro Estado Contratante utilizará sua coleta de informações medidas para obter informações solicitadas, mesmo que esse outro Estado não necessite dessas informações para seus próprios fins fiscais. A obrigação contida na frase anterior está sujeita às limitações do parágrafo 3, mas em nenhum caso tais limitações ser interpretado de forma a permite a um Estado Contratante a não prestar informações apenas porque não tem interesse fiscal doméstico em tais informações.

5. Em nenhum caso o disposto no nº 3 ser interpretado de forma a permitir um Estado Contratante a não prestar informações apenas porque a informação é realizada por um banco, outra instituição financeira, informações societárias ou relativas à participação acionária[194].

---

194 ARTICLE 26
EXCHANGE OF INFORMATION
1. The competent authorities of the Contracting States shall exchange such information as is foreseeably relevant for carrying out the provisions of this Convention or to the administration or enforcement of the domestic laws concerning taxes of every kind and description imposed on behalf of the Contracting tates, or of their political subdivisions or local authorities, insofar as the taxation thereunder is not contrary to the Convention. The exchange of information is not restricted by Articles 1 and 2.
2. Any information received under paragraph 1 by a Contracting State shall be treated as secret in the

Nesta medida, o artigo 26 da OCDE pode ser resumindo de modo a dirigir as modalidades de cláusulas de troca de informação que se consubstanciam no requerimento de um Estado para um caso específico, na modalidade automática, quando são informações previamente determinadas, sistematicamente transmitida de um Estado para outro; ou de forma espontânea quando for interesse do outro Estado e não restritas ao disposto na convenção da OCDE, podendo os artigos ser combinados entre si ou haver a adoção de outra forma de troca de informação que lhes parecer conveniente. De todo modo, as restrições que existem estão relacionadas à confidencialidade e não precisam ferir a legislação interna ou a prática administrativa recorrente ou que estejam ligadas a segredos comerciais, negociais ou industriais ou mesmo contrária ao interesse público.

Note-se que, conforme ressalta Philippe Toledo, os parágrafos 4º e 5º foram incluídos a partir de 2005, demonstrando que a obrigação de troca de informações será aplicável ainda que o Estado requerido não precise dos referidos dados para fins de sua própria tributação. Podendo, nesse caso, haver mecanismos internos de coleta de dados apenas para obter e fornecer informações para os demais Estados e, além disso, as restrições não são óbices à troca de informações por instituições financeiras, permitindo nesse caso a troca de informações relativas à participação acionária e a informações bancárias[195].

---

same manner as information obtained under the domestic laws of that State and shall be disclosed only to persons or authorities (including courts and administrative bodies) concerned with the assessment or collection of, the enforcement or prosecution in respect of, the determination of appeals in relation to the taxes referred to in paragraph 1, or the oversight of the above. Such persons or authorities shall use the information only for such purposes. They may disclose the information in public court proceedings or in judicial decisions. Notwithstanding the foregoing, information received by a Contracting State may be used for other purposes when such information may be used for such other purposes under the laws of both States and the competent authority of the supplying State authorises such use.
3. In no case shall the provisions of paragraphs 1 and 2 be construed so as to impose on a Contracting State the obligation: a) to carry out administrative measures at variance with the laws and administrative practice of that or of the other Contracting State; b) to supply information which is not obtainable under the laws or in the normal course of the administration of that or of the other Contracting State; c) to supply information which would disclose any trade, business, industrial, commercial or professional secret or trade process, or information the disclosure of which would be contrary to public policy (ordre public).
4. If information is requested by a Contracting State in accordance with this Article, the other Contracting State shall use its information gathering measures to obtain the requested information, even though that other State may not need such information for its own tax purposes. The obligation contained in the preceding sentence is subject to the limitations of paragraph 3 but in no case shall such limitations be construed to permit a Contracting State to decline to supply information solely because it has no domestic interest in such information.
5. In no case shall the provisions of paragraph 3 be construed to permit a Contracting State to decline to supply information solely because the information is held by a bank, other financial institution, nominee or person acting in an agency or a fiduciary capacity or because it relates to ownership interests in a person.
(*MODEL TAX CONVENTION (CONDENSED VERSION) OECD* 2014, p. 40. Tradução livre.)
195 Oliveira, Philippe Toledo Pires. A troca de informações em matéria tributária: práticas e perspectivas brasileiras sobre o assunto. **Revista da PGFN**, 139-160, p. 146.

Em 15 de julho de 2014, o Conselho da OCDE aprovou nova atualização da Convenção de Dupla Tributação, trabalho desenvolvido entre 2010 e 2013, incluindo alterações no artigo 26 e em seus comentários. Saliente-se que o conteúdo da atualização em referência não incluiu as alterações relativas à operação de navios ou aeronaves e as relativas ao conceito de Estabelecimento permanente.

Os acordos específicos sobre troca de informações são, ainda, em menor número do que as cláusulas de troca de informações nos acordos para evitar a bitributação, mas essa modalidade específica de acordo tem ganhado espaço na agenda internacional no intuito de combater as práticas tributárias efetuadas por paraísos fiscais[196].

Essa situação ocorre como alternativa ao artigo 26 da Convenção Modelo da OCDE, tendo em vista que muitos países, apesar de não disporem do ânimo em celebrar acordos para evitar a bitributação com os denominados paraísos fiscais, possuem o interesse na obtenção de informações fiscais relativas a contribuintes que nele estabelecem domicílio fiscal[197].

Philippe descreve que em abril de 2002 foi publicado um Modelo de Acordo de Troca de Informações em Matéria Tributária pelo Fórum Global, contendo membros da OCDE e delegados de diferentes jurisdições, inclusive àquelas com tributação privilegiada[198]. Em 2009, foi publicado um Relatório contendo uma classificação dos países que haviam implementado o padrão internacional (assinado acordos de troca de informações com ao menos doze outras jurisdições), e, classificou-os: aqueles que conseguiram alcançar o critério mencionado (lista branca); os que haviam se comprometida, mas ainda não os havia implementado (lista cinza); e as jurisdições que não se comprometeram aos padrões internacionais de troca de informações (lista negra)[199].

O relatório serviu como um incentivo para que as mais diversas jurisdições celebrassem acordos para fugir das consequências mais severas impostas pela legislação de alguns países no que se refere às jurisdições

---

196 Alberto Xavier, op. cit., p. 240, essas jurisdições são também denominadas no Brasil como "países de tributação favorecida".

197 É o caso do Brasil-Estados Unidos que não possuem acordos para evitar a dupla tributação, mas celebraram recentemente um acordo relativo a troca de informações.

198 OLIVEIRA, Phelippe Toledo Pires. A troca de informações em matéria tributária: práticas e perspectivas brasileiras sobre o assunto. Revista da PGFN 139-160, p. 147. Relata na nota de rodapé n. 20 que o relatório da OCDE de 1998 desencorajava os países a celebrarem Convenções para Evitar a Dupla Tributação com paraísos fiscais e recomendava a denúncia aos que eventualmente tivessem celebrado (in Recomendação n. 12, OCDE Harmful Tax Competition – Na Emerging Global Issue, Paris, 1998, p. 49-50).

199 OLIVEIRA, Phelippe Toledo Pires. A troca de informações em matéria tributária: práticas e perspectivas brasileiras sobre o assunto. Revista da PGFN 139-160, p. 148.

não cooperativas. Em pouco tempo multiplicou-se o número de acordos celebrados[200] e, em 29 de outubro de 2014, foi noticiada na imprensa[201] a assinatura do Acordo Multilateral para a Troca Automática de Informação Fiscal[202]. Um acordo firmado por 51 países objetivando implementar a partir de 2017 mecanismos para dificultar a sonegação de impostos.

A Convenção foi desenvolvida em conjunto pela OCDE e pelo Conselho da Europa em 1988, alterado pelo Protocolo em 2010. A Convenção é o instrumento multilateral mais abrangente disponível para todas as formas de cooperação fiscal para combater a fraude e evasão fiscais, uma prioridade para todos os países.

A Convenção foi alterada de modo a responder ao apelo do G20, em abril 2009, na Cúpula de Londres, para alinhá-lo com o padrão internacional de troca de informações a pedido e, para abri-lo a todos os países, em particular, para garantir que os países em desenvolvimento pudessem se beneficiar de certo ambiente mais transparente. A Convenção alterada foi aberta à assinatura em 1º de junho de 2011.

Valadão aponta nesse sentido, por exemplo, a atuação do Fórum Global da Transparência que direciona e fortalece a troca de informações em matéria tributária de forma a permitir o acesso à verificação dos sócios e proprietários das empresas e das respectivas atuações:

> O Fórum da Transparência Tributária constituiu-se no fórum onde as direções a respeito do fortalecimento da transparência tributária serão tomadas. A troca de informações em matéria tributária, ao lado de legislação que permita acesso à verificação dos sócios e proprietários das empresas e de suas atuações é o núcleo da atuação do Fórum. O parâmetro atual para se atingir o *standard* da troca de informações de uma jurisdição cooperante é a existência de 12 tratados que contenham as cláusulas padrões do art. 26 do Modelo da OCDE (DTA ou TIEA), a tendência que esse padrão seja refinado no sentido de verificar a efetividade da

---

200 Tavolaro aboda que em maio de 2011 havia 443 TIEAs, e em outubro de 2012 já estavam em 518. Cf. TAVOLARO, p. 63.
201 Noticiado na BBC, FOLHA de SÃO PAULO, UOL, a exemplo: <http://operamundi.uol.com.br/conteudo/noticias/38363/paises+firmam+acordo+de+troca+de+informacoes+bancarias+para+combater+evasao+de+impostos.shtml; http://www.dw.de/em-berlim-51-pa%C3%ADses-assinam-acordo-para-troca-de-informa%C3%A7%C3%B5es-banc%C3%A1rias/a-18030567?maca=bra-uol-all-1387-xml-uol>.
202 O documento prevê que, até 2018, esses países vão trocar informações financeiras entre si de indivíduos, fundações, empresas. Por hora, 51 nações se comprometeram a coletar e enviar dados bancários de estrangeiros para os países de origem. Até 2018, outras 40 se juntarão ao tratado. O trabalho deverá ser realizado por um órgão destinado somente a isso. Entre as medidas que deverão ser tomadas pelos Estados, estão a mudança de legislações internas e a preparação de uma infraestrutura administrativa e técnica para coletar as informações.

troca de informações, considerando evidentemente, também a legislação interna de cada país. A partir da reunião do México o Fórum passou a ter participação igualitária de seus membros, com direito a voz e voto, mesmo os não membros da OCDE (*equal footing*), e passou a contar com dois subgrupos: o grupo direto (*Steering Group*) e o grupo de revisão dos pares (*Peer Review Group*), que fará periodicamente a revisão das legislações e da rede de tratados, que permitem troca de informações tributárias, dos países membros e não membros, para verificar se seguem os *standards* das chamadas jurisdições cooperativas. O Brasil, que somente passou a fazer parte do Fórum a partir da reunião de setembro no México, integra ambos os grupos. O Fórum tem editado relatórios sobre essas revisões (somente em relação aos países membros). Além disto, o Fórum da Transparência edita e atualiza *o Progress Report on the jurisdictions surveyed by the OECD Global Forum in implementing the internationally agreed tax standard* (Progress Report)[203].

Desde 2009, o G20 incentivou os países a assinarem a Convenção, e, por exemplo, na reunião da Cúpula do G20 em setembro de 2013, saiu um comunicado em que constava a seguinte afirmação:

> Apelamos a todos os países a aderir à Convenção Multilateral sobre Assistência Mútua Administrativa em Matéria Fiscal, sem mais demora. Atualmente mais de 60 países assinaram a Convenção e foi estendido para mais de 10 jurisdições (Chart de jurisdições participantes). Isso representa um grande número de países, incluindo todos os países do G20, todos os BRICS, quase todos os países da OCDE, os principais centros financeiros e um número crescente de países em desenvolvimento.

Pelos jornais foi noticiada a frase do secretário-geral da OCDE, Angel Gurría, comemorando o rápido resultado, se referindo aos diversos Estados que assumiram os padrões da OCDE. Nesse ponto surgiu o brocado que o tratado em referência pode ser considerado "um divisor de águas". Segundo ele[204], o sigilo bancário em sua atual forma deixa de existir e o risco de a evasão fiscal ser descoberta se torna maior.

---

203 VALADÃO, Marcos Aurélio Pereira. Troca de informações com base em tratados internacionais: uma necessidade e uma tendência irreversível, em **Revista de Direito Internacional Econômico e Tributário**. V. 4, n. 2, Jul/Dez. 2009. p. 4-5.
204 Noticiado na BBC, FOLHA de SÃO PAULO, UOL, a exemplo: <http://operamundi.uol.com.br/conteudo/noticias/38363/paises+firmam+acordo+de+troca+de+informacoes+bancarias+para+combater+evasao+de+impostos.shtml; http://www.dw.de/em-berlim-51-pa%C3%ADses-assinam-acordo-para-troca-de-informa%C3%A7%C3%B5es-banc%C3%A1rias/a-18030567?maca=bra-uol-all-1387-xml-uol>.

É o cerco dos países desenvolvidos e dos países em desenvolvimento para enquadrar aqueles que enviavam renda de seus países ao exterior, para os denominados países com tributação favorecida. Por meio da troca automática de informações, será mais fácil controlar os fluxos de rendas para o exterior e, nessa medida, conter a evasão fiscal.

Valadão afirma que os TIEAs representam irreversível ajustamento à tendência mundial[205] e apesar de, em certa medida nos posicionarmos de forma mais cautelosa[206] e com certas objeções a estes tratados, concordamos com a posição exarada, sendo um novo marco nas relações econômicas internacionais[207].

O acordo firmado concede às autoridades fiscais a possibilidade de acessar de forma automática a identificação dos titulares, o saldo e os rendimentos das contas de depósitos ou de títulos em instituições financeiras no exterior e, deste modo, controlar e fiscalizar de forma mais eficaz o cumprimento das correspondentes obrigações fiscais respeitantes a estes rendimentos.

O Sigilo bancário deixa de existir no cenário internacional da OCDE e o fortalecimento da transparência fiscal e da Cooperação entre as administrações fiscais se torna um dos marcos do Direito Internacional Tributário.

O Acordo Multilateral teve por base a lei norte-americana, *Foreign Account Tax Compliance Act* – FATCA, que entrou em vigor em 1º de julho de 2014. A norma dos EUA prevê que instituições financeiras que não forneçam informações sobre operações de contas mantidas por cidadãos norte-americanos para a Receita Federal dos Estados Unidos estarão sujeitas a retenções de 30% de imposto, entre outras sanções.

O acordo Multilateral firmado em Berlim define que os países que não troquem as informações automaticamente serão incluídos em uma lista oficial da OCDE, tal como ocorre com os paraísos fiscais[208]. Apesar de não ter meca-

---

205 VALADÃO, Marcos Aurélio Pereira. Troca de informações com base em tratados internacionais: uma necessidade e uma tendência irreversível, em **Revista de Direito Internacional Econômico e Tributário**. v. 4, n. 2, Jul/Dez. 2009.

206 É sempre salutar pensarmos a posição que o país ocupa no cenário internacional e de quais países inicia-se interesse por determinada demanda, isso porque nem todas as intenções são declaradas e é preciso cautela quando se está do outro lado da mesa, comendo e bebendo do que está sendo oferecido pelos anfitriões (Países desenvolvidos).

207 Cf. Abreu e Silva, Antonio Carlos Florêncio de e Tavolaro, Agostinho Toffoli. Tratado Brasil/Estados Unidos Para Evitar a dupla Tributação, em **Revista de Direito Tributário Internacional**, São Paulo: Quartier Latin, Ano 5/2010, n. 15, p. 9.

208 Cf. VALADÃO e SILVA quando aduzem que concorrência tributária e os paraísos fiscais "empurram" esses países a condições em que, em análise mais profunda, o preço a ser pago pela abertura econômica é extraído a duras penas da sua própria população, fato refletido na alta carga tributária sobre a mesma se comparado aos contribuintes residentes no exterior, como no caso brasileiro e confirmam

nismos de sanção contra os países não signatários, o diretor fiscal da OCDE, Pascal Saint Amans, reafirmou perante a impressa a importância da medida ao esclarecer que, quanto mais países se comprometerem, mais difícil será para os nãos signatários seguirem atraindo investimentos e, ainda fez uma ressalva quanto às instituições multilaterais como o Banco Mundial e o Banco Europeu de Investimentos estabeleceram protocolos para não investir em Estados que não respeitem este tipo de obrigações de troca de informação.

Interessante pontuar que países de tributação favorecida como as ilhas Cayman e as Ilhas Virgens Britânicas se comprometeram a adotar a norma, e, dentre os signatários latino-americanos, estão Argentina, México e Colômbia. No caso do Brasil, Rússia e China só deverão ingressar no acordo em 2018, além disso, apesar de a nova regra ser baseada na lei norte-americana FATCA, os Estados Unidos não figuram entre os signatários, já que o país tem privilegiado a assinatura de acordos bilaterais neste assunto, ao invés de grandes acordos multilaterais[209].

E, apesar de o Brasil não ser membro da OCDE, a política externa brasileira com frequência se pronuncia no sentido de fazer reservas e observações aos Comentários do Modelo de Convenção da OCDE, além, de, conforme já mencionado, adotar a estrutura e o conteúdo do Modelo de Convenções da OCDE.

Pontua-se, ademais, que os modelos elaborados são utilizados de forma generalizada pelas administrações tributárias, mas ainda são reputados como *soft law*[210], que conforme Valadão seriam fonte indireta para o Direito Tributário Internacional, em se considerando a conexão com a própria soberania estatal[211].

Tavolaro leciona que organizações reunidas em congressos, seminários e grupos de trabalho concretizam normas que se caracterizam por uma coercibilidade inferior às estabelecidas em tratados e discorre acerca da origem do *soft law* da seguinte maneira:

---

a reação dos demais países em termos internacionais quando estes elaboram listas em que figuram, marcadamente, as regiões do globo com tributação favorecida ou os chamados regimes tributários preferenciais e em nota de rodapé n. 22 pontuam: O Brasil adota o critério de listar os chamados países com tributação fiscal favorecida. A instrução Normativa SRF nº 188, de 2002, lista os países que se enquadram no conceito e que têm tratamento tributário diferenciado pela legislação tributária brasileira. A OCDE lista os países com regimes tributários que resultam em concorrência fiscal prejudicial., Marco Aurélio Pereira e SILVA, Lauriana de Magalhães. Concorrência Tributária Internacional e Soberania. **Revista de Direito Internacional, Econômico e Tributário** – RDIET, p. 16.

209   De acordo com informações do Fórum Global sobre a Transparência, entre os paraísos fiscais que não estão entre os signatários, está o Panamá, importante como destino de operações financeiras e outros países também de tributação favorecida.

210   TAVOLARO, p. 63.

211   VALADÃO, Marcos Aurélio Pereira. "Pode o *soft law* ser considerado fonte do direito internacional tributário?", em **Revista de Direito Internacional Econômico e Tributário**, v. 2, n. 1, Jan/Jun. 2007, p. 16, n. 1.

O assim chamado *soft law* é fenômeno relativamente novo no mundo do direito internacional, vez que se trataria, em um conceito genérico, a ser aprofundado neste ensaio, do conjunto de normas sem força coercitiva, estabelecidas por organismo internacional, que se imporiam como regras a serem adotadas pelos Estados e também por particulares, nas suas relações jurídicas transfronteiriças[212].

Quanto à conceituação, Tavolaro relembra não serem tais normas exclusivas de Estados e organizações de Direito Público, mas também inclui normas firmadas por entidades privadas como a *Internacional Fiscal Association*[213] e colaciona o conceito elaborado por Valadão:

> [...] normas exaradas pelas entidades internacionais, seja no âmbito das organizações multilaterais, enquanto pessoas jurídicas de Direito Internacional Público, tal qual a ONU, seja no de organizações regulatórias, não necessariamente ligadas às organizações internacionais de direito público, tal qual a Câmara Internacional do Comércio (CCI), e também as declarações de intenção que o conjunto das nações fazem como resultados dos grandes encontros internacionais[214].

De todo modo, Valadão aduz que "tais normas não são tratados internacionais, de acordo com a Convenção de Viena sobre o Direito dos Tratados nem se encaixam no conceito de costume (embora possam ser utilizadas como prova de sua existência)"[215].

No que tange à tributação internacional, resta claro que as inúmeras normas estão abarcadas pelo *soft law*, leva-se a termo os modelos de convenção da OCDE tratado modelo sobre a tributação da renda e do capital, tratado modelo de tributação das doações e heranças, tratado modelo sobre troca de informações fiscais, suas recomendações sobre a concorrência fiscal nociva (*harmful tax competiton*); o mais recente FACTA - *Foreing Account Tax Compliance Act*, formulado pelos Estados Unidos, os modelos de tratados de dupla tributação da ONU e o modelo dos Estados Unidos.

---

212 TAVOLARO, Agostinho Toffoli. Tratados Internacionais, Dupla Tributação: Soft Law. **Revista de Direito Internacional, Econômico e Tributário.**
213 TAVOLARO, Tratados internacionais, dupla tributação, p. 16.
214 VALADÃO, Marcos Aurélio Pereira. PODE O SOFT LAW SER CONSIDERADO FONTE DO DIREITO INTERNACIONAL TRIBUTÁRIO? **Revista de Direito Internacional Econômico e Tributário.** v. 2, n. 1 Jan/Jun. 2007, p. 16-17.
215 VALADÃO, Marcos Aurélio Pereira. PODE O SOFT LAW SER CONSIDERADO FONTE DO DIREITO INTERNACIONAL TRIBUTÁRIO? **Revista de Direito Internacional Econômico e Tributário.** v. 2, n. 1 Jan/Jun. 2007, p. 18.

Tavolaro colaciona em seu texto a afirmação de Rixen quando este afirma a categorização de *soft law* ao modelo da OCDE, excluindo o conceito de direito positivo ou de não direito[216] e conclui que o *soft law* é, nessa medida, um meio auxiliar de interpretar normas internacionais de tributação, mas não há que se falar em uma roupagem de fonte primária, imediata ou direta do direito internacional, principalmente no campo do Direito tributário internacional, porquanto, conforme Valadão, "à rigidez impositiva (desonerativa) que caracteriza o direito tributário e sua íntima conexão com a própria soberania estatal"[217].

Segundo disposto na página da Receita Federal, o BRASIL possui 33 acordos para evitar a dupla tributação constando a cláusula de troca de informações e 7 acordos específicos para a troca de informações além de dois acordos multilaterais[218].

Importa ainda mencionar o acordo assinado entre o Brasil e os Estados Unidos para a troca automática de informações[219]. O acordo facilita o acesso dos dois governos a informações de contribuintes norte-americanos, que movimentam recursos no Brasil, e de contribuintes brasileiros, que fazem o mesmo nos Estados Unidos. As instituições financeiras que operam no país repassarão os dados de cidadãos norte-americanos à Receita Federal, que os encaminhará ao *Internal Revenue Service*, autoridade tributária dos Estados Unidos. Devido ao princípio de reciprocidade, o Brasil terá os mesmos benefícios. A Receita Federal do Brasil receberá do Fisco de lá informações sobre movimentações financeiras de contribuintes brasileiros em instituições financeiras norte-americanas.

O acordo propiciou a alteração das normas internas por meio do Decreto nº. 8.303 de 8 de setembro de 2014, e está em consonância com outros acordos e com a perspectiva internacional sobre transparência fiscal, promovendo em certa medida a cooperação recíproca para impedir evasões fiscais e dificultar desvio de dinheiro público e transferência de resultado de transações ilícitas relacionadas ao tráfico de drogas, pessoas e órgãos humanos.

---

216 RIXEN, Thomas. The Institutional Design of International Double Taxation Avoidance. <http://ideas.repec.org/p/pra/mprapa/8322.html>. Acesso em: 20 out. 2009, apud TAVOLARO, Tratados internacionais, dupla tributação, p. 23.

217 VALADÃO, Marcos Aurélio Pereira. PODE O SOFT LAW SER CONSIDERADO FONTE DO DIREITO INTERNACIONAL TRIBUTÁRIO? **Revista de Direito Internacional Econômico e Tributário**. v. 2, n. 1 Jan/Jun. 2007, p. 43.

218 Disponível em: <http://www.receita.fazenda.gov.br/Legislacao/AcordosInternacionais/>. Acesso em: 28 nov. 2014.

219 O Brasil discute desde a década de 1950 um acordo sobre dupla tributação com os Estados Unidos, mas até hoje não houve consenso, a celebração do TIEA, cuja discussão se iniciou em 2007 como projeto de Decreto legislativo nº. 413 de 2007 de relatoria inicial do deputado Regis de Oliveira, incorporado ao ordenamento em 15 de maio de 2013 pelo Decreto nº 8.003.

A alteração na legislação interna reforça a relação direta do Direito Tributário com a relação de integração internacional e o aumento dos fluxos de capitais, é o que afirma Valadão e Lauriana: "O Estado vem criando formas de ampliar a sua inserção, fornecendo tratamentos favoráveis a determinados setores estratégicos ao mesmo tempo em que tenta restringir o que lhe parece nocivo"[220].

Por isso, diante do compromisso que já existia do Brasil com a Organização para a Cooperação e Desenvolvimento Econômico (OCDE) no sentido de programar políticas de compartilhamento de informações bancárias e haja vista os esforços no plano internacional não se faz estarrecedor que ocorra a transferência automática de informações fiscais no âmbito de acordos bilaterais.

Reitera-se, portanto, que no contexto global, tal postura brasileira está em consonância com uma tendência global de leis de transparência similares à americana FACTA - Foreing Account Tax Compliance Act, dos Estados Unidos, a qual o Brasil aderiu e reflete o progresso do diálogo diplomático em relação às matérias tributárias.

De outro modo, apesar do acordo já estar inserido nas normas de Direito interno do país e de alguns tributaristas referirem-se ao acordo como ilegal e inconstitucional, porque estaria em desacordo com a atual ordem constitucional vigente, ferindo o princípio da privacidade. Isso porque não se permite, de acordo com a interpretação do artigo 5º. Constituição Federal, a divulgação de dados ou a troca do mesmo sem que haja um inquérito ou um processo de apuração do ilícito, sendo a quebra do sigilo essencial para tal comprovação. Há, para esta corrente, uma clara supressão do direito constitucional à inviolabilidade do sigilo da pessoa, ferindo direitos fundamentais como o devido processo legal, o contraditório e a ampla defesa.

Importa salientar que nenhuma das Convenções para evitar a dupla tributação celebradas pelo Brasil preveem a troca de informação em relação aos impostos de todos os tipos, incluindo impostos de competência das subdivisões políticas esbarrando nas competências dos demais entes federados no que tange a se valer dessas informações para fiscalizar seus respectivos contribuintes.

Philippe ainda ressalta que a Convenção para Evitar a Dupla Tributação celebrada com o Chile e com o Peru não contém o disposto no parágrafo 4 do artigo 26, que permite a troca de informações entre autoridades fiscais mesmo quando o Estado requerido não precise da informação para aplicação de sua

---

220 VALADÃO, Marcos Aurélio Pereira e Silva, Lauriana de Magalhães. Concorrência Tributária Internacional e Soberania. **Revista de Direito Internacional, Econômico e Tributário**, p. 7.

própria tributação, isso porque em 1997 o Brasil considerou que o artigo 26 não impunha qualquer obrigação de desempenhar investigações em nome de outro Estado quando nenhum crédito tributário próprio estivesse em jogo, na medida em que uma investigação do gênero seria contrária às suas leis e práticas administrativas, e, apesar da observação ter sido revogada em 2005, não houve atualização nos referidos tratados.

Interessante que a Convenção celebrada com o Peru foi a primeira na qual se especificou as formas em que os Estados deveriam fornecer as informações e previu a possibilidade de fiscalização simultânea e conjunta[221].

O Brasil tem cláusula de troca de relações de informação com 86 jurisdições por meio de 33 CDTs (convenções para evitar dupla tributação), 7 TIEAs e um mecanismo multilateral, Convenção sobre Assistência Mútua Administrativa em Matéria Fiscal, conforme informações constantes nas páginas oficiais da OCDE e da Sistemas de atos internacionais do Ministério da Relações Exteriores do Brasil[222].

Ocorre que, no mesmo ritmo em que no campo internacional a aderência do País aos Acordos de Troca de informações se mostra cada vez maior, internamente surgem discussões que declaram a colisão de tais acordos com princípios constitucionais, conforme entendimento esposado pelo STF em 2009 ao reconhecer a existência de repercussão geral ao tema no RE 601.314/SP, que dará fim ao deslinde acerca do sigilo bancário fiscal.

Saliente-se a posição de Tavolaro, Ministro do STF, com a qual se coaduna, com a devida vênia, quando se filia à Xavier na afirmação: "importa estabelecer limites para que o espírito inquisitório dos sistemas fiscais mais vorazes não atropele os direitos fundamentais ao sigilo de dados, à intimidade e à vida privada, que são inerentes ao Estado de Direito"[223].

Posição interessante em se colacionar é a dita por Salacuse em referência à admissão do livre fluxo de investimentos, mas que para o presente momento pode ser recortada no que toca à preocupação com o poder de influência política de grupos dominantes quando aduz: "Flexibilizar a soberania com a admissão do livre fluxo de investimentos significaria prejudicar o mercado doméstico e o poder de influência política de grupos dominantes"[224] e pontua cinco explicações para a tomada de decisão nesse sentido:

---

221 OLIVEIRA, Phelippe Toledo Pires. A troca de informações em matéria tributária: práticas e perspectivas brasileiras sobre o assunto. **Revista da PGFN** 139 a 160, p. 151-153.

222 De acordo com a página oficial da OCDE. Disponíveis em: <http://www.eoi-tax.org/jurisdictions/BR#agreements>. Acesso em: 20 nov. 2014. Cf. sítio oficial da Receita Federal e do MDIC.

223 Xavier, Alberto. **Direito Tributário Internacional do Brasil**. Col. Roberto Duque Estrada e Renata Emery. Rio: Forense, 2010, p. 671, apud Tavolaro, p. 71.

224 SALACUSE, Jeswald W. The Treatification of International Investment Law. **Law and Business Review of the Americas**; Winter 2007; 13, 1; ABI/INFORM Global p. 154, apud LAURIANA., op.cit. p. 50-51.

a) Promoção do investimento internacional – a barganha da abertura em troca de maiores recursos a ingressar no futuro.

b) Construção de relacionamentos – a obtenção de benesses que ultrapassam a questão dos investimentos em si, tais como a ampliação do comércio e transferência de tecnologia.

c) Liberalização econômica – o aumento do intercâmbio entre diversos países por intermédio de investimentos provoca crescimento econômico.

d) Encorajamento do investimento doméstico – o respeito ao tratado sobre investimentos tende a formatar uma atmosfera de confiança entre o capital privado e o governo

e) Melhoria da governança e fortalecimento do estado de direito – desenvolvimento de regimes internacionais que impelem a política interna do Estado, obrigando-o indiretamente, a um maior respeito aos compromissos aos quais se submete.

O fisco, por outro lado, argumenta que a Constituição permite a identificação do patrimônio, os rendimentos e as atividades do contribuinte para aferir a capacidade contributiva. Ademais, não se trataria aqui de quebra de sigilo, mas de transferência de dados sigilosos de um órgão (instituição financeira) para outro (RFB) na medida em que este deverá manter essa mesma obrigação de sigilo sob pena de sua responsabilização.

4.2 Acordos tributários com repercussão em outras matérias do comércio exterior

Os principais acordos internacionais referentes ao comércio exterior refletem em certa medida na tributação com relação aos tributos indiretos, considerando os incidentes sobre circulação de mercadorias, a prestação de serviços, impostos sobre a importação e a exportação e aqueles que incitam à harmonização tributária.

Liziane Meira aduz que em função da natureza da tributação do comércio exterior de bens, os acordos formulados possuem dois propósitos básicos: a) liberalização comercial (redução do imposto sobre a importação); b) incremento do fluxo comercial internacional mediante padronização de procedimentos de apuração de tributos e fiscalização aduaneira[225].

No âmbito das relações brasileiras podemos citar, dentre os objetivos do MERCOSUL firmados no Tratado de Assunção, a harmonização

---

225 MEIRA, Liziane Angelotti **Tributos sobre o comércio exterior**. São Paulo: Saraiva, 2012, p. 207.

tributária[226]. Os tratados que visam harmonização tributária têm por propósito a integração das economias e possuem a direção apontada no sentido de se conformar os denominados tributos aduaneiros.

Cita-se a cláusula do artigo 7º do tratado de Assunção que estatui, por exemplo, em matéria de impostos, taxas e outros gravames internos, os produtos originários do território de um Estado-Parte gozarão, nos outros Estados-Partes, do mesmo tratamento que se aplique ao produtor nacional. Esta cláusula tem relevância em decorrência dos choques que pode provocar em relação às políticas de benefícios fiscais. Surge a questão que envolve o Pacto Federativo e as competências tributárias constitucionais e, retumba a pergunta já dantes feita por tantos estudiosos, inclusive levada aos tribunais superiores brasileiros, acerca da possibilidade de uma interferência de um acordo celebrado em âmbito internacional sobre um tributo de competência estadual ou municipal. Ou, ainda, no caso de estender a isenção concedida no âmbito interno para produtos importados, conforme decisão do STJ nesse sentido[227].

4.2.1 Acordos Comerciais: OMC, ALADI e MERCOSUL

A celebração de acordos comerciais está no âmbito do fomento à economia internacional e envolve a interdependência entre as nações, consubstanciando um marco de sustentação econômica do presente século. Wilson Almeida e Naila Fortes definem comércio internacional a partir da visão de Balassa:

> A definição de comércio internacional, se tomada numa concepção ampla, pode ser delimitada como uma troca de bens ou serviços entre indivíduos, empresas e governos de distintos países. Tendo desta forma um movimento dinâmico na economia mundial, buscando sempre o bem-estar econômico da sociedade[228].

Integração econômica é um conjunto de medidas adotadas por meio de tratados internacionais, que tem por objetivo promover a aproximação e a união entre as economias de dois ou mais países. De maneira geral essas medidas começam com reduções de alíquotas tarifárias aplicadas ao

---

226 Cf. o tratado originário da ALADI, que também engloba algumas dessas características.
227 Cf. BRASIL. Superior Tribunal de Justiça. REsp 31335/SP julgado em 15 de fevereiro de 1993.
228 ALMEIDA, Wilson. e FORTES, Naila. Integração regional e corrupção nas transações comerciais internacionais. **Revista de Direito Internacional, Econômico e Tributário** - RDIET, Brasília, v. 6, n. 2, p. 279-290, Jul/Dez. 2011, p. 281.

comércio entre os países que fazem parte do processo de integração. Em seguida são reduzidas a restrições não tarifárias que são as outras barreiras que limitam o intercambio entre as quais se incluem as proibições de importar determinados produtos, ou as exigências de anuência prévia do governo do país importador.

O modelo de integração possui uma base vertical quando a soberania dos Estados assume nova configuração submetendo-se aos interesses supranacionais dessa comunidade. Nessa medida, e de forma explicativa[229], um bloco de integração possui como interesse comum e condição para sua efetividade a incorporação automática dos acordos entre eles celebrados, isso para que haja entre os membros uma unidade perante certa matéria, consubstanciando uma harmonização jurídica, política, social e econômica. Bela Balassa afirma cinco estágios básicos de integração, conforme mencionado por Neusa Maria Pereira Bojikian.

> (i) Área ou Zona de Livre-Comércio – é o nível menos ambicioso de integração econômica. Os acordos sob essa denominação preveem a eliminação de restrições tarifárias e não tarifárias que incidem sobre a circulação de mercadorias entre os integrantes. O acordo não afeta a autonomia destes em termos de políticas comerciais referentes a outros Estados que não participam do processo.
>
> (ii) União Aduaneira ou União Alfandegária – são acordos comerciais que preveem duas metas: a eliminação de restrições alfandegárias e a fixação de uma tarifa externa comum. Essa tarifa externa consiste de um imposto de importação comum incidente sobre os produtos e/ou serviços provenientes de países externos ao bloco. Pela sua natureza, esse tipo de acordo impõe certos constrangimentos aos seus integrantes; pode-se dizer que há uma cessão de soberania – um membro de determinada união alfandegária não pode se associar a outro acordo econômico que estabeleça eliminação de barreiras comerciais. Vale ressaltar que esta categoria de acordo comercial pode anteceder ou não uma área de livre comércio.
>
> (iii) Mercado Comum – os acordos, cujo objeto seja a conformação de um mercado comum, pressupõem a união alfandegária e a livre circulação de mercadorias e fatores de produção (capital e mão de obra). Esses acordos pressupõem também um determinado grau de supranacionalidade, pois incluem tribunais. As permanentes negociações para a conformação desse tipo de acordo envolvem um

---

229 O aspecto doutrinário foi mencionado porque no campo fenomênico, a União Europeia tem sido o exemplo de bloco de integração mais avançado e o MERCOSUL ainda não pode ser considerada um bloco pleno e efetivo de integração, justamente pela inviabilidade na harmonização dos elementos citados.

alto grau de complexidade, pois requer, além de harmonização de interesses comerciais multifacetados, a harmonização de marcos regulatórios envolvendo os mais variados segmentos, como: indústria, meio ambiente, trabalho, finanças, educação.
(iv) União Econômica – esses acordos pressupõem a unificação das políticas macroeconômicas dos Estados.
(v) União Política – esses acordos caracterizam o maior grau de integração já previsto. Pressupõe não só a unificação das políticas monetária, fiscal, social, mas também uma autoridade supranacional[230].

A harmonização da legislação dos Estados membros no processo comunitário exige a superação ou supressão de divergências de estruturação dos respectivos sistemas jurídicos[231]. Podemos conceituar a harmonização como a preservação da autonomia aderida a uma programação normativa institucionalizada, que adapte os sistemas para lhes conferir desígnios e objetivos comuns, conformando, estes, o campo harmônico a que estarão imiscuídas às legislações referentes.

Os tratados referentes à integração, conforme denominado por Valadão têm por objetivo uma maior eficiência da economia[232] e envolvem, em suas disposições, matérias relacionadas a tarifas aduaneiras, métodos de valoração aduaneira, regras para direitos *antidumping* e de compensação, cláusula da nação mais favorecida[233], cláusulas de não discriminação[234]. Importante a lição colacionada por Wilson e Naila no estudo da corrupção nas transações.

> O comércio internacional tem características peculiares quanto à sua disciplina. Não existe um organismo internacional segundo o qual todos devem submeter-se sob pena de sanção nos moldes a que estamos acostumados no direito interno.
> [...]
> O comércio internacional é regido pelos contratos internacionais, em sentido estrito, assim como as relações internacionais também o são em sentido amplo.

---

230 BALASSA apud BOJIKIAN, Neusa Maria Pereira. **Acordos comerciais internacionais**: o Brasil nas negociações do setor de serviços financeiros. São Paulo: UNESP, 2009, p. 52-53.
231 Borges, 2009.
232 VALADÃO, Marcos Aurélio Pereira. **Limitações ao poder de tributar e Tratados Internacionais**. Belo Horizonte: Del Rey. 2000, p. 215.
233 A mercadoria importada de país signatário do GATT é isenta de ICMS, quando contemplado com esse favor o similar nacional.
234 Estende-se a isenção do imposto de circulação de mercadorias concedida ao produto similar nacional, às mercadorias importadas de países signatários do GATT ou membros da ALALC.

Os Tratados Comerciais podem ser classificados como Acordos de Comércio Preferencial, Acordos de Complementação Econômica e Tratados de Livre Comércio. O mais importante tratado nesse sentido em âmbito global é o OMC/GATT e, em âmbito Regional o referente à ALADI – Associação Latino Americana de Integração, decorrente da ALALC – Associação Latino Americana de Livre Comércio.

4.2.2 Organização Mundial do Comércio - OMC

O GATT - Acordo Geral sobre Pautas Aduaneiras e Comércio ou Acordo Geral sobre Tarifas e Comércio (*General Agreement on Tariffs and Trade*, GATT) foi estabelecido em 1947, em um período de reestruturação das relações internacionais pós-Segunda Guerra Mundial e, conforme descrito por Liziane Meira:

> As origens da OMC remontam ao final da Segunda Guerra Mundial e aos esforços dos aliados em reconstruir a economia mundial. Em 1944, foi concluído um acordo, em Bretton Woods, EUA, com objetivo de criar um ambiente de maior cooperação na área da economia internacional, baseado no estabelecimento de três instituições internacionais (...) A primeira seria o FMI – Fundo Monetário Internacional [...]. A segunda seria o Banco Mundial ou Banco Internacional para a Reconstrução e Desenvolvimento [...]. A terceira seria a OIC – Organização Internacional do Comércio, com função de coordenar e supervisionar a negociação de um novo regime para o comércio mundial baseado nos princípios do multilateralismo e do liberalismo[235].

A OMC incorporou as disposições do GATT 1947 e da rodada Uruguai referente ao GATT 1994 resultando no Acordo Constitutivo da OMC promulgado pelo Decreto nº. 1335 de 30 de dezembro de 1994, com cento e sessenta membros desde junho de 2014[236].

As regras advindas da OMC perfilham-se como um conjunto de normas e concessões tarifárias, criadas para fomentar e impulsionar a liberalização comercial e combater práticas protecionistas, bem como regular as relações comerciais internacionais que incluem como principais normas as

---

235 MEIRA, Liziane Angelotti **Tributos sobre o comércio exterior**. São Paulo: Saraiva, 2012, nota de rodapé 480, p. 208.
236 Disponível na página oficial da OMC: <http://www.wto.org/english/thewto_e/whatis_e/tif_e/org6_e.htm>. Acesso em: 20 nov. 2014.

referente a: a) tratamento de nação mais favorecida; b) consolidação das alíquotas do imposto sobre a importação; c) tratamento nacional; d) valoração aduaneira; e, e) regras de origem.

O tratamento de nação mais favorecida está previsto no artigo primeiro do GATT, é um dos pilares da OMC e dispõe acerca da proibição de preferências relativas a tributos ou vantagens comerciais para um ou mais países em detrimento dos países integrantes da Organização, referindo-se a toda vantagem que repercuta na tributação a menor dada em nível preferencial, discriminatória, esta se estenderá a todos os integrantes da OMC[237].

O objetivo dessa regra não impede que haja exceções no âmbito da OMC, quando, por exemplo, as concessões no processo de integração regional e as concessões para países em desenvolvimento ou menos desenvolvidos, estas conhecidas como "cláusulas de habilitação"[238].

O processo de integração regional envolve mercados e preferências tributárias dentro de um bloco ou uma integração econômica regional e de acordo com o artigo XXIV do GATT, os territórios aduaneiros e as áreas de livre comércio são considerados ferramentas para fortalecimento do processo de abertura comercial, e esses agrupamentos podem estabelecer preferências tributárias não concedidas a países fora do bloco, desde que o imposto sobre a importação incidente sobre bens destes países não seja superior àquele exigido antes da constituição do bloco[239].

As cláusulas de habilitação referem-se à integração comercial e econômica dos países em desenvolvimento e dos menos desenvolvidos conferindo a possibilidade de aumentar as exportações desses países e podem ser aplicadas de duas formas:

a) concessões, por países desenvolvidos, de preferências tributário--comerciais, denominadas tratamento preferencial e mais favorável, a países em desenvolvimento; e

b) concessões, pelos países em desenvolvimento, de vantagens entre si. Assim, no primeiro caso, não se pode exigir reciprocidade e, em ambos, não há necessidade de estender as vantagens comerciais aos países desenvolvidos. Cabe ter presente também que essa cláusula é prevista no GATT como uma faculdade[240].

---

237 MEIRA, Liziane Angelotti **Tributos sobre o comércio exterior**. São Paulo: Saraiva, 2012, p. 212.
238 MEIRA, Liziane Angelotti **Tributos sobre o comércio exterior**. São Paulo: Saraiva, 2012, p. 213.
239 MEIRA, Liziane Angelotti **Tributos sobre o comércio exterior**. São Paulo: Saraiva, 2012, p. 216.
240 MEIRA, Liziane Angelotti **Tributos sobre o comércio exterior**. São Paulo: Saraiva, 2012, p. 218.

Constituem cláusulas de habilitação o Sistema Geral de Preferências (SGP) e o Sistema Global de Preferências Comerciais (SGPC). Tais sistemas constituem redução da alíquota do imposto sobre a importação direcionada a países em desenvolvimento.

O SGP foi estabelecido pelos países desenvolvidos, membros da OCDE por meio de acordo aprovado em 1970 no âmbito da *United Nations Conference on Trade and Development* - UNCTAD reduzindo parcial ou totalmente a alíquota do imposto sobre importação de determinados produtos originários de países em desenvolvimento ou menos desenvolvidos.

A função do SGP é proporcionar um acesso amplo dos demais países ao mercado dos países desenvolvidos em bases não recíprocas. Os países que concedem os benefícios são dez: Austrália[241], Canadá, Estados Unidos, União Aduaneira da Eurásia (Cazaquistão, Rússia e Belarus), Japão, Noruega, Nova Zelândia, Suíça, Turquia e a União Europeia (27 Estados Membros)[242].

O país que concede o benefício elege de modo unilateral os produtos que terão o benefício da redução do imposto sobre a importação e, em alguns casos elegem condições aos beneficiários, conforme elucida Liziane Meira:

> Os Estados Unidos, *verbi gratia*, determinam, como condições, que os beneficiários respeitem os direitos humanos, a democracia e a propriedade intelectual, segundo critérios que estabelece. Outros países, como a Suíça, classificam os países beneficiários em países em desenvolvimento e países menos desenvolvidos e concedem maiores vantagens a estes. A União Europeia subdivide o SGP em três regimes: Preferência Geral, para países em desenvolvimento; SGP Plus, para países considerados em boa governança e com desenvolvimento sustentável (requisitos estes definidos pelo concedente e formalizados mediante concessão ou tratado internacional); e Sistema de Preferência em favor dos países menos desenvolvidos (conhecido como TMA- *Trade Market Access*)[243].

O SGP possui como características: Unilateral e não-recíproco: os outorgantes concedem o tratamento tarifário preferencial, sem, contudo, obter o mesmo tratamento em contrapartida; Autônomo: cada outorgante possui seu próprio esquema, que contém a lista de produtos elegíveis ao benefício,

---

241 A Austrália reconhece o benefício apenas aos países menos desenvolvidos do Pacífico Sul, excluindo o Brasil como país beneficiário.
242 Fonte: Ministério do Desenvolvimento, Indústria e Comércio Exterior (MDIC). Acesso em: <http://www.desenvolvimento.gov.br/sitio/interna/interna.php?area=5&menu=407>. Disponível em: 30 nov. 2014.
243 MEIRA, Liziane Angelotti **Tributos sobre o comércio exterior**. São Paulo: Saraiva, 2012, p. 220.

respectivas margens de preferências (redução da tarifa alfandegária) e regras a serem cumpridas para a concessão do benefício, tais como Regras de Origem; Temporário: cada esquema é válido por um prazo determinado, mas, historicamente, os outorgantes têm sempre renovado seus esquemas; Autorizado no âmbito da Organização Mundial de Comércio (OMC) por meio da "Cláusula de Habilitação", por tempo indeterminado[244].

O Sistema Global de Preferências Comerciais – SGPC foi estabelecido em abril de 1988 e foi incorporado ao nosso ordenamento em 25 de maio de 1991, autorizando os países em desenvolvimento a eliminarem ou reduzirem o imposto sobre o fluxo de importação entre si sem aplicação da regra do tratamento de nação mais favorecida[245]. A participação no acordo está reservada exclusivamente aos países em desenvolvimento membros do Grupo dos 77[246].

Os benefícios são obtidos por meio de margem de preferência percentual outorgada pelos países participantes, aplicável sobre a tarifa de Imposto de Importação em vigor no país outorgante, para os produtos constantes da sua lista de concessões.

As listas de concessões outorgadas pelos países participantes estão anexas ao Decreto nº 194, de 21 de agosto de 1991 e nela são abrangidos diversos setores, tais como: agropecuário, químico-farmacêutico, têxtil, siderúrgico, bens de capital. A Circular Decex nº 363, de 1º de outubro de 1991 divulgou a lista de concessões de alíquota de imposto sobre a importação outorgadas pelo Brasil, transposta para a Nomenclatura Brasileira de Mercadorias - Sistema Harmonizado (NBM/SH).

O MERCOSUL solicitou sua adesão ao SGPC como bloco e foi regulado no Brasil pelo Decreto nº. 5.106 de 2004. O Brasil e a Argentina fazem parte do Acordo desde a 1ª Rodada de Negociações.

Ainda com relação à OMC, os países membros comprometeram-se a respeitar as denominadas tarifas consolidadas como sendo um limite máximo no qual se busca a redução progressiva. Tais tarifas[247] são uma forma

---

244 Cf. MDIC. Acesso em: <http://www.desenvolvimento.gov.br/sitio/interna/interna.php?area=5&menu=407>. Disponível em: 03 dez. 2014.
245 MEIRA, Liziane Angelotti **Tributos sobre o comércio exterior**. São Paulo: Saraiva, 2012, p. 222.
246 Os países são: Argélia, Argentina, Bangladesch, Benin, Bolívia, Brasil, Camarões, Chile, Colômbia, Cuba, República Democrática Popular da Coreia, Equador, Egito, Gana, Guiné, Guiana, Índia, Indonésia, Irã (República Islâmica Do), Iraque, Jamhiriya Árabe Líbia Popular Socialista, Malásia, México, Marrocos, Moçambique, Myanmar, Nicaraguá, Nigéria, Paquistão, Peru, Filipinas, República da Coréia, Romênia, Cingapura, Sri Lanka, Sudão, Tailândia, Trindade e Tobago, Tunísia, Tanzânia, Venezuela, Vietnã, Zambábue.
247 A lista brasileira que informa as tarifas consolidadas é a lista III – Concessões do Brasil na OMC – SH de 2007. Para mais informações conferir a página oficial do MDIC, disponível em: <http://www.desenvolvimento.gov.br/sitio/interna/interna.php?area=5&menu=372>. Acesso em: 03 dez. 2014.

de harmonizar no âmbito da OMC a tributação sobre importação e facilitar a transação entre os países membros criando barreiras ao protecionismo e favorecendo a abertura de mercados.

E, em exceção a esses limites é possível o país exigir valores que resultarão em uma oneração maior do que a alíquota consolidada no âmbito da OMC quando se trata de direitos *antidumping*, direitos compensatórios e direitos relativos às medidas de salvaguardas.

Conforme Artigo VI do GATT, *dumping* é a introdução de produtos estrangeiros por valor abaixo do preço normal que cause ou ameace causar prejuízo material a uma "indústria doméstica" ou ainda que retarde sensivelmente o estabelecimento de uma "indústria" no país importador.

A repercussão dos direitos *antidumping* inclui a discussão sobre a própria natureza de tais direitos. A doutrina não é unânime quanto à natureza de tais direitos oscilando em enquadrá-la como i) tributo; ii) natureza jurídica própria (*sui generis*); iii) modalidade não tributária de intervenção no domínio econômico; e iv) penalidade[248].

Afirma-se aqui a doutrina esposada por Liziane Meira quando qualifica a natureza dos direitos *antidumping* como norma penal, ou parte do consequente da norma primária penal, que seria presumidamente a vedação à importação de mercadorias[249].

Com relação às medidas compensatórias, estas são reguladas pelo artigo VI do GATT e pelo Anexo do Acordo Constitutivo da OMC denominado "Acordo sobre Subsídios e Medidas Compensatórias". Liziane Meira leciona que haja vista a prática de determinados subsídios considerados ilícitos é possível imposição de direitos compensatórios pelo país importador, geralmente, determinada pelos órgãos de solução de controvérsia da OMC[250], cuja natureza está similar aos direitos *antidumping*.

As medidas de salvaguardas constituem um instrumento de reequilíbrio comercial consistindo em aumento do imposto sobre a importação e se referem a um crescimento de importações que cause ou ameace causar grave prejuízo a setor produtivo nacional, protegendo setor nacional da perda de competitividade momentânea em face dos concorrentes estrangeiros[251]. O art. XIX do GATT posiciona que:

---

248 Cf. MEIRA, Liziane Angelotti **Tributos sobre o comércio exterior**. São Paulo: Saraiva, 2012, p. 236–237.
249 MEIRA, Liziane Angelotti **Tributos sobre o comércio exterior**. São Paulo: Saraiva, 2012, p. 250–253.
250 MEIRA, Liziane Angelotti **Tributos sobre o comércio exterior**. São Paulo: Saraiva, 2012, p. 253.
251 MEIRA, Liziane Angelotti. **Tributos sobre o comércio exterior**. São Paulo: Saraiva, 2012, p. 258–260.

Se, em consequência da evolução imprevista das circunstâncias e por efeito dos compromissos que uma parte contratante tenha contraído em virtude do presente acordo, compreendidas as concessões tarifárias, um produto for importado no território da referida parte em quantidade por tal forma acrescida em tais condições que cause ou ameace causar um prejuízo grave aos produtos nacionais de produtos similares ou diretamente concorrentes, será facultado a esta parte contratante, na medida e durante o tempo que forem necessários para prevenir ou reparar esse prejuízo, suspender, no todo ou em parte, o compromisso assumido em relação a esse produto, ou retirar ou modificar a concessão.

Na rodada do Uruguai houve a regulamentação de algumas medidas de salvaguardas, previstas em 1947, com a Celebração Sobre Salvaguardas em 1994 que estabeleceu condições, limites e procedimentos para a adoção de medidas de salvaguardas.

O Regime de Salvaguardas é um complexo de exceção, que garante às partes envolvidas em um acordo um possível avanço na liberalização do intercâmbio comercial, dessa forma, quando existam disposições de salvaguardas e estas venham a ser apropriadas ao caso, qualquer parte poderá invocar tais medidas e adotar aquelas necessárias contra as importações que causem ou ameacem causar grave perigo à economia nacional ou a um setor produtivo desse país. Contudo, para preservar o equilíbrio à outra parte, aquela que adotar uma medida de salvaguarda deverá oferecer uma compensação comercial à outra[252].

Os direitos às medidas de salvaguarda possuem uma aplicação diversa dos direitos *antidumping e* compensatórios, incidem sobre os bens importados de qualquer país e não configuram penalidade, sendo considerada pela doutrina majoritária como adicional ao imposto de importação, e, a legislação reconhece sua natureza tributária, pontuando-as como créditos tributários[253].

---

252 O governo brasileiro procede da seguinte maneira quanto às salvaguardas: Abre publicamente a investigação de salvaguardas conforme o art. 31 do acordo. (Há publicação de uma Circular SECEX/MDIC). O Comitê de Salvaguardas da OMC é notificado sobre a abertura de investigação, conforme requisitos do Art. 12.1 (a) do Acordo e posteriormente há uma nova notificação sob o Art. 12.1 (b) determinando prejuízo grave ou a ameaça deste causada por surto de importações, e depois há nova notificação sob o Art. 12.1 (c) com a decisão de aplicar ou estender uma medida de salvaguarda; Finaliza-se com uma notificação, se de interesse do país, exclusão de países em desenvolvimento do escopo da aplicação de medida de salvaguarda. O governo publica no Diário Oficial da União e disponibiliza na página virtual do MDIC as resoluções CAMEX acerca da aplicação, prorrogação ou encerramento de medidas de salvaguardas, as quais oferecem conteúdo detalhado das razões em que se basearam as decisões da autoridade brasileira.

253 MEIRA, Liziane Angelotti **Tributos sobre o comércio exterior**. São Paulo: Saraiva, 2012, p. 257.

A regra do tratamento nacional prescreve que o mesmo tratamento dado aos produtos nacionais seja estendido aos bens importados, significando que os valores exigidos pelo Estado em função de tributos sobre a circulação, a industrialização ou qualquer outra operação interna com bens importados não podem ser superiores àqueles exigidos em relação a bem nacional[254], vinculando nessa medida todos os tributos sobre os bens, inclusive os de competência estadual e municipal.

Com relação à valoração aduaneira, determina-se a base de cálculo do imposto sobre importação e dos demais tributos incidentes nesta operação, inserindo-se no conjunto de prescrições constantes nas normas da OMC visando evitar o protecionismo[255]. As regras de Valoração Aduaneira servem como instrumento aos meios de defesa supramencionados.

O Acordo sobre Valoração Aduaneira foi aprovado na rodada de Tóquio e indica seis métodos para o procedimento de valoração aduaneira, que devem ser aplicados de forma sequencial: 1 – método do valor de transação ajustado; 2 – método do valor de transação de produtos idênticos ao importado; 3 – método do valor de transação de produtos similares; 4 – método dedutivo; 5 – método computado; 6 – método dos critérios razoáveis ou método residual[256].

O método do valor de transação pode ser definido como o preço efetivamente pago ou a pagar do produto importado, acrescido dos custos de importação (quando não incluídos no preço). O valor de transação de produtos idênticos ocorre quando há vinculação entre exportador e importador ou quando for objeto de doação, comodato, aluguel, *leasing*. O terceiro método refere-se a produtos similares. O método dedutivo considera o valor de venda no mercado importador deduzidos os valores agregados após a entrada no país importador. O método computado consiste no cálculo do valor aduaneiro usando para isso a soma dos custos dos materiais e da operação de produção dos bens importados[257]. O último método a ser aplicado caso nenhum dos anteriores se faça possível diz respeito a critérios razoáveis, arbitrando de modo genérico e deixando a cargo de uma interpretação sistemática do AVA e do GATT em se considerar o que seriam esses critérios razoáveis[258].

---

254 MEIRA, Liziane Angelotti **Tributos sobre o comércio exterior**. São Paulo: Saraiva, 2012, p. 264.
255 MEIRA, Liziane Angelotti **Tributos sobre o comércio exterior**. São Paulo: Saraiva, 2012, p. 257.
256 MEIRA, Liziane Angelotti **Tributos sobre o comércio exterior**. São Paulo: Saraiva, 2012, p. 268.
257 É possível inverter a ordem do método quarto e do método quinto a pedido do importador, que no caso dos países em desenvolvimento essa inversão estará à critério das autoridades aduaneiras. Cf. artigo 83, I, do Decreto nº 6.759, de 5 de fevereiro de 2009.
258 MEIRA, Liziane Angelotti **Tributos sobre o comércio exterior**. São Paulo: Saraiva, 2012, p. 269–270.

Para eficácia das normas constantes da Organização Mundial do Comércio OMC e de outros blocos econômicos, utiliza-se com frequência as regras de origem, que estabelecem a origem dos bens importados para aplicação da regra da nação mais favorecida e suas exceções e fazer efetivo o SGP, o SGPC e os acordos preferenciais[259].

Comenta-se, por exemplo, o acordo relacionado ao comércio internacional firmado durante a Rodada Uruguai demoninado TRIMs (*Trade-Related Investment Measures*), que em vigor desde 1995 confere maior segurança aos investimentos internacionais. Além disso, pontua-se a extensão aos investimentos estrangeiros do tratamento nacional[260] e a eliminação das restrições quantitativas[261] que limitam a possibilidade dos Estados em estabelecerem requisitos de desempenho e transferência de tecnologia.

Ainda sobre os tratados internacionais com repercussão em matéria tributária no aspecto multilateral importa falar sobre a rodada Doha, que teve no de 2013 um avanço em certos aspectos, principalmente no que tange à questão ambiental, e aos aspectos agrícolas que repercutem na simplificação e desburocratização de procedimentos aduaneiros para esses produtos, de todo modo, ainda estão por concluir alguns de seus objetivos que repercutem na seara tributária conforme se verá a seguir[262].

A rodada de Doha se iniciou em novembro de 2001 durante a IV conferência ministerial. Conhecida como Rodada do Desenvolvimento, possui enquanto motivação inicial a abertura de mercados agrícolas e industriais com regras que favoreçam a ampliação dos fluxos de comércio dos países em desenvolvimento e tem como principais objetivos:

　i) redução dos picos tarifários, altas tarifas, escalada tarifária e barreiras não-tarifárias em bens não-agrícolas – Non-Agricultural Market Access – NAMA;

　ii) discutir temas relacionados à agricultura – subsídios, apoio interno, redução de tarifas e crédito à exportação;

259　MEIRA, Liziane Angelotti **Tributos sobre o comércio exterior**. São Paulo: Saraiva, 2012, p. 271.
260　Artigo III do GATT.
261　Artigo XI do GATT.
262　A reunião da OMC realizada na Indonésia em 2013 sob a batuta do brasileiro Roberto Azevedo trouxe a retomada das negociações que estavam paradas desde 2008. O Acordo Bali representa menos de 10 % do ambicioso programa de negociação, mas retoma a discussão, o que pode ser considerado um avanço. O pacote Doha Ligth, que reduz os objetivos iniciais do programa inclui: agricultura, com um compromisso de reduzir os subsídios às exportações; a ajuda ao desenvolvimento, que prevê uma isenção crescente das tarifas alfandegárias para os produtos procedentes dos países menos desenvolvidos, e a facilitação de intercâmbios, que pretende reduzir a burocracia nas fronteiras. Informação disponível na impressa. Cf. <http://g1.globo.com/economia/noticia/2013/12/omc-desbloqueia-rodada-de-doha-na-conferencia-ministerial-de-bali.html>., e <http://exame.abril.com.br/economia/noticias/itamaraty-comemora-acordo-que-desbloqueou-rodada-de-doha>. Acesso em: 05 nov. 2014.

iii) negociar a liberalização progressiva em serviços, conforme estabelecido nas discussões do Acordo Geral sobre o Comércio de Serviços – GATS;
iv) ampliar o Acordo TRIMs – Trade Related Investment Measures, cujo alcance está relacionado aos investimentos em bens, abrangendo temas como escopo e definição, transparência, não-discriminação, disposições sobre exceções e salvaguardas do balanço de pagamentos, mecanismos de consultas e solução de controvérsias entre os membros;
v) discutir a interação entre comércio e política de concorrência – princípios gerais de concorrência, de transparência, não-discriminação, formação de cartéis, modalidades de cooperação voluntária e instituições de concorrência para os países em desenvolvimento;
vi) negociar maior transparência em compras governamentais;
vii) melhorar o arcabouço institucional ao comércio eletrônico;
viii) aprimorar os dispositivos do Acordo de Solução de Controvérsias, considerando os interesses e necessidades especiais dos países em desenvolvimento;
ix) conduzir negociações que aprimorem as disciplinas dos Acordos sobre antidumping, subsídios e medidas compensatórias, preservando seus conceitos básicos.

1.2.7.1 O acordo TRIPS

O Acordo TRIPs foi celebrado no âmbito da OMC, no anexo IC do Acordo de Marraqueche Constitutivo da OMC[263]. Nesse ponto, o acordo foi incorporado ao ordenamento brasileiro por meio do Decreto nº 1.355, de 30 de dezembro de 1994[264].

A questão em discussão sobre esse acordo está na interpretação a ser dada ao artigo 65 do Anexo IC. Este artigo permite ao Brasil que postergue a data da aplicação das disposições do TRIPs por até cinco anos. Ocorre que o INPI entende que a disposição teria o condão de suspender automaticamente a aplicação do acordo, mesmo que promulgado o decreto a ele

---

263 Cf. Dolinger, Jacob, "Acordo sobre os Aspectos dos Direitos de Propriedade Intelectual Relacionados ao Comércio –TRIP's - Patente de Invenção – Aplicabilidade do Acordo no Brasil", **Revista Forense**, Rio de Janeiro, v. 342, p. 225-235, abr./maio 98, e Borja, Célio, "Patente de Invenção - Acordo Internacional - Vigência. Parecer", Revista de Direito Administrativo, São Paulo, v. 213, p. 328 - 41, jul./set. 98. Pareceres.
264 Nadia de Araújo. A internalização dos Tratados Internacionais no Direito Brasileiro e o Caso do Trips. Revista da ABPI nº 62. 01/02/2003.

referente (Decreto 1.355/94). Mas, como não houve alusão à permissão de postergação na data de aplicação das disposições do TRIPs, o Brasil teria optado por não usufruí-la, pois caso quisesse deveria ter inserido tal disposição no corpo do decreto, como o fez em outras ocasiões. Nadia de Araújo, aduz nesse sentido da seguinte maneira:

> É comum estabelecer-se no decreto de promulgação uma data para a entrada em vigor de um tratado no sistema interno brasileiro. Veja-se, por exemplo, a Convenção sobre igualdade de direitos entre brasileiros e portugueses, promulgada pelo Decreto 70.391 de 12/4/1972. De acordo com esse decreto, a convenção promulgada em 12/4/72 deveria somente entrar em vigor em 22/4/72, a saber: "[...] devendo a referida Convenção, em conformidade com seu artigo 17, entrar em vigor a 22 de abril de 1972; decreta que a Convenção, apensa por cópia ao presente Decreto, seja executada e cumprida tão inteiramente quanto nela se contém [...]265".

Nesse sentido, Célio Borja[266] afirma que quando da aprovação e promulgação do TRIPs, o Brasil poderia ter subordinado aos termos iniciais de vigência no seu território de forma alternativa um ano após a data de entrada em vigor do acordo constitutivo da OMC, ou postergar a data de aplicação dos dispositivos do presente Acordo, estabelecida no parágrafo 1º, por um prazo de quatro anos. Dessa forma a opção estaria revestida no ato legislativo interno.

Nádia expõe o posicionamento Dolinger, Jacob[267] favorável à aplicabilidade do acordo TRIPs uma vez que um tratado ao ser aprovado de conformidade com os preceitos constitucionais ingressa no ordenamento jurídico interno sendo imediatamente aplicável. Para Jacob o Brasil não se utilizou das faculdades de prorrogação. Posição diversa do MRE que argumenta o artigo 65 do TRIPs como decorrente da necessidade dos países em desenvolvimento em disporem de prazo mais dilatado para o período de transição, razão porque o prazo de aplicação seria o permitido pelo artigo 65, enquanto a entrada em vigor do acordo seria o da data da promulgação.

Nadia[268] ainda traz dois posicionamentos do Tribunal Federal da 2ª Região, em que se opta por expor um deles:

---

265 Nadia de Araújo. A internalização dos Tratados Internacionais no Direito Brasileiro e o Caso do Trips. **Revista da ABPI** n. 62, 1 fev. 2003.
266 Célo Borja, "Patente de Invenção, Acordo Internacional", **Revista de Direito Administrativo**, 213:I-VII, p. 328.
267 Dolinger, Jacob, "Acordo sobre os Aspectos dos Direitos de Propriedade Intelectual Relacionados ao Comércio, TRIPs, Patente de Invenção, Aplicabilidade do Acordo TRIPs no Brasil, **Revista forense**, v. 342, p. 225/235.
268 Nadia de Araújo. A internalização dos Tratados Internacionais no Direito Brasileiro e o Caso do Trips. **Revista da ABPI** n. 62, 1 fev., 2003.

INPI -Patente- Prazo - Vigência - Aplicação do artigo 33 c/c artigo 70.2 do TRIPs - Acordo sobre Aspectos dos Direitos de Propriedade Intelectual Relacionados ao Comércio - Decreto Legislativo nº 30, de 15/12/94- Decreto nº 1.355, de 30/12/94. I - O TRIPs, Acordo sobre Aspectos dos Direitos de Propriedade Intelectual Relacionados ao Comércio, foi aprovado pelo Decreto Legislativo nº 30, de 15 de dezembro de 1994, sendo publicado no Diário Oficial da União de 19/12/1994 e promulgado pelo Decreto nº 1.355, de 30/12/94, sendo publicado no Diário Oficial da União em 31/12/94; 11- O artigo 65, em seus itens 1, 2 e 3, do TRIPs, traz uma faculdade ou opção a ser exercida pelo Estado-Membro, havendo necessidade de manifestação prévia para que ele possa valer-se do prazo dilatado ali previsto; III - A faculdade de postergar a data de aplicação do TRIPs deve ser exercida em momento próprio, que, in casu, é o momento em que o Estado-Membro ratifica o acordo, na forma prevista na Constituição Federal e o insere na sua legislação interna. IV - Ao aprovar o TRIPs pelo Decreto Legislativo nº 30/94 e promulgá-lo pelo Decreto nº 1.355/94, publicado no DO da União de 31/12/1994, o Brasil deixou de fazer uso do previsto nos artigos 65- 1 e 65-2, do referido acordo, que assegurava a faculdade de dilatar a sua aplicação por um período total de cinco anos. Vê-se, assim, que o Brasil optou por aplicar desde logo o TRIPs, eis que ao incorporá-lo a sua ordem jurídica interna não se manifestou no sentido de postergar sua aplicação; V- Não tendo o Brasil exercido a faculdade de postergar sua aplicação, chega-se a conclusão que o TRIPs começou a vigorar no Brasil em 1º de janeiro de 1995. VI - Assiste ao Impetrante, ora Apelado, direito à extensão da validade de sua patente por mais cinco anos. VII - Em 1/1/2000 decorreu o prazo de cinco anos, estando em vigor, assim, as disposições do TRIPs. VIII - Recurso e remessa necessária improvidos." (Apelação em Mandado de Segurança nº 98.02.44769-2/ES, nº original 9700783715, Quinta Turma do Tribunal Regional Federal da 2ª Região, por uma nimidade, J.: 25/4/2000, Relator: Des. Federal Tanyra Vargas.

Coaduna-se neste trabalho com o posicionamento de Nadia[269] acerca da ementa acima quando aduz não haver dúvidas sobre os efeitos da incorporação do TRIPs ao ordenamento nacional e, nessa medida, a interpretação do artigo 65, item 2 seria de que "ter direito a" significaria uma faculdade que precisa ser expressa no devido momento e, a falta de tal ressalva no Decreto 30/94, indica que o Brasil deixou de fazer uso do previsto no referido acordo, tendo optado por aplicar o TRIPs imediatamente.

---

[269] Nadia de Araújo. A internalização dos Tratados Internacionais no Direito Brasileiro e o Caso do Trips. **Revista da ABPI** n. 62, 1 fev. 2003.

4.2.3 A ALADI

A ALAC, cujas negociações eram exclusivamente multilaterais, foi substituída em 1980 pela ALADI que ampliou as negociações vislumbrando acordos bilaterais. A Associação Latino-Americana de Integração é um organismo intergovernamental que continua o processo iniciado pela ALALC em 1960 e tinha por objetivo a criação de um mercado comum latino-americano. Nesse sentido os objetivos da ALADI *consubstanciavam-se* também na eliminação gradativa das barreiras ao comércio recíproco dos países-membros impulsionando os vínculos de solidariedade e cooperação entre os povos promovendo o desenvolvimento econômico e social da região, tendo como membros: Argentina, a Bolívia, o Brasil, o Chile, Colômbia, Cuba, Equador, México, Paraguai, Peru, Uruguai e Venezuela.

No âmbito da ALADI um acordo importante a ser mencionado é o Acordo de Preferência Tarifária Regional – APTR 04[270] celebrado pelos 12 países Membros. As reduções concebidas no caso vão variar de acordo com o grau de desenvolvimento do país exportador sendo concedida preferência tarifária, que variam de 6 a 48%, para a mercadoria importada dos países considerados de menor desenvolvimento econômico, reduzindo o percentual dos direitos aduaneiros e encargos equivalentes de caráter fiscal, monetário, cambial que incidam sobre as importações.

O acordo classifica os países em três categorias:

I) Países de menor desenvolvimento econômico: representados por Bolívia, Paraguai e Equador;
II) Países de desenvolvimento intermediário: Colômbia, Chile, Cuba, Peru[271], Uruguai e Venezuela;
III) Demais países membros: Argentina, Brasil e México. Considerando que os itens constantes das listas de exceção de cada país-membro não têm o benefício da preferência tarifária[272].

O Brasil internalizou o acordo pelo Decreto nº 90.782 de 28 de dezembro de 1984, aplicando a preferência tarifária regional à importação de toda classe de produtos originários do território dos países membros, conforme o Art. 5 do Tratado de Montevidéu – TM 80, tendo como protocolos Adicionais os Decretos N° 94.377, de 26/05/1987; Decretos N° 149, de 15/06/1991; Decreto Nº 164, de 03/07/1991; e Decreto N° 3.199, de 06/10/1999.

---

270 <http://www.desenvolvimento.gov.br/sitio/interna/interna.php?area=5&menu=444>.
271 O Peru não internalizou o segundo protocolo modificativo, tendo vigor, para ele, apenas as preferências constantes no primeiro protocolo.
272 MDIC, disponível na página: <http://www.desenvolvimento.gov.br/sitio/interna/interna.php?area=5&menu=444>. Acesso em: 07 nov. 2014.

Há ainda uma lista de exceção de produtos que não recebem qualquer preferência tarifária e as condições para que possa ser dada a regra de preferência tarifária é a confirmação da regra de origem, com a apresentação do Certificado de Origem e que a procedência da mercadoria seja do país em referência ou de algum dos países membros.

No âmbito da ALADI uma série de acordos está sendo firmada para reduzir e eliminar barreiras tarifárias e não-tarifárias conforme os objetivos firmados em determinada negociação, classificando os Acordos em Alcance Regional ou Parcial.

Os Acordos de alcance regional são aqueles nos quais há a participação de todos os países membros da ALADI e enquadrados como AAR estão o APTR 04 e as Listas de Abertura de Mercados – LAM, que visam promover um melhor nivelamento econômico da região concedendo certos benefícios aos países de menos desenvolvimento econômico relativo e, nessa medida, cada país-membro, em caráter unilateral, sem reciprocidade, sem prazo de vigência e sem cláusula de denúncia concede total eliminação de gravames tarifários e não-tarifários às importações de uma série de produtos originários da Bolívia, do Equador e do Paraguai[273]. Além disso, são firmados os Acordos de Alcance Parcial com base nos artigos 25 e 27 do Tratado de Montevidéu 80[274].

Alguns acordos são firmados entre alguns países-membros da ALADI que não exigem a participação de todos os membros da Associação são denominados como Acordos de Complementação Econômica – ACE que têm por objetivo impulsionar o desenvolvimento dos sistemas produtivos da região e podem ser mais abrangentes ou possuir um número menor de produtos.

Os ACEs comportam sistemas de integração sub-regional como o Mercosul, a Comunidade Andina, os Acordos de livre comércio e os Acordos de preferência tarifária fixa.

O Acordo de Complementação Econômica ACE-02 firmado entre o Brasil e o Uruguai e internalizado através do Decreto nº 88.419, de 20/06/83 tem como objetivo a comercialização de produtos do Setor Automotivo, até a efetiva entrada em vigor da Política Automotiva do Mercosul.

---

273 O Brasil concedeu 3 LAM's para Bolívia, Equador e Paraguai conforme anota página oficial do MDIC: <http://www.desenvolvimento.gov.br/sitio/interna/interna.php?area=5&menu=412>. Acesso em: 12 nov. 2014.

274 Atualmente os Acordos de Alcance Parcial são referentes ao AAP.A25TM nº 38 entre o Brasil e Guina e o AAP.A25 n. 41 entre o Brasil e Suriname. O Brasil ainda participa do AAP para Liberalização e Expansão do Comércio Intra-Regional de Sementes ; AAP de Cooperação e Intercâmbio de Bens utilizados na Defesa e Proteção do Meio-Ambiente; AAP para a Conformação do Mercado Comum do Livro Latino-Americano; AAP sobre Promoção de Comércio entre Brasil e Bolívia. Cf. Sítio do MDIC.

Nesses termos, o intercâmbio bilateral deve seguir as regras estabelecidas no 68° Protocolo Adicional ao ACE 02, incorporado à legislação brasileira pelo Decreto n° 6.518, de 30/07/2008 e estabelece que os produtos automotivos serão comercializados entre as Partes Signatárias com uma margem de preferência de 100% (0% de tarifa *ad valorem* intra-zona) sempre que satisfizerem os requisitos de origem e as outras condições estabelecidas neste acordo. Nos termos do acordo, este permanecerá em vigor por seis anos ou até que a Política do MERCOSUL disponha o contrário.

O Acordo de Complementação Econômica ACE-14 firmado entre Brasil e Argentina, foi internalizado no Brasil por meio do Decreto n° 60, de 15/03/1991, tem o mesmo objetivo do ACE-02 que visa a comercialização de produtos do Setor Automotivo, até a efetiva entrada em vigor da Política Automotiva do Mercosul.

O intercâmbio bilateral destes produtos deve seguir as regras estabelecidas no 40° Protocolo Adicional ao ACE 14, incorporado à legislação brasileira pelo Decreto n° 8.278 de 27 de junho de 2014, que estabelece, também, que os produtos automotivos serão comercializados entre as partes signatárias com uma margem de preferência de 100% (0% de tarifa *ad valorem* intra-zona) sempre que satisfizerem os requisitos de origem e as outras condições estabelecidas neste acordo. O prazo de vigência foi prorrogado até 30 de junho de 2015.

O Acordo de Complementação Econômica ACE-18 possui duração permanente, internalizado através do Decreto n° 550, de 27/05/1992, tem como signatários a Argentina, Brasil, Paraguai e Uruguai, e em seus objetivos estão: a conformação de um mercado comum através da livre circulação de bens, serviços e fatores produtivos; eliminação das restrições sobre o comércio recíproco; estabelecimento de uma tarifa externa comum; adoção de políticas comerciais comuns face à terceiros países; coordenação de políticas macroeconômicas e setoriais. A livre circulação desses produtos deve seguir as regras estabelecidas no 44° Protocolo Adicional ao ACE 18, incorporado à legislação brasileira pelo Decreto n° 5.455, de 02/06/2005.

O ACE 53, firmado entre o Brasil e o México foi internalizado no Brasil através do Decreto n°4.383, de 23 de setembro de 2002 e no México em 2 de maio de 2003, que estabelece preferências fixas para 800 itens classificados em Naladi/SH, que deixará de ser aplicado no momento em que entrar em vigor um acordo entre o Mercosul e o México, ou quando ocorrer denúncia de alguma das partes.

O ACE 55, firmado entre México, Argentina, Brasil, Paraguai e Uruguai foi internalizado através do Decreto 4.458, de 05 de novembro de 2002, refere-se à comercialização de produtos automotivos compreendidos nos códigos NALADI/SH. O acordo está vigente desde o dia 1º de janeiro de 2003 e consiste basicamente na redução recíproca das alíquotas de Importação dos produtos automotivos que cumpram com as normas de origem.

4.2.4 Tratado do MERCOSUL

O Tratado do MERCOSUL possui dimensões políticas, econômicas e sociais e sua finalidade de União Aduaneira constituindo um Mercado Comum[275] ainda não se cumpriu por total, mas seus compromissos foram reafirmados no Protocolo de Ouro Preto em 17 de dezembro de 1994[276] estabelecendo o reconhecimento do MERCOSUL juridicamente e internacionalmente como uma organização.

O Código Aduaneiro do MERCOSUL, aprovado pela Decisão CMC nº 25 de 16 de dezembro de 1994, constitui-se como um dos principais instrumentos de harmonização da legislação aduaneira, tendo sido reformulado e aprovado em 6 de agosto de 2010 e acrescido da Fé de Erratas relacionadas a correções formais em 3 de março de 2011[277], mas ainda não incorporado aos países signatários[278].

Os processos de integração econômica incluem a tomada de medidas de caráter econômico e comercial tendo por objetivo promover a aproximação e, eventualmente, a união entre as economias dos países, concentrando-se na eliminação de barreiras tarifárias e não tarifárias que constrangem o comércio de bens entre esses países, minimizando o efeito da tributação no comércio e na produção, envolvendo a definição de uma Tarifa Externa Comum – TEC, que teve início em 01 de janeiro de 1995, a ser aplicada aos signatários sobre o comércio de bens com mercados externos ao bloco, constituindo-se em um conjunto de normas e concessões tarifárias com a função de impulsionar a liberalização comercial e combate às práticas protecionistas.

O MERCOSUL é chamado de União Aduaneira imperfeita e, conforme Liziane Meira:

---

275 O artigo 1º, dispõe que a livre circulação, a adoção de alíquotas comuns do imposto sobre a importação, a coordenação de políticas macroeconômicas e setoriais e a harmonização tributária são inerentes à efetivação do Mercosul. Cf. Tratado de Assunção, capítulo I, Propósitos, princípios e Instrumentos.
276 MEIRA. Brasília, V. 6, n. 2, p. 259-290, Jul/Dez. 2011, p. 262.
277 O Código Aduaneiro do Mercosul de 2010 é fruto do grupo de trabalho Ad Hoc criado pela Resolução GMC nº. 40 de 2006, com participação de Liziane Angelotti Meira.
278 MEIRA, Liziane Angelotti **Tributos sobre o comércio exterior**. São Paulo: Saraiva, 2012, p. 309.

[...] por dois motivos: a) há exceções à regra que determina a aplicação das mesmas alíquotas do imposto sobre a importação extrabloco por todos os seus membros; b) ainda incide imposto sobre a importação no fluxo comercial intrabloco de alguns produtos[279].

A primeira ressalva quanto à TEC refere-se às traduções e ao processo de internalização, que devem ser elaborados de modo muito cauteloso, com absoluto respeito às normas e aos princípios do Direito brasileiro[280], nessa medida, a denominação Tarifa Externa Comum – TEC é inadequada por não coadunar com o Sistema Tributário Brasileiro em que a expressão tarifa tem designação diferente de imposto, em especial não se refere ao Imposto sobre a Importação à que se pretende aludir.

A Tabela Comum de Alíquotas de Imposto de Importação apresenta-se como critério uniformizador das alíquotas do imposto referido a serem aplicadas em relação a bens procedentes de terceiros países, impedindo dessa forma que as reduções ou majorações tributárias pudessem ser concedidas de forma unilateral por algum membro do bloco, evitando prejuízo ao objetivo do bloco, qual seja um mercado comum.

A Tabela Comum de Alíquotas do II foi elaborada com base no NCM, que possui fulcro no SH, e possui algumas especificidades que corroboram com a designação ao Mercosul de União Aduaneira imperfeita[281] dentre elas estão as exceções às alíquotas comuns, denominadas perfurações, a redução temporária das alíquotas por desabastecimento e os acordos preferenciais e o SGPC.

Como exceções às alíquotas comuns encontram-se os bens que não estão sujeitos às alíquotas dispostas na Tabela. Cada país-membro tem direito a apresentar exceções que regra geral corresponde à redução das alíquotas do imposto sobre a importação, mas existe a possibilidade de majoração, observando nesse caso o limite consolidado da OMC.

As exceções são apresentadas em quatro listas: a primeira corresponde à lista geral, com cem produtos variados; a segunda lista são bens de capital sem fabricação nacional que podem ter a alíquota reduzida para dois por cento por dois anos e que possuem finalidade de reduzir custos de investimento; a terceira lista remete também ao setor de produção brasileiro reduzindo a alíquota do imposto sobre a importação de

---

279 MEIRA, Liziane Angelotti **Tributos sobre o comércio exterior**. São Paulo: Saraiva, 2012, p. 283 e 284.
280 MEIRA, Liziane Angelotti. Regimes Aduaneiros Especiais e Integração Regional: análise dos regimes brasileiros em face das regras do Mercosul. In: TÔRRES, Heleno Taveira (Coord.). **Comércio Internacional e Tributação**, 2005, p. 359.
281 MEIRA, Liziane Angelotti **Tributos sobre o comércio exterior**. São Paulo: Saraiva, 2012, p. 289.

bens de informática e telecomunicações sem fabricação nacional para dois por cento pelo período de dois anos; e a `quarta lista é relativa ao universo automotivo, autorizando os países a aplicar até trinta e cinco por cento para importação de veículos[282].

Com relação às perfurações, essas ocorrem quando a alíquota indicada na Tabela Comum de Alíquotas de II é superior à consolidada na OMC e nesses casos os membros do Mercosul devem aplicar a alíquota consolidada para os produtos importados dos países membros da OMC, obedecendo à regra da nação mais favorecida[283].

Quando houver desabastecimento decorrente de desequilíbrios de oferta e demanda que ocorram de forma inesperada, os países do Mercosul podem reduzir por até doze meses a alíquota do Imposto sobre Importação, tendo como parâmetros para validade da medida, conforme Liziane Meira:

- Impossibilidade de abastecimento normal e fluido na região, decorrente de desequilíbrios na oferta e na demanda;
- Não pode haver, em nenhum caso, restrições ao comércio intra-mercosul;
- As reduções devem implicar, sempre, a adoção de alíquotas inferiores à "tabela comum de alíquotas de ii";
- As reduções de alíquotas devem ser autorizadas com limites quantitativos;
- O período de aplicação deve ser de até doze meses;
- Não podem ser afetadas as condições de competitividade relativa na região tanto dos produtos objeto das medidas como dos bens finais obtidos a partir deles;
- Deve ser preservada uma margem de preferência regional;
- Para os produtos agropecuários, deve-se ter em conta a sazonalidade da oferta intra-Mercosul[284].

As alíquotas da Tabela Comum de Alíquotas de II podem sofrer redução no caso de importação de países beneficiados por acordos com o Mercosul, que reduz total ou parcialmente o imposto sobre a importação como por exemplo no caso do Mercosul e Bolívia, no ACE nº 36, de 1996 internalizado através do Decreto nº 2.240, de 28 de maio de 1997 cujos signatários são Bolívia, Argentina, Brasil, Paraguai e Uruguai. Visam a conformação de uma área de livre comércio entre as partes, em um prazo máximo de 10 anos.

282　MEIRA, Liziane Angelotti **Tributos sobre o comércio exterior**. São Paulo: Saraiva, 2012, p. 289.
283　MEIRA, Liziane Angelotti **Tributos sobre o comércio exterior**. São Paulo: Saraiva, 2012, p. 296.
284　MEIRA, Liziane Angelotti **Tributos sobre o comércio exterior**. São Paulo: Saraiva, 2012, p. 298.

Ou ainda o ACE – nº. 35, firmado entre o Chile e Argentina, Brasil, Paraguai e Uruguai, internalizado através do Decreto nº 2.075, de 19 de novembro de 1996 tendo por objetivo a formação de uma área de livre comércio entre as partes contratantes, mediante a expansão e diversificação do intercâmbio comercial e a eliminação das restrições tarifárias e não--tarifárias que afetam o comércio; além disso objetivam a criação de um espaço econômico ampliado, que facilite a circulação de bens e serviços e a plena utilização dos fatores produtivos, prevendo, ainda, a formação de uma zona de livre comércio, no prazo de 10 anos a partir de 1997, mediante um Programa de Liberação Comercial aplicado aos produtos originários dos territórios das partes signatárias. Este programa consiste em desgravações progressivas e automáticas incidentes sobre os gravames vigentes para terceiros países. Em 2002 foi internalizado o 30º Protocolo Adicional ao ACE 35, que trata da certificação de origem para o Setor automotivo e o 32º Protocolo Adicional que trata da certificação de origem para os produtos do Setor Químico e Petroquímico.

4.2.5 Acordos-quadro

Acordos-Quadro são os contratos celebrados entre um ou várias entidades com vista a disciplinar as relações contratuais futuras e estabelecer ao longo de um determinado período de tempo, mediante a fixação antecipada dos respectivos termos. O Itamaraty classifica como ato que dá execução a outro, anterior, devidamente concluído e em vigor, ou que detalha áreas de entendimento específicas, abrangidas por aquele ato. Liziane Meira afirma que "os denominados "acordos-marco" e "acordos-quadro" não estabelecem preferências ou desgravações da alíquota do imposto sobre a importação, mas tão-somente consubstanciam e formalizam a intenção dos signatários em negociá-las"[285].

O Brasil possui diversos acordos-quadro, que regra geral não passam pelo procedimento de internalização porque expressam a finalidade de um acordo de Direito Privado a ser realizado posteriormente.

4.2.6 Acordos Executivos

O acordo executivo é o tratado internacional que não depende de aprovação individualizada no Congresso Nacional. Isso reforça uma postura de que em algumas situações o Executivo possa pactuar sozinho sobre

---

285 MEIRA, Liziane Angelotti **Tributos sobre o comércio exterior**. São Paulo: Saraiva, 2012, p. 301.

assuntos de sua competência. Rezek afirma que os acordos executivos são aqueles que possuem uma aprovação mais fragilizada no Congresso, sendo necessária uma busca na Constituição para fundamentar sua sustentação jurídica, não se condescendendo com a ideia de que o governo possa pactuar sozinho sobre "assuntos de sua competência privativa"[286].

O acordo executivo está inserido no escopo do processo de incorporação abreviado, que compreendem as etapas de negociação, assinatura ou troca de notas e publicação. Este processo, seguido pelos chamados acordos em forma simplificada, tem sua admissibilidade desde a Constituição de 1946, e foi mantido pela Constituição de 1988, tendo sido aceito pelo Congresso Nacional porque as matérias arroladas nesse tipo de processo se referem quase sempre a ajustes complementares de tratados preexistentes, que se destinam a operacionalizar tratado anterior, devidamente aprovado. Em geral, são concluídos no quadro de acordos de cooperação científica, técnica ou tecnológica. Verifica-se que tanto no processo completo como no abreviado existe a obrigatoriedade do assentimento do Congresso Nacional, com ênfase para aqueles tratados que acarretem encargos ou compromissos gravosos ao patrimônio nacional[287].

Existem três categorias de acordos executivos compatíveis com o preceito constitucional: acordos que consignam a interpretação de cláusulas de um tratado já vigente, aqueles que decorrem de um tratado vigente e atuam como complemento e os que são denominados *modus vivendi* consubstanciando bases para uma futura negociação[288].

O acordo executivo decorrente de um tratado vigente tem uma natureza de aprovação do Congresso prévia, sendo que ao aprovar o Tratado o Congresso emite desde então a permissão ao Brasil pactuar os acordos executivos que irão detalhar, suplementar ou especificar aquilo anteriormente previsto e aprovado no texto.

No caso do acordo executivo como expressão de diplomacia ordinária são aqueles que incumbem ao Chefe do Executivo a competência privativa para manter relações com os Estados estrangeiros, incumbindo-lhe a dinâmica das relações internacionais.

Rezek apõe em sua cátedra que acordos como o *modus vivendi* e o *pactum de contrahendo* são exercícios preparatórios de outro acordo, e por isso, aqueles estão na liberdade dada ao Chefe do poder executivo,

---

286 REZEK, José Francisco. **Direito Internacional Público**: Curso Elementar. 12. ed, 2010, p. 62.
287 MEDEIROS, Antônio Paulo Cachapuz de. O Brasil e os novos desafios do Direito dos Tratados. In: **Conferência pronunciada no I Congresso Internacional de Direito Internacional.** Belo Horizonte, 2002, p. 81.
288 Hildebrando Accioly **Tratado de Direito Internacional**. v. 2, 3. ed. Quartier Latin. 2009, p. 8.

enquanto este está destinado à análise do Congresso[289]. Pontua, ainda, que nos acordos executivos inerentes à diplomacia ordinária, dois caracteres indispensáveis: a reversibilidade e a preexistência de cobertura orçamentária, sendo deste modo possível a desconstituição por vontade unilateral, expressa em comunicação à outra parte, sem delongas, o contrário do que seria necessário quando de uma denúncia.

4.2.7 Acordos de Navegação Marítima e Aérea

Com relação à atividade de navegação aérea e marítima, há diversos acordos independentes. Cumpre anotar que acordos internacionais, celebrados pelo Brasil, concedendo isenção de transporte aéreo internacional, foram recebidos pelo artigo 178 da Constituição de 1988, enquanto conservarem vigência[290].

Os tratados sobre navegação aérea e marítima, ou sobre uma destas atividades somente, referem-se a que toda renda produzida pela empresa nacional de um dos contratantes sofrerá exação do imposto de renda no país de origem, inclusive, os tratados que existiam com a Alemanha[291], Argentina, Itália e França, nesse sentido foram substituídos pelos tratados sobre dupla tributação.

Existem os tratados relativos ao transporte aéreo e marítimo que versam exclusivamente sobre o imposto sobre a renda, conforme anota Valadão[292], e, os tratados sobre navegação aérea que abrangem tanto a questão dos tributos indiretos quanto o aspecto aduaneiro e disciplinam a aquisição de insumos no mercado interno e a importação de peças ou suprimentos. Alguns, ainda, trazem a cláusula de nação mais favorecida no que se refere às taxas cobradas pelo uso das instalações aeroportuárias[293].

---

289 REZEK, José Francisco. **Direito Internacional Público:** Curso Elementar. 12. ed, 2010, p. 64.
290 SARAIVA FILHO, Oswaldo Othon de Pontes. Tratado Internacional e o Sistema Tributário Brasileiro. **Revista de Direito Internacional, Econômico e Tributário – RDIET,** p. 14.
291 O tratado para evitar a bitributação com a Alemanha foi denunciado pela Alemanha em 07 de abril de 2005 e deixou de vigorar em 1 de janeiro de 2006, de acordo com o Ato Declaratório Executivo SRF nº. 72 de 22 de dezembro de 2005, e o Decreto nº 5.564 de 29 de dezembro de 2005. Expõe que a Alemanha alegou incompatibilidade da CDT BRASIL-ALEMANHA com as atuais políticas e práticas alemãs sobre dupla tributação, inclusive com relação a Estados em desenvolvimento. Cf. Luciano Felício Fuck. A denúncia da Convenção entre Brasil e Alemanha e os métodos para evitar a dupla tributação internacional. **Revista de Direito Internacional, Econômico e Tributário** - RDIET, volume p. 8 e 9.
292 VALADÃO, Marcos Aurélio Pereira. **Limitações ao poder de tributar e Tratados Internacionais.** Belo Horizonte: Del Rey. 2000, p. 217.
293 VALADÃO, Marcos Aurélio Pereira. **Limitações ao poder de tributar e Tratados Internacionais.** Belo Horizonte: Del Rey. 2000, p. 169, p. 217.

Valadão cita, por exemplo, um importante tratado multilateral sobre aviação civil, a Convenção de Aviação Civil Internacional (CACI), que institui a Organização de Aviação Civil Internacional (OACI), referente à facilitação do transporte aéreo, promulgada pelo Decreto 21.173 de 27 de agosto de 1946 contendo a desoneração de suprimentos, insumos e taxas, complementado por outros tratados anexos à convenção original[294].

No que se refere aos tratados de transporte e navegação marítima que tratam da divisão de cargas, há relevância para o Direito Tributário os benefícios fiscais aplicáveis ao transporte em navio de bandeira brasileira que se aplicam àqueles países nas condições especificadas nos respectivos tratados.

O Brasil, atualmente, possui acordos bilaterais de navegação marítima com treze países: Alemanha, Argélia, Argentina, Bulgária, Chile, China, Estados Unidos, França, Polônia, Portugal, Romênia, Rússia e Uruguai. Tais acordos abordam questões como fretes, transporte de petróleo e seus derivados líquidos, embarcações afretadas, tripulação e obrigatoriedade do transporte em navios de bandeira nacional das partes contratantes[295]. Já os acordos de navegação aérea somam mais de 100, entre eles, Alemanha, Argentina, Áustria, Bélgica, Congo, Grécia, Guiana, Etiópia, França, Líbano, Omã, Nova Zelândia, Reino Unido, Zâmbia[296].

Os tratados destinados a evitar a evasão fiscal podem ser aqueles que além do fornecimento de informações fiscais melhoram a eficiência do controle aduaneiro, como o Acordo de Valoração Aduaneira no âmbito do GATT[297], Convenção sobre repressão do Contrabando, promulgada pelo Decreto n. 2.646 de 5 de maio de 1938; Acordo sobre cooperação administrativa mútua para prevenção, a pesquisa e a repressão às infrações aduaneiras firmado com a França por meio de troca de notas,

---

294 Cf. VALADÃO, Marcos Aurélio Pereira. **Limitações ao poder de tributar e Tratados Internacionais**. Belo Horizonte: Del Rey. 2000, p. 217. Na nota de rodapé 197 o autor explica que o Decreto 86.228 de 28 de julho de 1981 determinou a observância das normas e recomendações da oitava edição do Anexo 9 à CACI, e reproduziu em seu texto o referido Anexo. Sendo este um tratado que não foi submetido ao Congresso Nacional e traz diversos dispositivos relativos à tributação e ao tráfego aduaneiro de bens e aeronaves, mais amplos que o contido no texto original da Convenção. Posteriormente, afirma, o Decreto 86.228, de 1981 foi alterado pelo Decreto 94.317 de 11 de maio de 1987, que revogou alguns de seus dispositivos e o Decreto 1.143 de 7 de março de 1995 revogou expressamente o Decreto 86.228 de 1981 em sua totalidade sem que houvesse a denúncia do mencionado Anexo 9 à OACI, o que sugere um aparente equívoco legislativo.
295 Cf. Página da Agência de Transportes Aquaviários: <http://www.antaq.gov.br/Portal/IntInter_AcordosBilaterais.asp#>.
296 Cf. <http://www2.anac.gov.br/anac/sri/acordosBilaterais.asp>.
297 Marcos Aurélio Pereira. **Limitações ao poder de tributar e Tratados Internacionais**. Belo Horizonte: Del Rey. 2000, p. 221 e 222.

em vigor desde 1995 e o Acordo sobre cooperação das Administrações Aduaneiras e Tributárias do IBAS – Índia, Brasil e África do Sul[298] que em seu artigo 4 dispõe:

> As Administrações trocarão entre si, a pedido ou por iniciativa própria, qualquer informação disponível referente a:
> a) prevenção e detecção de infrações aduaneiras ou tributárias;
> b) novas formas, meios ou métodos relacionados a infrações aduaneiras ou tributárias e técnicas para combater tais infrações;
> c) pessoas que tenham cometido uma infração aduaneira ou tributária;
> d) quaisquer outros dados que possam auxiliar as Administrações no gerenciamento de risco, e
> e) quaisquer outras informações que possam auxiliar as Administrações a atingir os objetivos deste Acordo[299].

A união dos três países tem por objetivo fortalecer a cooperação multilateral assegurando uma atuação articulada nos seguintes temas: economia digital, intercâmbio de informações, combate ao abuso de tratados para evitar dupla tributação resultando em não tributação por nenhum dos países signatários, adoção de regras referentes a preços de transferência e combate ao planejamento tributário agressivo.

A Cooperação na área aduaneira se refere a projetos de intercâmbio de dados, valoração aduaneira, desenvolvimento de capacidades e competências, além de cooperação em fóruns trilaterais e multilaterais, composto por 16 grupos de trabalho para iniciativas concretas de cooperação trilateral entre Índia, Brasil e África do Sul, nas áreas de agricultura, ciência e tecnologia, combate à fome e à pobreza, comércio, fiscal, energia, saúde e transporte, visando a dar novo impulso à Cooperação Sul-Sul.

4.2.8 Tratados comerciais bilaterais

Alguns tratados bilaterais possuem repercussão no Direito Tributário porque tratam de preferências tarifárias e possuem o condão de complementar acordos multilaterais preexistentes, como é o caso do Acordo de Alcance Parcial 1 entre o Brasil e a Argentina homologado pelo Decreto 89.077 de 29 de novembro de 1983 e modificado por diversos protocolos adicionais.

---

298 <http://www2.enap.gov.br/ibas/index.php?option=com_content&task=view&id=13&Itemid=27>.
299 Acordo sobre Cooperação das Administrações Aduaneiras e Tributárias entre o Governo da República Federativa do Brasil, o Governo da República da Índia e o Governo da República da África do Sul. Cf. <http://www.receita.fazenda.gov.br/legislacao/acordosinternacionais/AcordosCoopAduTribIBAS/AcordoCAduTribAfricaSul.htm>.

4.2.9 Tratados sobre imunidades e privilégios diplomáticos

São aqueles que trazem privilégios decorrentes do costume internacional de isentar as pessoas de direito público internacional e seus funcionários dos tributos internos sobre a renda e o patrimônio que está relacionado com o princípio *par in parem non habet imperium* em que um Estado não pode exigir tributos de outros[300]. São geralmente tratados multilaterais sobre atividades diplomáticas e os decorrentes da constituição de organizações internacionais e suas agências especializadas.

4.2.10 Tratados sobre Cooperação Aduaneira

Discorre Liziane Meira que em 1948 um grupo de estudos fundou dois comitês um Econômico, precursor da OCDE e outro Aduaneiro, precursor da Organização Mundial das Aduanas – OMA. A convenção para a criação do Conselho e Cooperação Aduaneira se deu em 1950 entrando em vigor em 1952, internalizado pelo Brasil pelo Decreto nº. 85.801 de 1981, sendo, em 1994, denominada Organização Mundial das Aduanas[301].

Sob a égide da OMA foram celebradas dezesseis convenções internacionais e segue-se Liziane Meira quando pontua como as mais importantes:

- Convenção sobre o Sistema Harmonizado (SH);
- Convenção Internacional sobre a Simplificação e Harmonização dos Procedimentos Aduaneiros (Convenção de Quioto);
- Convenção sobre Admissão Temporária (Convenção de Istambul);
- Convenção Internacional para Assistência Administrativa Mútua para Prevenção, Investigação e Repressão de Ofensas Aduaneiras (Convenção de Nairóbi); e
- Convenção Internacional sobre Cooperação e Assistência Administrativa Mútua (Convenção de Joanesburgo)[302].

O Sistema harmonizado é adotado por noventa e nove por cento dos países, sendo uma classificação de mercadorias baseada em códigos e respectivas descrições identificadas por seis dígitos numéricos. A classificação SH é de todo útil ao comércio internacional[303] visto

---

300 VALADÃO, Marcos Aurélio Pereira. **Limitações ao poder de tributar e Tratados Internacionais**. Belo Horizonte: Del Rey. 2000, p. 218.
301 MEIRA, Liziane Angelotti **Tributos sobre o comércio exterior**. São Paulo: Saraiva, 2012, p. 273.
302 MEIRA, Liziane Angelotti **Tributos sobre o comércio exterior**. São Paulo: Saraiva, 2012, p. 275.
303 O Mercosul adota a Nomenclatura Comum do Mercosul (NCM) baseada na SH com acréscimo de mais dois dígitos.

permitir uma identificação única, evitando contradições e facilitando os mecanismos de fiscalização[304].

No âmbito da OMA, um acordo interessante é a Convenção sobre Admissão Temporária (Convenção de Istambul), ratificado pelo Brasil em 2011 com reserva no Anexo A, tendo entrado em vigor no ordenamento interno em 2 de agosto de 2011, mas ainda sem as entidades regulamentadoras que lhe dariam efetividade. A admissão temporária é definida por Liziane Angelotti Meira como

> [...] regime especial permitindo a entrada, permanência por certo tempo e saída do Brasil, sem pagamento dos impostos incidentes sobre as operações de comércio exterior, de bens estrangeiros destinados a eventos culturais (*e.g.*: exposições de obras de arte), científicos ou comerciais (p.e.: feiras de automóvel, de informática), competições desportivas (como carros e cavalos de corrida), de veículos e bens de turistas estrangeiros *etc*[305].

Tal convenção tem reflexo no campo tributário por simplificar à administração tributária a garantia de tributos devidos e facilitar ao importador a entrada do bem[306].

Com relação aos tratados sobre cooperação aduaneira, esses permitem que os países prestem auxílio mútuo no que tange às questões relacionadas ao controle aduaneiro do fluxo de comércio, envolvendo, nessa medida, cláusulas de troca de informações permitindo maior eficiência na cobrança dos tributos incidentes sobre o comércio exterior.

Atualmente o Brasil possui 7 acordos de cooperação aduaneira que envolvem os seguintes países: Argentina, Bolívia, Chile, Colômbia, Costa Rica, Cuba, El Salvador, Equador, Espanha, Honduras, México, Nicarágua, Panamá, Paraguai, Peru, Portugal, República Dominicana, Uruguai e Venezuela (COMUCAM), Estados Unidos, França, Reino Unido, Israel, Holanda e Rússia, além do tratado do MERCOSUL (Brasil, Argentina, Paraguai e Uruguai) e o MERCOCHILE, que trazem previsões com efeitos semelhantes neste aspecto[307].

---

304 MACEDO, Leonardo Correia. **Direito tributário no Comércio Internacional**: acordos e convenções internacionais – OMC, CCA/OMA, Aladi e Mercosul, 2005, p. 53.
305 MEIRA, Liziane Angelotti. **Regimes Aduaneiros Especiais**. São Paulo: IOB, 2002, p. 189.
306 MEIRA, Liziane Angelotti **Tributos sobre o comércio exterior**. São Paulo: Saraiva, 2012, p. 280.
307 VALADÃO, Marcos Aurélio Pereira. Troca de informações com base em tratados. **Revista de Direito Internacional, Econômico e Tributário** – RDIE, p. 14.

4.2.11 Tratados sobre Cooperação jurídica internacional

Os tratados de cooperação jurídica possuem, de acordo com Valadão, uma história de efetividade mais antiga do que os de mera cooperação administrativa[308]. A doutrina referencia como MLAT (*Mutual Legal Assistance Treaty*) e tais acordos possuem referência quanto à informações tributárias, sendo possível, embora não usual, o pedido de informações fiscais, com base nesses tratados[309].

---

308 VALADÃO, Marcos Aurélio Pereira. Troca de informações com base em tratados. **Revista de Direito Internacional, Econômico e Tributário** – RDIE, p. 14-15.
309 É o do caso do Protocolo de Assistência Jurídica Mútua em Assuntos Penais (âmbito do Mercosul) (promulgado pelo Decreto nº 3.468, de 17 de maio de 2000), que em seu art. 6º, § 3º, alínea "c" prevê uma lista de provas (informações) que podem ser solicitadas ao outro Estado-Parte (inclusive a identificação e exame de bens a serem acautelados), mas que prevê em seu art. 5º, § 1º, alínea "c", que o Estado-Parte **poderá** denegar assistência quando a solicitação se referir a delito tributário, e § 2º do mesmo artigo dispõe que denegação dever fundamentada nos termos ali previstos. *In*, troca de informações... p. 16, nota de rodapé 28.

CAPÍTULO 5

A HIERARQUIA DAS NORMAS TRIBUTÁRIAS ADVINDAS DE TRATADOS INTERNACIONAIS NA ORDEM JURÍDICA BRASILEIRA

Os tratados que versam sobre matéria tributária estão cada vez mais presentes nas agendas internacionais e a questão do Direito dos Tratados no ordenamento pátrio tem sido objeto de frequente discussão doutrinária e jurisprudencial. Assim, a proposta no presente tópico é verificar a solução dos conflitos para a matéria tributária advinda de tratados internacionais com as normas tributárias internas, sejam normas constitucionais, sejam normas infraconstitucionais. Nesse contexto, será abordada a frequente discussão da constitucionalidade do art. 98 do Código Tributário Nacional:

> Os conflitos entre o direito interno e o internacional têm atraído a atenção dos juristas desde a virada do século XX, e suscitaram jurisprudência nos Estados Unidos, na Europa, na União Européia e na América Latina. Conflitos ou incompatibilidades podem ocorrer em diferentes sentidos: costume internacional *versus* lei nacional ou tratado/ convenção internacional *versus* lei nacional[310].

Valadão faz um corte interessante e útil para o trabalho que se segue, separando o conflito das normas tributárias advindas de tratados internacionais vistas em dois níveis: a) conflitos com a Constituição e b) conflitos com as normas infraconstitucionais[311].

Com relação à relevância dos tratados na ordem interna, Xavier afirma que o estudo se desdobra em duas questões distintas:

> (i) A de saber quais as condições em que as normas internacionais ganham relevância, isto é, se se "incorporam" ou "transpõem" na ordem interna; e

---
310 DOLINGER, Jacob. As soluções da Suprema Corte Brasileira para os conflitos entre Direito interno e o Direito internacional, **Revista forense,** Rio de Janeiro: Forense, 1996, p. 107.
311 VALADÃO, Marcos Aurélio Pereira. **Limitações ao poder de tributar e Tratados Internacionais.** Belo Horizonte: Del Rey. 2000, p. 223.

(ii) A de determinar qual o valor hierárquico na ordem interna das normas internacionais que aí ganharam relevância, ou seja, se valem na ordem interna como normas internacionais ou como simples normas de direito interno[312].

Duas questões que, para o referido autor, apesar de distintas estão interligadas porque, quando o entendimento se pauta nos tratados internacionais sendo modificados ou revogados exclusivamente por mecanismos próprios do Direito dos tratados, estariam em superioridade hierárquica às Leis internas supervenientes. Ou, mesmo se admitissem a vigência dos tratados internacionais após serem transformados em lei interna, haveria a necessidade de verificar a paridade hierárquica, isso porque o tratado iria viger com o mesmo *status* da lei que o incorporou[313].

Cumpre mencionar que os tratados não se encontram no texto constitucional como espécie legislativa:

> Art. 59. O processo legislativo compreende a elaboração de:
> I - emendas à Constituição;
> II - leis complementares;
> III - leis ordinárias;
> IV - leis delegadas;
> V - medidas provisórias;
> VI - decretos legislativos;
> VII - resoluções.
> Parágrafo único. Lei complementar disporá sobre a elaboração, redação, alteração e consolidação das leis[314].

Pontes de Miranda[315] já pontuava a falha nas Constituições anteriores e aqui esboça-se a posição de Manoel Gonçalves Ferreira Filho[316] que afirma:

> Nenhuma das expressões propostas para a expressão processo legislativo, no art. 59 da Constituição parece plenamente satisfatória. Faltou ao constituinte, segundo tudo indica, uma visão clara da sistemática dos atos normativos. Forçoso é reconhecer, porém, que essa sistematização não

---

312 XAVIER, Alberto. **Direito Tributário Internacional do Brasil**, 7. ed., 2ª tiragem. Rio de Janeiro: Ed. Forense. 2011, p. 77.
313 XAVIER, Alberto. **Direito Tributário Internacional do Brasil**, 7. ed. 2ª tiragem Rio de Janeiro: Ed. Forense. 2011, p. 77.
314 BRASIL. Constituição da República Federativa do Brasil de 1988. Art., 59.
315 MIRANDA, Pontes de. **Comentários à Constituição da República dos Estados Unidos do Brasil**. Rio de Janeiro. Ed. Guanaara, 1934, tomo I, p. 527, p. 119.
316 FERREIRA FILHO, Manoel Gonçalves. **Do processo legislativo**, 7. ed. Saraiva. São Paulo. 2012, p. 196-205.

é simples. A ausência dos tratados na enumeração do art. 59 poderia ser invocada pelos dualistas como prova de que os tratados não têm força normativa no direito brasileiro antes de sua incorporação por outro ato normativo. Essa interpretação é equivocada porque desconsidera outros dispositivos constitucionais que estabelecem que os tratados é que estão sujeitos ao controle de constitucionalidade (art. 103,a), é a violação de tratados que autoriza a interposição de recurso especial (art., 105, III, b), é a presença de tratado na causa de pedir que atrai a competência os juízes federais (art. 109, III).

Mirtô Fraga afirma, por exemplo, que desde a primeira Constituição Republicana a verificação da inconstitucionalidade de tratados se dá mediante controle difuso, concluindo que no Brasil a norma convencional não pode contrariar a Constituição[317].

Valadão se posiciona no sentido de que, se um tratado tiver por objetivo criar direitos para contribuintes ou atribuir-lhes garantias, ampliando as já existentes na Constituição, entende-se que isso não importa em inconstitucionalidade[318], que poderia acontecer caso houvesse restrição dos direitos garantidos na Constituição ou que essa ampliação fosse conflituosa com os princípios estruturantes da federação ou que tivessem natureza política.

De todo modo, a ressalva que se faz situa-se no campo da possibilidade de ações contra o Estado brasileiro na esfera internacional. Isso poderia ocorrer ainda que fosse uma declaração incidental de inconstitucionalidade, bastando para isso que um não-nacional se insurja contra a não aplicação do tratado. Valadão[319] expõe a posição de Marco Aurélio Greco quando analisa questões relativas ao Acordo de Valoração Aduaneira com reflexo nos tributos incidentes sobre a importação: II, IPI e ICMS:

> Além destes quatro princípios específicos, a interpretação e aplicação do Acordo deve ter em conta os princípios constitucionais consagrados pela CF/88. Vários são de imediata aplicação como o contraditório a ampla defesa que, aliás, encontram no Acordo vários ecos. Dentre os princípios constitucionais, cabe nesta oportunidade, mencionar o princípio de que ninguém é culpado antes da decisão final que o reconheça (art. 5º. LVII). Este dispositivo constitucional tem interessante reflexo no âmbito do

---

317 FRAGA, Mirtô. **O conflito entre tratado internacional e norma de direito interno: estudo analítico da situação do tratado na ordem jurídica brasileira**. Rio de janeiro: Forense, 1998, p. 115 – 118.
318 VALADÃO, Marcos Aurélio Pereira. **Limitações ao poder de tributar e Tratados Internacionais**. Belo Horizonte: Del Rey. 2000, p. 229.
319 VALADÃO, Marcos Aurélio Pereira. **Limitações ao poder de tributar e Tratados Internacionais**. Belo Horizonte: Del Rey. 2000 , p. 229.

Acordo, pois suscita o debate sobre o momento da incidência de multas por violação à base de cálculo do imposto de importação, quando se trata de divergência de valoração aduaneira. Na medida em que vigoram os princípios da lisura, da verdade material e da presunção da inocência, cabe perguntar se há fundamento para aplicar penalidades fiscais antes de concluído o procedimento suscitado pela divergência apresentada pelo Fisco em relação à base de cálculo do imposto de importação [...][320].

A doutrina e a jurisprudência brasileiras de forma majoritária têm o entendimento de que a Constituição deve prevalecer diante de um conflito com dispositivos de acordos internacionais, sem atentar para qualquer critério cronológico. Nessa medida, a questão se faz extremamente relevante uma vez que o entendimento esposado no presente trabalho adere à corrente dualista moderada e entende pela necessidade da incorporação ao mesmo tempo em que se vislumbra a força de princípios internacionais como o *pacta sunt servanda* e relevam-se argumentos importantes no discurso de vários autores quando se defende uma situação monista, pela própria circunstância da globalização, mas reforça-se neste item a percepção de que o ordenamento da Constituição de 1988 se refere a uma concepção dualista do sistema.

Acredita-se, sem necessidade de maiores aprofundamentos[321], que a celebração de um tratado é um compromisso assumido em nível internacional como uma intenção de incorporação posterior ao sistema interno, nessa medida, presume-se a existência de dois sistemas, portanto uma visão dualista.

A Constituição de 1988 expressa uma relação de coordenação com o Direito Internacional e espelha nos princípios fundamentais da República Federativa o princípio da cooperação entre os povos para o progresso da humanidade (art. 4º), aduz ser um dos objetivos da nação a integração econômica, política, social e cultural dos povos da América Latina visando a formação de uma comunidade latino-americana de nações e leva ao conhecimento do judiciário federal a transgressão a tratado internacional do qual o Brasil faça parte.

Esta perspectiva da Constituição ressalta preocupação com o sistema internacional e associa no núcleo duro[322] do ordenamento a relação de cooperação à qual aduz-se no presente trabalho.

---

320 GRECO, Marco Aurélio. Comércio Exterior e novas realidades – problemas emergentes. **Revista Dialética de Direito Tributário**. São Paulo, n. 44, p. 116-137, mio, p. 135-136.
321 A questão já foi objeto de análise no item 2 deste trabalho.
322 Denominado por alguns autores de cláusulas pétreas.

Quanto aos tratados internacionais, estes versam sobre as mais diversas matérias e em especial sobre os tratados na área do Direito Tributário, consoante Paulo Borba Casella:

> Fenômeno relativamente recente, o direito internacional tributário surge após a I Guerra Mundial, expresso em Convenções celebradas sob os auspícios da Sociedade das Nações e da *International Fiscal Association*, acoplando dois conceitos: o fiscal e o internacional[323].

José Eduardo Soares de Melo[324] aduz que os tratados celebrados em matéria tributária colimam a eliminação de direitos ou barreiras alfandegárias e restrições não tarifárias à circulação de produtos, de todo modo o objetivo precípuo é o livre trânsito de bens, serviços e fatores produtivos entre os países signatários.

Quanto ao Direito Tributário, no que tange aos acordos, há que se mencionar a distinção entre Direito Internacional Tributário e Direito Tributário Internacional[325], não que haja unanimidade na doutrina, mas como afirma Vita, tal distinção parte de alguns pressupostos didáticos sob o ângulo primário de produção do texto, se nacional ou internacional e nessa medida a aplicação dos princípios[326].

O Direito Internacional Tributário envolve os tratados internacionais sobre dupla tributação e evasão fiscal, que para Heleno Torres seriam em razão da relação com o direito interno, de leis especiais e um mecanismo para evitar o concurso de pretensões impositivas sobre os Estados pactuantes[327].

O Direito Tributário Internacional abrangeria as normas que tivessem elementos de estraneidade relativos à produção de renda ou capital, decorrentes da atuação de residentes de determinado país, mas ocorrido no estrangeiro. Seriam medidas unilaterais de solução, procedimentais de atuação interna identificadas como regras de qualificação e localização[328].

---

323 CASELLA, Paulo Borba. **Direito Internacional Tributário Brasileiro**. São Paulo: Ed. LTr, 1995, p. 24.
324 MELO, José Eduardo Soares de. **Curso de Direito Tributário**, 2. ed., São Paulo: Dialética, 2001, p. 13.
325 Existem autores que afirmam tratar-se da mesma matéria, não havendo distinção relevante a exemplo de Schoueri *in* SCHOUERI, Luís Eduardo. **Preços de Transferência no Direito Tributário Brasileiro**. 2. ed. São Paulo: Dialética, 2006.
326 VITA, Jonathan Barros. **Valoração aduaneira e preços de transferência:** pontos de conexão e distinções sistêmico-aplicativas. Tese apresentada à Pontifícia Universidade Católica de São Paulo. 2010, p. 294-295.
327 TORRES, Heleno. **Pluritributação internacional sobre as rendas de empresas**, São Paulo: Ed. Revista dos Tribunais, 1997, p. 61, 63 e 393.
328 TORRES, Heleno. **Pluritributação internacional sobre as rendas de empresas**, São Paulo: Ed. Revista dos Tribunais, 1997, p. 285.

O Direito Tributário Internacional seria constituído de normas resultantes de mais de um ordenamento soberano possuindo regras normativas internas e aquelas produzidas internacionalmente. É importante ressaltar que, no que concerne à natureza, existem neste campo, normas indiretas ou de conflitos, denominadas normas de conexão e aquelas normas denominadas normas de regulação direta ou material.

Ainda sobre a matéria, a posição de Moura Borges nos parece acertada quando afirma a divisão entre uma disciplina e outra na doutrina dualista. Além disso, ao se considerar a identidade de natureza das normas internacionais e internas dando prevalência àquelas, na adoção da teoria monista, seria adequado a denominação direito internacional tributário para a disciplina. De todo modo, a tributação é atividade precipuamente interna e quando se abrange a atividade tributária, apesar de ser abarcar considerações internacionais, identifica-se a denominação direito tributário internacional:

> [...] são as convenções de conteúdo especificamente tributário que conferem à maior dimensão ao Direito Tributário Internacional, tanto pela importância dos problemas que visam a solucionar – particularmente dupla tributação internacional e evasão fiscal -, quanto pelo seu grande número atual, abrangendo, aos poucos, praticamente todos os Estados da sociedade internacional, independentemente dos seus níveis de desenvolvimento econômico e dos regimes políticos que adotam. [...] . Esse número tende a aumentar a cada dia, principalmente considerando o maior interesse demonstrado pelos países em desenvolvimento em firmar tais acordos entre eles e também com países desenvolvidos, fazendo com que os acordos internacionais se tornem ainda mais importantes no Direito Tributário Internacional[329].

Para Jonathan Vita o tema pode ser visto sob três planos, um sendo meramente relacionado à didática, noutro a separação das normas internas em sua potência de condicionamento da tributação com elementos de estraneidade e o terceiro plano estaria no campo da principiologia aplicável à espécie[330].

A pressuposição na verdade estaria no dizer que o Direito Internacional Tributário só se tornará objeto de conflito quando seu elemento for internalizado, sendo os problemas semânticos derivados da análise de seus

---

329 BORGES, Antônio de Moura. **Convenções sobre dupla tributação internacional**, Teresina: EDUFPI; São Paulo: IBDT, 1992, p. 19 e 20.
330 VITA, Jonathan Barros. **Valoração aduaneira e preços de transferência: pontos de conexão e distinções sistêmico-aplicativas.** Tese apresentada à Pontifícia Universidade Católica de São Paulo. 2010, p. 297.

pressupostos findos, pois tornar-se-iam normas de direito interno, conferindo ao Direito Internacional Tributário o *status*, por assim dizer, de Direito Tributário Internacional.

No que toca ao Direito Tributário, é possível aferir a existência de convenções internacionais que mesmo versando sobre outra matéria contemplam acidental ou acessoriamente disposições tributárias, como os acordos referentes ao livre comércio ou mesmo os acordos relativos às imunidades diplomáticas ou aqueles referentes aos tratados de navegação aérea ou marítima.

Schoueri[331] faz distinção entre os tratados internacionais que afetam matéria tributária e os tratados internacionais em matéria tributária. Cita o Acordo Geral de Tarifas e Comércio (GATT), que aboliu discriminação nas relações comerciais mediante a extensão generalizada da cláusula da nação mais favorecida, além de citar o Tratado de Roma, o Nafta, para tratar da primeira situação e trazer os tratados sobre bitributação, como tratados internacionais em matéria tributária.

Sobre os acordos referentes à bitributação, Schoueri aponta que no final do século XIX houve uma propulsão no que se refere a tais acordos. Inicialmente eram observados apenas entre Estados limítrofes, mas após a Primeira Guerra Mundial, foi possível vislumbrar um crescimento, que foi ainda mais nítido após a Segunda Guerra Mundial[332].

Gustavo Mathias Alves Pinto descreve certa evolução nos acordos de bitributação em trabalho desenvolvido na Sociedade das Nações que estabeleceu um modelo uniforme de acordo de bitributação a ser seguido pelos países:

> Tal fato se inicia em 1921 no Comitê Financeiro da Sociedade das Nações e entre 1926 e 1927, com o auxílio de especialistas europeus e norte-americanos, o Comitê elaborou quatro modelos de acordos, que tratavam, além dos impostos diretos, do imposto de sucessões, da assistência administrativa e da assistência judiciária. Tais modelos foram aprovados, em 1928, por representantes de 28 Estados. Em 1940, após diversas reuniões do Comitê Permanente de Assuntos Fiscais, foi sugerida a revisão dos modelos de 1928, realizada em 1943, quando consagraram-se os interesses dos países menos desenvolvidos, com aceitação da tributação segundo

---

331 SCHOUERI, Luís Eduardo. **Preços de Transferência no Direito Tributário Brasileiro**. 2. ed. São Paulo: Dialética, 2006, p. 23.
332 SCHOUERI, Luís Eduardo. **Preços de Transferência no Direito Tributário Brasileiro**. 2. ed. São Paulo: Dialética, 2006, p. 27.

o princípio da fonte. Essa situação não tardou a mudar, uma vez que, encerrado o conflito mundial, quando os países desenvolvidos puderam voltar a centrar suas atenções na discussão, surgiu um novo modelo que privilegiava a tributação na residência[333].

5.1 Hierarquia dos tratados internacionais

A natureza jurídica dos tratados internacionais é entendida sob três perspectivas doutrinárias distintas: norma constitucional, lei ordinária, lei especial, com relevo à espécie de norma supralegal dada aos tratados que versam sobre Direito Humanos, mas não adentram o ordenamento com o quórum de emenda constitucional.

A doutrina que aduz acerca do caráter constitucional da norma internacional se fundamenta no § 2º do Art. 5º da Constituição Federal. Equipara o tratado internacional à emenda constitucional, quando este traz matéria ligada a direitos e garantias fundamentais[334].

A doutrina que pactua com o entendimento de lei especial infraconstitucional acredita que em decorrência da forma de celebração do acordo internacional e da matéria passar à sabatina do Congresso Nacional, seria esse um procedimento especial. Nessa medida a hierarquia dos tratados estaria superior a lei ordinária e funcionaria como lei especial, haja vista que para a determinação de sua vigência haveria o impedimento à criação de uma legislação ordinária que lhe fosse contrária, balizando de certa forma a legislação posterior, que não poderia em nenhuma hipótese revogar ou criar empecilhos à efetividade do acordo internalizado.

A definição dos tratados como lei ordinária fundamenta-se no quórum do Congresso Nacional para aprovação dos tratados internacionais por meio de decreto legislativo, que ocorre por maioria simples, idêntico ao quórum da lei ordinária e por isso lhe definindo esse *status*.

5.2 A hierarquia da lei complementar

Precipuamente, é preciso mencionar, com relação às normas tributárias, a disposição Constituição Federal na qual a Lei Complementar é tida como veículo das normas gerais de Direito Tributário. O Código Tributário Nacional

---

333 PINTO, Gustavo Mathias Alves. Tratados internacionais em matéria tributária e sua relação com o direito interno no Brasil. **Revista Direito GV**. v. 4, n. 1. São Paulo, Jan/June. 2008, p. 135–163, p. 140. Disponível em: <http://dx.doi.org/10.1590/S1808-24322008000100007>. Acesso em: agosto de 2014.
334 Nessa medida a ressalva para o artigo 60, § 4º da Constituição Federal que impede a restrição de tais direitos.

foi aprovado na vigência da Constituição Federal de 1946 e recebido pela Constituição de 1967 como lei formalmente ordinária e materialmente de caráter nacional e o §1º do art. 18 da Emenda Constitucional 01/1969 submeteu à Lei Complementar a definição de normas gerais de direito tributário.

Para o sistema constitucional vigente, a lei complementar versa sobre matérias próprias, delineadas no art. 146, por exemplo, da Constituição e possui aprovação com quórum qualificado[335], sendo consideradas não só no sentido material, mas também no sentido formal. Define-se, portanto, o duplo sentido, ontológico-formal, em que a lei complementar é a espécie normativa reservada para o tratamento de matérias constitucionalmente indicadas[336]. E, se ato normativo extrapolar os limites que lhe são fixados, será inconstitucional ou considerada naquele ponto materialmente ordinária.

Com relação à posição hierárquica, o Supremo Tribunal esboçou em julgado hodierno o posicionamento de que inexiste relação hierárquica entre lei ordinária e lei complementar:

> EMENTA: Contribuição social sobre o faturamento – COFINS (CF, art. 195, I). 2. Revogação pelo art. 56 da Lei 9.430/96 da isenção concedida às sociedades civis de profissão regulamentada pelo art. 6º, II, da Lei Complementar 70/91. Legitimidade. 3. Inexistência de relação hierárquica entre lei ordinária e lei complementar. Questão exclusivamente constitucional, relacionada à distribuição material entre as espécies legais. Precedentes. 4. A LC 70/91 é apenas formalmente complementar, mas materialmente ordinária, com relação aos dispositivos concernentes à contribuição social por ela instituída. ADC 1, Rel. Moreira Alves, RTJ 156/721. 5. Recurso extraordinário conhecido, mas negado provimento" (RE 377.457/PR).

A doutrina majoritária considera que a Lei Complementar e a Lei Ordinária seriam espécies normativas formalmente distintas exclusivamente tendo em vista a matéria eventualmente reservada à primeira pela própria Constituição, sendo, portanto, a divergência que concerne à distribuição constitucional às espécies normativas.

Poderia então uma lei ordinária revogar uma lei complementar, se esta estiver no formato de lei complementar, mas tratando de matéria para qual se exige lei ordinária, não havendo, neste ponto, óbice à revogação, pois possuem, mesma hierarquia normativa, não estando a se afrontar a Constituição Federal.

---

335 Liziane Meira aporta que Lei complementar pode ser definida como o suporte material aprovado por *quórum* especial que tem legitimidade para veicular as regras nos casos em que a Constituição prevê, de modo expresso na maioria das vezes.

336 ESTEVES, Maria do Rosário. **Normas Gerais de Direito Tributário**. São Paulo: Max Limonad, 1997, p. 106.

A doutrina majoritária, incluindo Souto Maior Borges, Geraldo Ataliba, Roque Antônio Carrazza defende, desde a Constituição de 1969, a tese de que a lei complementar e ordinária operaram no mesmo plano.

Sob o paradigma da constituição de 1967 havia duas correntes doutrinárias acerca da função da Lei Complementar, uma denominada escola bem-comportada do direito tributário, tricotômica, com uma interpretação literal que aduzia as seguintes funções à lei complementar:

1. Estabelecer normas gerais de Direito Tributário
2. Dispor sobre conflitos de competência em matéria tributária entre a União, os Estados, o Distrito Federal e os Municípios e;
3. Regular as limitações constitucionais ao poder de tributar.

A segunda corrente, dicotômica, liderada por Geraldo Ataliba[337] à qual se filiaram o professor Paulo de Barros Carvalho, José Souto Maior Borges, Roque Antônio Carrazza, deixa de lado a interpretação literal e se vale de uma análise sistemática da Constituição propondo à União a edição de normas gerais do seguinte modo:

1. Preceitos regulares de competência em matéria tributária; e
2. Normas que regulem as limitações ao poder de tributar[338].

A corrente dicotômica não admitia que a União que legislasse sobre a regulação dos conflitos de competência em matéria tributária entre os entes da federação, isso em razão da primazia e da autonomia dos entes federativos[339]. Paulo de Barros afirmava:

> O produto desse trabalho exegético contesta a afirmação da vertente convencional e, desapegado aos símbolos linguísticos do artigo, promove um exame sistemático que invoca a primazia da federação e da autonomia dos municípios, para atingir seguinte resultado: a lei complementar do art. 18, §1º (aqui se referindo à Constituição de 1967, EC nº. 1/1969) tem uma única finalidade veicular normas gerais de Direito Tributário. Estas por seu turno exercem duas funções.

---

337 ATALIBA, Geraldo. Conteúdo e Alcance da Competência para editar normas gerais de Direito tributário (Art. 18, § 1º do texto constitucional). **Revista de Informação Legislativa**, n. 75, a. 19, n. 75, p. 84.
338 Liziane Meira afirma que o constituinte conferiu ao legislador complementar dupla função: a) completar as normas de estrutura constitucionais, criando regras de estrutura que estabeleçam ou limitem a competência do legislador ordinário, como, por exemplo, o disposto no artigo 146 da Constituição; b) exercer a competência tributária, instituindo normas de comportamento mediante lei complementar em casos especiais, e.g., empréstimos compulsórios e competência residual da União.
339 CARVALHO, Paulo de Barros. **Curso de Direito Tributário**. 24. ed. São Paulo: Saraiva, 2012, p. 110.

Por muito tempo vigorou a divergência quanto à hierarquia das leis, até que no RE 377.457³⁴⁰ de Relatoria do Min. Gilmar Mendes examinado em sede de repercussão geral, o STF se posicionou no sentido de inexistência de hierarquia constitucional entre lei complementar e lei ordinária. A jurisprudência consolidou como válido o entendimento de que seriam espécies normativas formalmente distintas exclusivamente tendo em vista a matéria eventualmente reservada à primeira pela própria Constituição. Nessa medida, a questão seria unicamente de distribuição material pela Constituição entre as espécies legais.

Ousa-se defender que, apesar da posição do STF ter apaziguado o ânimo da doutrina neste assunto, não parece a posição mais acertada em todos os ângulos haja vista que, embora existam campos diferentes de atuação, existe sim hierarquia normativa, tanto que existe diferença de quórum, mais rígido, e matérias às quais a Constituição não deixou que fossem tratadas por qualquer ato infraconstitucional, sendo justamente a demonstração de certa hierarquia³⁴¹, configurando espécie normativa aprovada dentro de um quórum específico.

As razões que a doutrina tradicional mencionou por muito tempo para esboçar referida hierarquia são:

i) lei complementar não pode ser revogada por lei ordinária
ii) exige-se quórum qualificado e especial para a sua aprovação
iii) existe uma ordem normativa esboçada no art. 59, e não há que se imaginar que as espécies foram ali colocadas ao acaso.

Apesar da grande evolução normativa no sistema jurídico hodierno, não há que se defender a horizontalidade normativa. Que os campos de atuação são distintos, não se tem dúvida, mas isso não traz paridade à lei ordinária, que permanece em muitos casos, em grau hierárquico inferior à Lei complementar, com a devida vênia à doutrina majoritária e ao entendimento esboçado pelo Supremo Tribunal Federal.

José Souto Maior Borges aduz na vigência de ordenamento brasileiro de 1988, que:

> Há dois grupos básicos de leis complementares: 1º) leis complementares que fundamentam a validade de atos normativos (leis ordinárias, decretos legislativos e convênios); e 2º) leis complementares que não fundamentam a validade de outros atos normativos, integrando o primeiro grupo a lei complementar do art. 146 da Constituição³⁴².

---

340 BRASIL. Superior Tribunal Federal. **ADC 1/DF**. Julgada pelo pleno em 01 de dezembro de 1993.
341 Um Decreto não pode falar mais do que a Lei ordinária, que sobre este exerce superioridade, a Lei ordinária não pode regular matéria de Lei Complementar ou ampliar seu conteúdo, nessa medida, entende-se pela hierarquia das Leis Complementares.
342 BORGES, José Souto Maior. Lei complementar tributária. São Paulo. **Revista dos Tribunais**, 1975, p. 26-27.

Caio Mário Velloso[343], afirma que Geraldo Ataliba mudou seu entendimento esboçando:

> Este livro foi publicado em 1971. Em 1972, o prof. Souto Maior Borges, em aula proferida a nosso convite, na PUC-SP, refutou a afirmação de que a lei complementar está em posição hierárquica superior a lei ordinária. Tão rigorosa e científica foi sua argumentação que nos convencemos imediatamente e, publicamente, revimos estas afirmações (fls. 29, 5º período e seguintes), para curvarmo-nos à evidência da argumentação científica do mestre pernambucano, depois exposta no seu magistral livro "Lei Complementar Tributária", editado também pela Revista dos Tribunais.

Para José Souto Maior Borges a lei complementar existente no processo legislativo brasileiro decorre de comando constitucional enquanto fundamento de validade de outros atos normativos, ocorrendo a imposição de sua superioridade. Correto, então, o entendimento de que as leis complementares, nessa linha de raciocínio, que não fundamentam a validade de outros atos normativos, não teriam posição hierárquica superior. Nessa medida, para as normas tributárias, a inferência é de que existe sim superioridade hierárquica[344].

E sobre a superioridade hierárquica, tendo o Código Tributário Nacional natureza de lei complementar, adere-se à posição de Xavier quando leciona que o artigo 98 do CTN contém um comando adicional ao legislador ordinário, vedando desobediência ao tratado, isso porque nesses termos ele está autorizado a agir desta forma na função atribuída pelo artigo 146 da Constituição em regular as limitações constitucionais ao poder de tributar. Dessa forma, não há horizontalidade legislativa, quando uma lei deve agir de acordo com os limites dado por outra lei na forma autorizada pela Constituição Federal.

Importa ter presente que se coaduna no presente trabalho com a posição de Liziane Angelotti Meira quando aduz que, observados os lindes materiais e formais o legislador complementar pode, nos casos em que está autorizado tratar, inclusive de matéria de competência, com elementos para o seu delineamento[345].

---

343 VELLOSO. Caio Mário. Lei Complementar Tributária. **Revista Fórum de Direito Tributário** – RFDT Belo Horizonte, ano 1, n. 2, mar/abr. 2003.
344 BORGES, José Souto Maior. Lei complementar tributária. São Paulo. **Revista dos Tribunais**, 1975, p. 26.
345 MEIRA, Liziane Angelotti **Tributos sobre o comércio exterior**. São Paulo: Saraiva, 2012, p. 98.

Ocorre que a Constituição inseriu por meio do instituto da lei complementar a coordenação dos entes federados em uma concepção de Estado Federativo Cooperativo[346], ao passo que no exercício de competência tributária por meio de lei complementar o legislador estaria exercendo uma competência privativa que aproximaria a nossa estrutura de um Estado Federativo Dual, como ocorre nos Estados Unidos, quando prevê isonomia entre os entes Federados com uma divisão constitucional taxativa de competências[347].

Nessa medida as regras de estrutura estariam destinadas a definir a competência formal e material do legislador ordinário, sob pena de invalidade, sendo por consequência lei introdutória de regra de estrutura superior a lei ordinária[348].

Liziane Meira ainda clarifica com relação às regras de comportamento introduzidas via lei complementar, como de igual natureza às leis ordinária, sendo neste quesito uma diferenciação quanto aos tipos de lei complementar e estando sob níveis hierárquicos distintos.

Fábio Canazaro divide as leis complementares em duas classes:

> No primeiro grupo, estão incluídas todas as leis complementares que podem ser qualificadas como balizadoras; sua finalidade será a de integrar a Constituição com as leis editadas pelos entes da Federação. São normas de intermediação, pois inclusive poderão regular a forma de atuação ou ainda o conteúdo das normas a serem editadas pelos órgãos inferiores. [...] A atribuição de graus às normas – grau superior, no caso à norma geral, que dá fundamento, e grau inferior à norma especial, que tem criação observadas nos fundamentos delineados pela superior – qualifica como imagem espacial de supra-infra-ordenação a relação de hierarquização entre a norma que regula a produção de outra norma, e a norma que é regularmente produzida. No segundo grupo – leis complementares que atuam diretamente –, a finalidade integrativa não é afastada; entretanto, ela ocorre em espaço diverso, caso em que a finalidade de integração é concretizada no sentido da norma para com o sistema. Essa lei complementar atua como norma reguladora da Constituição, pois faz valer plenamente a

---

346   Na seara tributária, podem ser vislumbrados aspectos do Federalismo Cooperativo no artigo 154, II, da CF, que permite à União, em caso de guerra externa ou calamidade, criar impostos da competência dos Estados e dos Municípios. O artigo 146 é, sem dúvida, a mais importante positivação do Federalismo Cooperativo no sistema constitucional tributário, pois determina a coordenação tributária pela União, autorizando-a a estabelecer normas gerais em direito tributário. Existem outros dispositivos constitucionais tributários que delegam poder coordenador à União, e.g.: os artigos 155, § 1º, III, § 2º, XII e 156, III, § 3º. Meira, p. 63.
347   MEIRA, Liziane Angelotti **Tributos sobre o comércio exterior**. São Paulo: Saraiva, 2012, p. 98-102.
348   MEIRA, Liziane Angelotti **Tributos sobre o comércio exterior**. São Paulo: Saraiva, 2012, p. 98.

norma constitucional, sem qualquer atribuição de validade às normas de grau inferior. [...]. Em face da inexistência de normas decorrentes dessa espécie de lei complementar, deixa de existir o fundamento de validade e, consequentemente, a figura da hierarquização entre os instrumentos normativos – diversamente do que ocorreu na primeira espécie, que reúne as leis complementares que fundamentam a validade de atos normativos[349].

Defende-se que norma complementar de estrutura possui superioridade hierárquica com relação às normas de comportamento infraconstitucionais, não o sendo quanto à norma complementar de conduta. Nessa medida ressalta-se o entendimento proposto por Liziane Meira:

> Sendo assim, há regras complementares (de estrutura) superiores a regras ordinárias (de comportamento) e regras complementares (de comportamento); há regras ordinárias (de estrutura) superiores a regras ordinárias (de comportamento); há regras complementares (de comportamento) hierarquicamente iguais a regras ordinárias (de comportamento); e há regras ordinárias (de estrutura) hierarquicamente iguais a regras complementares (de estrutura)[350].

Considera-se, nessa medida, a hierarquia das normas complementares de estrutura como superiores às normas de comportamento, sejam elas no formato de lei complementar ou não; e superiores às leis ordinárias, não se coadunando com a posição de que a norma complementar possui mesmo *status* e hierarquia da lei ordinária.

5.3 Conflito entre tratado e a constituição

Com relação aos conflitos, os monistas afirmam que as normas internacionais podem entrar em conflito com a Constituição tanto do ponto de vista material quanto formal. Mas não se vê possível falar em inconstitucionalidade intrínseca e extrínseca dos tratados, isso porque a inconstitucionalidade seria declarada ao Decreto e não ao tratado.

Abordando acerca dos institutos, a inconstitucionalidade extrínseca é conhecida como ratificação imperfeita, ocorrendo sempre que a celebração

---

349 CANAZARO, Fábio. **Lei Complementar Tributária na Constituição de 1988**: normas gerais em matéria de legislação tributária e autonomia federativa. Porto Alegre: Livraria do Advogado, 2005, p. 42-44.
350 MEIRA, Liziane Angelotti **Tributos sobre o comércio exterior**. São Paulo: Saraiva, 2012, p. 66.

do tratado, em alguma das suas fases viola regras constitucionalmente estabelecidas sobre competência e procedimentos ou quando esboce regulamentação sobre matéria reservada à Lei Complementar[351].

A Convenção de Viena sobre Direito dos Tratados de 1969 prevê esta hipótese, isentando o Estado do cumprimento das obrigações assumidas apenas em caso de manifesta violação à norma fundamental:

> Artigo 46
> Disposições do Direito Interno sobre Competência para Concluir Tratados
> 1. Um Estado não pode invocar o fato de que seu consentimento em se obrigar por um tratado foi expresso em violação de uma disposição de seu direito interno sobre competência para concluir tratados, a não ser que essa violação fosse manifesta e dissesse respeito a uma norma de seu direito interno de importância fundamental.
> 2. Uma violação é manifesta se for objetivamente evidente para qualquer Estado que proceda, na matéria, de conformidade com a prática normal e de boa fé.

A inconstitucionalidade intrínseca, diz respeito ao próprio conteúdo do tratado e tem gerado divergência na doutrina. A convenção de Havana sobre Tratados traz a posição do Direito Internacional sobre a matéria. Como regra geral, fixa a supremacia dos tratados sobre a legislação interna, sem distinguir entre leis constitucionais e ordinárias:

> Art. 10. Nenhum Estado pode se eximir das obrigações do tratado ou modificar as suas estipulações, senão com o acordo, pacificamente obtido, dos outros contratantes;
> Art. 11. Os tratados continuarão a produzir os seus efeitos, ainda quando se modifique a constituição interna dos Estados contratantes. Se a organização do Estado mudar, de maneira que a execução seja impossível, por divisão do território ou por outros motivos análogos, os tratados serão adaptados às novas condições.

A Convenção de Viena (1969) demonstra impedimento do Estado em invocar o direito interno para alegar o inadimplemento, consubstanciando para uma adequação do ordenamento quando da entrada em vigor do tratado:

---

351 Luís Roberto Barroso. **Interpretação e aplicação da Constituição**: fundamentos de uma dogmática constitucional transformadora. São Paulo: Saraiva, 1998, p. 21-22.

Artigo 27
Direito Interno e Observância de Tratados
Uma parte não pode invocar as disposições de seu direito interno para justificar o inadimplemento de um tratado. Esta regra não prejudica o artigo 46.

Outra posição interessante foi exposta por Carmém Tibúrcio[352] ao trazer Oscar Tenório[353], quando este leciona a perda da força do tratado apenas quando colide com a Constituição Federal. Nesse ponto, há que se mencionar a corrente doutrinária[354] que sustenta a supremacia dos textos convencionais, quando em uma colisão entre o texto da Constituição e o tratado, dando preferencia a este. As regras convencionais anteriores a uma Constituição continuam em vigor ainda que o Poder Constituinte tenha adotado princípios incompatíveis com os tratados em vigor. E vão além, afirmando que tratados celebrados posteriormente à Constituição são válidos, ainda que suas regras colidam com o texto constitucional. Essa corrente é adepta da supremacia do direito internacional sob o direito interno de forma radical, primando pelo chamado Direito Comunitário Internacional.

Essa circunstância não encontra guarida no Direito interno, o Estado contratante estrangeiro não encontrará, na órbita jurídica brasileira, meios coactivos para o cumprimento do direito convencional inconstitucional. A matéria cai no âmbito da responsabilidade internacional, sujeita às medidas e aos remédios que o direito das gentes possui.

Assim, posto o primado da Constituição em confronto com a norma *pacta sunt servanda* é corrente que se preserve a autoridade da lei fundamental do Estado, ainda que isto signifique a prática de um ilícito pelo qual, no plano externo, deva aquele responder. Embora sem emprego de linguagem direta, a Constituição brasileira deixa claro que os tratados se encontram aqui sujeitos ao controle de constitucionalidade, a exemplo dos demais componentes infraconstitucionais do ordenamento jurídico. Tão

---

352 Tibúrcio, Carmem. **Relação do Direito Internacional com Direito Interno**, p. 29.
353 TENÓRIO, Oscar. **Direito Internacional Privado**, v. I, 1.1 ed, 1976, p. 93. *In* Tibúrcio, Carmem. Relação do Direito Internacional com Direito Interno, p. 29.
354 Alguns autores de direito internacional público esposam a tese da supremacia do Direito Internacional inclusive sobre a Constituição Federal: Vicente Marotta Rangel. Os conflitos entre o Direito Interno e os Tratados Internacionais, Boletim da Sociedade Brasileira de Direito Internacional – 45-6: "por força da noção de unidade e solidariedade do gênero humano haveria uma prevalência hierárquica da norma internacional sobre as leis internas. Por consequência, as normas internacionais prevaleceriam inclusive sobre as constitucionais [...] apesar de defender que o Estado não deve se submeter, pura e simplesmente à ordem internacional, mas buscar com ela se harmonizar, numa influencia recíproca, a posição do autor mostra na prática, prevalência do direito internacional.

firme é a convicção de que a lei fundamental não pode sucumbir, em qualquer espécie de confronto, que nos sistemas mais obsequiosos para com o Direito das Gentes, tornou-se encontrável o preceito segundo o qual todo o tratado conflitante com a Constituição só pode ser concluído depois de se promover a necessária reforma constitucional[355].

Quanto às limitações negativas e os tratados internacionais, referem-se às atribuições de competência da União, Estados e Municípios na impossibilidade de coibir tributação ou na imposição de limites para desoneração ou quando amplia o poder de tributar em relação à modalidade normal de tributação[356].

Quanto ao conflito dos tratados internacionais e estas limitações, elas referem-se principalmente à vedação de isenção heterônoma, contida no art. 151, inciso III.

A obrigatoriedade da lei específica para tratar de isenção pode também ser objeto de conflito quando o benefício vier no bojo de um tratado que não seja específico sobre isenção nesse caso, sendo uma questão de reciprocidade. Para qualificar esta celeuma, Valadão expõe que tal dispositivo não se aplica a tratados, servindo ao direito interno e argumenta que se fosse necessário um tratado específico para conceder isenção ou qualquer benefício fiscal o governo quando negociasse um tratado que os envolvesse teria que negociar dois tratados ou desmembrar o acordo original constando em um a negociação original e noutro o benefício fiscal, o que seria absurdo[357].

Outra limitação negativa está na parte final do art. 151, I da Constituição que possibilita a concessão de benefícios fiscais, pela União, não uniformes apenas se destinados a promover o equilíbrio do desenvolvimento socioeconômico entre as diferentes regiões do país. Ocorre que os acordos de natureza comercial tratam os benefícios fiscais como subsídios o que pode ser uma fonte de celeumas. De certa forma, o GATT[358] traz exceções aos subsídios destinados a fomentar o desenvolvimento de áreas menos favorecidas, não sendo este, objeto de reclamação[359].

---

355 REZEK, José Francisco. **Direito dos Tratados**. Rio de Janeiro: Ed. Forense, 1984, p. 462.
356 VALADÃO, Marcos Aurélio Pereira. **Limitações ao poder de tributar e Tratados Internacionais**. Belo Horizonte: Del Rey. 2000, p. 232.
357 VALADÃO, Marcos Aurélio Pereira. **Limitações ao poder de tributar e Tratados Internacionais**. Belo Horizonte: Del Rey. 2000, p. 233.
358 Art. 8º, item 2, alínea B do GATT aprovado pelo Decreto 1.322/1994.
359 VALADÃO, Marcos Aurélio Pereira. **Limitações ao poder de tributar e Tratados Internacionais**. Belo Horizonte: Del Rey. 2000, p. 235.

Quanto ao princípio da igualdade tributária estes podem ser expostos quando os tratados criam situações de desigualdade entre estrangeiros ou entre nacionais e estrangeiros ou entre nacionais em determinadas atividades, por exemplo, prestando serviço para Organismo internacional, divergindo a doutrina quanto às atividades privadas objeto de acordo, se tais situações só seriam aceitas em caso de soberania estatal ou também no caso dos atos de gestão.

Para ilustrar tal situação, Ricardo Lobo Torres sustenta que as discriminações fiscais contra estrangeiros são odiosas e proibidas no constitucionalismo brasileiro, sendo admitida a discriminação do estrangeiro não residente e pessoa física, sendo vedada a discriminação de empresas estrangeiras. Valadão reforça que a validade dessa sustentação está para as normas produzidas no âmbito interno não sendo válida para os tratados que instituam tratamento diferenciado em relação aos nacionais do país acordante (pessoa física ou jurídica), seja no sentido de aumentar ou diminuir a tributação.

Com relação às normas que concedem isenção do Imposto de Renda aos nacionais por força de tratados que traz esta previsão, Valadão entende que tais diferenciações ferem o princípio da igualdade tributária e desobedecem aos princípios da generalidade e da universalidade[360], posição que parece mais adequada.

Encontra-se na doutrina duas correntes que se contrapõe quanto a isenções de tributos estaduais, distritais ou municipais concedidas por meio de tratados internacionais: A primeira corrente defende a possibilidade de a União conceder isenções relativas a tributos estaduais e municipais por via tratados internacionais e possui como defensores: Hugo de Brito Machado, José Souto Maior Kiyoshi Harada, Luciano Amaro, Natanael Martins. Na segunda corrente, que nega a possibilidade as isenções, tem Roque Carrazza, Ives Grandra da Silva Martins, Alcides Jorge Costa, em respeito à vedação do art. 151, III, da Constituição Federal, contrapondo-se assim, ainda que a pessoa política esteja representando a Federação, esta não teria autonomia para conceder isenções heterônomas, como o disposto nos art. 155, § 2º, XII, "e", e 156, § 3º, II da Constituição Federal.

> Sabemos que a união costuma celebrar tratados internacionais sobre as mais variadas matérias, inclusive as tributárias A maioria dos tratados de conteúdo tributário tem por objeto o imposto sobre

---

360 VALADÃO, Marcos Aurélio Pereira. **Limitações ao poder de tributar e Tratados Internacionais**. Belo Horizonte: Del Rey. 2000, p. 241.

renda (mais especificamente, a eliminação ou atenuação da dupla tributação da renda auferida por pessoas físicas ou jurídicas); alguns destes tratados tributários, porém, alcançam tributos de competência estadual, municipal ou distrital. Pois bem, a pergunta que formulamos é a seguinte: pode a união, por meio de tratados internacionais, dispor sobre tributos estaduais, municipais ou distritais? Ou, se preferirmos, tratados internacionais que prevêem isenções de ICMS, ISS, IPTU etc. obrigam os Estados, os Municípios e o Distrito Federal?

Entendemos que não, porque a Constituição Federal proíbe expressamente a União de conceder isenções de tributos estaduais ou municipais art. 151 III.

Ao argumento de que não é a união, enquanto ordem jurídica parcial central, que firma o tratado internacional, mas, sim, a República Federativa do Brasil, enquanto ordem jurídica global (o Estado Brasileiro), contrapomos que, no plano interno, mesmo quando esta pessoa política representa a Federação, não pode conceder isenção heterônomas, com exceção das expressamente autorizadas nos arts. 155, § 2º, XII, "e", e 156, § 3º, II, ambos da Constituição Federal[361].

A posição divergente a esta anteriormente esposada encontra respaldo na jurisprudência do Supremo Tribunal Federal que desde a Constituição de 1967 estendia a isenção do imposto de circulação de mercadorias à similar nacional às mercadorias importadas por país signatário do GATT: "A mercadoria importada de país signatário do GATT, ou membro da ALALC, estende-se a isenção do imposto sobre circulação de mercadorias concedida à similar nacional"[362].

Dessa forma a limitação prevista no artigo 151, III da Constituição não iria ter aplicação quando a União estivesse atuando como sujeito de direito na ordem internacional.

O princípio inserto no art. 151, III, da CF estaria voltado para o plano interno quando a União atua como pessoa jurídica de direito público interno. No plano internacional o Estado Federal Brasileiro é representado pela União, que por sua vez é representado pelo Presidente da República enquanto chefe de Estado, e não, enquanto chefe do Poder Executivo da União. Nessa medida, o tratado ou convenção internacional vincularia o Estado Federal Brasileiro conforme artigo 84, da Constituição Federal. Em decisão de 2003, o Supremo tribunal Federal afirmava:

---

361 CARRAZZA, Roque Antônio. **Curso de Direito Constitucional Tributário**. 22. ed., São Paulo: Malheiros, 2006, p. 839.
362 BRASIL. Supremo Tribunal Federal. **SÚMULA 575**.

Nem se diga, neste ponto, que os tratados internacionais firmados pela União Federal, porque veiculadores de exoneração tributária, em matéria de ICMS, seriam inconstitucionais, em face do que prescreve, em cláusula vedatória, o art. 151, III, da Constituição da República, que proíbe, à União Federal, 'instituir isenções de tributos da competência dos Estados, do Distrito Federal ou dos Municípios[363].

Isso porque a vedação incidiria sobre a União Federal enquanto pessoa jurídica de direito público interno, responsável nessa específica condição, pela instauração de uma ordem normativa autônoma meramente parcial, inconfundível com a posição institucional de soberania do Estado Federal brasileiro.

O Voto menciona a República Federativa do Brasil na qualidade de sujeito de direito internacional público o que constituiria no plano de nossa organização política, a expressão de uma comunidade jurídica global, investida de poder de gerar uma ordem normativa de dimensão nacional, essencialmente diversa, em autoridade, eficácia e aplicabilidade, daquela que se consubstancia nas leis e atos de caráter meramente federal.

Nessa medida, não haveria impedimento para a celebração de tratados internacionais que versem sobre cláusulas de exoneração tributária em matéria de ICMS, isso porque a República Federativa do Brasil, ao exercer o seu *treaty-making power*, estará praticando ato legítimo que se inclui na esfera de suas prerrogativas como pessoa jurídica de direito internacional público, que detém - em face das unidades meramente federadas - o monopólio da soberania e da personalidade internacional.

A questão pode ser considerada em dois aspectos, um no que concerne à competência constitucional dos estados de instituir seus tributos e noutro no poder da União para conceder isenções dos Estados, do Distrito Federal e dos Municípios por meio de tratados internacionais. Prevalecendo neste ponto o entendimento de que no tocante à celebração de tratados a União, como representante do Poder Executivo Federal, pode sim conceder isenções.

Valadão vale-se do artigo 98 do CTN para explicar a faculdade de que matéria tributária, advinda de tratados, passe a integrar a ordem interna com a faculdade de alterar a legislação tributária da União dos Estados e dos Municípios e conclui:

---

[363] BRASIL. Supremo Tribunal Federal. **Adin 1.600-8-DF**, Rel. Min. Sydney Sanches; Rel. para acórdão Min. Nelson Jobim; Trib. Pleno, decisão por maioria de votos, vencidos os Ministros Sydney Sanches, Carlos Velloso e Marco Aurélio; DJ de 20-6-2003, Ata nº 19/2003.

Os tratados internacionais podem conceder isenção de tributos estaduais, distritais ou municipais, mas não por força do art. 98 do CTN (que se reputa válida e com efeitos próprios em nível infraconstitucional), mas em decorrência de que o tratado é firmado pela federação como um todo e não pela União em particular[364].

Luciano Amaro afirma que o fundamento da prevalência da norma do tratado sobre a lei interna estadual ou municipal não é o primado dos tratados sobre a lei interna, mas a eficácia natural dos tratados, como único modelo legislativo idôneo para firmar normas de conduta (e, portanto, também para revogá-las) entre o Estado brasileiro e outros Estados soberanos.

O dever, em verdade, é de se harmonizar o ordenamento jurídico interno com os tratados internacionais que venham a integrá-lo, de modo a dar a devida primazia ao direito internacional convencional, porque a União, ao representar o país no âmbito do direito das gentes, como já mencionado, não o faz em nome próprio, mas sim em nome da República Federativa do Brasil, formada pela união indissolúvel dos Estados e Municípios e do Distrito Federal (art. 1º CF 88).

Continuando o estudo acerca da hierarquia das normas tributárias advindas de tratados internacionais, resta saber acerca do conflito quando este se refere às normas tributárias no plano infraconstitucional. Daí subdivide-se o conflito entre Lei complementar tributária e o tratado, porque o tratado irá adentrar o ordenamento com status de lei ordinária e em síntese, haveria uma inconstitucionalidade formal. Passando assim, verificar-se-á a validade constitucional do artigo 98 do Código Tributário Nacional.

5.4 Validade Constitucional do art. 98 do CTN

Parte da doutrina pátria questiona a validade do artigo 98 do CTN porque o seu texto permitiria a interpretação segundo a qual haveria a prevalência do direito internacional sobre o interno.

Saliente-se que existe na ratificação do tratado, o implícito pacto de obrigatoriedade de seu cumprimento enquanto este vigorar. O preâmbulo da Carta das Nações Unidas estabelece que

[...] o respeito às obrigações decorrentes de tratados e de outras fontes

---

364 VALADÃO, Marcos Aurélio Pereira. **Limitações ao poder de tributar e Tratados Internacionais.** Belo Horizonte: Del Rey. 2000, p. 272.

do direito internacional." E a OEA afirma que "o direito internacional é a norma de conduta dos Estados em suas relações recíprocas; " e a "ordem internacional é constituída essencialmente pelo respeito à personalidade, soberania e independência dos Estados e pelo cumprimento fiel das obrigações emanadas dos tratados e de outras fontes do direito internacional.

O artigo 98 do Código tributário Nacional disciplina normas gerais em matéria tributária e é plenamente eficaz inclusive no final do dispositivo em que aduz a legislação posterior obedecer ao tratado internacional.

Nesse ponto, a referência ao sistema dualista não autoriza o desrespeito ao que foi pactuado, porque haveria uma quebra formal de contrato válido e celebrado de forma pública, por assim dizer a natureza de um tratado internacional, ferindo o Pacto de Viena de 1969 no que tange à formalidade cabível para o descumprimento de um tratado internacional.

A inserção deste dispositivo no CTN foi exposta por Gilberto Ulhôa Canto citado por Valadão:

> Por volta de 1942, por aí, ou antes, talvez, o Supremo Tribunal Federal ao julgar um caso, que por coincidência era um caso de direito tributário, em que se invocava tratado de comércio e navegação entre o Brasil e o Uruguai, em abono do reconhecimento de isenção do Imposto de Importação, e tendo como relator essa figura exponencial que foi Philadelfo Azevedo, firmou o princípio da prevalência do tratado, muito embora após a sua promulgação várias leis de caráter geral tivessem estabelecido a incidência do Imposto de Importação. Considerou esta Corte que essas leis não eram poderosas o bastante para tornar sem efeito a norma isentiva do tratado, porque este, depois de aprovado pelo Brasil, pela forma que a Constituição prevê, se integra na legislação interna, mas tem pré-eminência sobre as normas nacionais contrárias, até que seja denunciado. A esta orientação, o Supremo Tribunal Federal se ateve por muitos anos. Quando elaboramos o anteprojeto do CTN consignamos o princípio porque tínhamos plena convicção de que, além de prevalecer na jurisprudência, era certo[365].

O que se expõe no presente texto é não só a recepção do artigo 98 do Código Tributário Nacional de forma integral, como a inexatidão do termo revogação da lei interna pelos tratados de natureza tributária, isso porque conforme leciona Xavier,

---

365 Ulhôa Canto, Gilberto de. Legislação tributária, sua vigência, sua eficácia, sua aplicação, interpretação e aplicação. **Revista Forense**. Rio de Janeiro, v. 2267, p. 25-30, jul/set. 1979, p. 27.

Observe-se, em homenagem à exatidão, que é incorreta a redação deste preceito quando se refere a "revogação" da lei interna pelos tratados tributários. Com efeito, não se está aqui perante um fenômeno ab-rogativo, já que a lei interna mantém a sua eficácia plena fora dos casos subtraídos a sua aplicação pelo tratado. Trata-se, isso sim, de limitação da eficácia da lei que se torna relativamente inaplicável a certo circulo de pessoas e situações, limitação esta que caracteriza precisamente o instituto da derrogação decorre da relação de especialidade entre tratados e leis[366].

Nesse ponto, o que se refere à eficácia do artigo 98 do CTN, Luciano Amaro traz a seguinte lição:

> O fundamento da prevalência da norma do tratado sobre a lei interna estadual ou municipal não é o primado dos tratados sobre a lei interna, mas a eficácia natural dos tratados, enquanto único modelo legislativo idôneo para firmar normas de conduta (e, portanto, também para revogá-las) entre o Estado brasileiro e outros Estados soberanos. Os tratados internacionais são atos de competência da União, única pessoa política a quem a Constituição confere poder para firmá-los. Os Estados-membros e os Municípios não possuem soberania, de tal sorte que, no plano das relações com outros Estados soberanos, quem legisla (ratificando os tratados) é o Congresso Nacional, editando normas que integram o direito tributário brasileiro e não, restritamente, o direito sobre tributos federais[367].

Raciocínio contínuo segue o argumento de que os tratados em matéria tributária são normas especiais em relação às normas internas. Uma vez aceito tal argumento, desnecessário seria determinar qual das normas seria superior sendo certo que ao prevalecer o critério da especialização e uma vez sendo constitucional o artigo 98 a validade dos tratados em matéria tributária estaria justificada, diante da legislação infraconstitucional, tanto pelo princípio da hierarquia, quanto pelo princípio da especialidade.

Em relação ao princípio geral da *lex posteriori derogat anteriori*, adverte Celso Antônio Bandeira de Mello:

> Porque é plurilateral em sua origem, o tratado não pode ser unilateralmente desfeito em decorrência da insubmissão eventual de Estados-membros ou Municípios. Note-se que o desfazimento de um tratado somente pode ocorrer pela denúncia de uma das partes

---

366 XAVIER, Alberto. Tratados superioridade hierárquica em relação à lei face à constituição federal de 1988, **Revista de Direito Tributário**, n. 66, p. 30–48.
367 AMARO, Luciano. **Direito Tributário Brasileiro**. 12. ed. São Paulo: Saraiva, 2006, p. 181.

contratantes, se assim dispuser o próprio tratado, ou pela superveniência de outro acordo, pela adoção de decisão que as altas partes contratantes considerem conveniente. Logo, há de ser o tratado observado pela legislação federal, estadual ou municipal superveniente. Que confiabilidade mútua (assente necessariamente na boa-fé das partes contratantes) poderia ter um tratado em que uma das partes (ou, pior: uma entidade federada interna), sequer pessoa de direito internacional, pudesse desfazer a seu talante o vínculo convencional?[368].

Nessa ótica, os signatários do tratado internacional estariam submetidos ao princípio do *pacta sunt servanda*, ou seja, o país se obriga no âmbito externo, devendo honrar os compromissos assumidos e adaptar sua legislação interna para a efetivação do acordo. Nesse passo, Aliomar Baleeiro conclui que:

> O conteúdo material dos atos internacionais passa a integrar o direito interno brasileiro, pela promulgação dos decretos-legislativos que os aprovam. Esses são materialmente leis internas, que revogam a legislação existente. Só o Congresso tem competência constitucional para editar leis nacionais e federais. Não pode legislar sobre matérias reservadas aos Estados e Municípios. Exatamente por isso não pode emitir decretos legislativos válidos nessas matérias. Disso decorre que a eficácia dos tratados sobre a integração econômica será prejudicada sempre que envolva sua competência. Dado o caráter de supraconstitucionalidade do princípio federal, nem mesmo emenda constitucional pode reduzir as atribuições dos Estados Federados[369].

Desse raciocínio, depreende-se que o art. 98 do CTN deve ser interpretado de forma que os tratados internacionais possam conviver harmoniosamente com a lei interna, sendo certo que, uma vez incorporado definitivamente ao direito interno, passa a ser de observância obrigatória pela legislação interna.

Posição com a qual não se coaduna, com a devida *vênia*, é lecionada por Baleeiro que defende a parte final do artigo 98 do CTN como inconstitucional, pontuando que não haveria restrição imposta à legislação posterior, pois o tratado internacional após incorporado, estaria revestido do *status* de lei ordinária e, como tal, poderia vir a ser alterado por meio do processo legislativo. Esse é o posicionamento declarado pelo Supremo

---

368 MELO, José Eduardo Soares de. **Curso de Direito Tributário**, 2. ed., São Paulo: Dialética, 2001, p. 130.
369 BALEEIRO, Aliomar. **Direito Tributário Brasileiro**. 7. ed., rev. e complem. Rio de Janeiro: Forense, 2000, p. 639.

Tribunal Federal, esclarecendo que os tratados internacionais, quando incorporados ao ordenamento jurídico interno, são tidos como lei ordinária federal, sendo-lhe aplicado, para resolução de seus conflitos, o princípio já consagrado pelo STF segundo o qual a lei posterior revoga a anterior [370].

Carraza sustenta a inaplicabilidade do artigo 98 e afirma que a fonte primária do Direito Tributário não é o tratado internacional, mas o decreto legislativo do Congresso Nacional que o ratifica. O tratado seria apenas o pressuposto necessário e suficiente para que o decreto legislativo inove, em caráter inaugural, a ordem jurídica interna:

> Percebemos, pois, que é inconstitucional o art. 98 do Código Tributário Nacional quando prescreve que os tratados e as convenções internacionais revogam ou modificam a legislação tributária interna, e serão observados pela que lhes sobrevenha. [...]. É certo que os decretos legislativos que ratificam os tratados internacionais incorporam-se ao Direito interno brasileiro. Não é menos certo, porém, que, quando isto acontece, alojam-se no mesmo patamar hierárquico das leis *lato sensu* (leis complementares, leis ordinárias, leis delegadas, medidas provisórias e resoluções), podendo, desde modo, ser revogados ou modificados pela legislação interna que lhes sobrevenha.
> Inexiste, pois, supremacia jurídica dos decretos legislativos que ratificam tratados internacionais (tributários ou não tributários) sobre as leis federais, estaduais, municipais ou distritais.
> Muito bem. O decreto legislativo, confirmando o tratado internacional, pode, também, conceder ou revogar uma isenção tributária. Se vier a revoga-la, o princípio da anterioridade tributária deverá ser obedecido, a menos, é evidente, que se esteja diante de um daqueles tributos que não precisam necessariamente observá-lo[371].

Pontua-se o entendimento que prestigia a eficácia normativa do art. 98, sendo no âmbito do Direito tributário prestigiado o caráter da especialidade e, portanto, valendo o tratado incorporado quando conflitante com leis internas, anteriores ou posteriores[372].

---

370 Carlos Mario da Silva Velloso, Os tratados na jurisprudência do Supremo Tribunal Federal, *in* **Revista de Informação Legislativa**, ano 41, n° 162, Brasilia: Senado Federal, abr/jun/2004, p. 37-38. Cf., Marcos Aurélio Pereira Valadão, **Limitações Constitucionais ao Poder de Tributar e tratados internacionais**, Belo Horizonte. Del Rey, 2000, p. 291-295.
371 CARRAZA, Roque Antônio. **Curso de direito constitucional tributário**. 10 ed. São Paulo: Malheiros, 1997, p. 157.
372 FRAGA, Mirtô. **O conflito entre tratado internacional e norma de direito interno:** estudo analítico da situação do tratado na ordem jurídica brasileira. Rio de janeiro: Forense, 1998, p. 128.

Mazzuoli afirma que o CTN pretendeu garantir a prevalência dos tratados e convenções internacionais por toda a legislação interna, seja anterior ou posterior. Seria a derrogação da legislação anterior incompatível, sendo que uma lei posterior, ainda que venha a existir não teria eficácia e nem aplicabilidade, pois estaria barrada pelo que lhe é superior, estando este entendimento de acordo com a Constituição Federal quando entende-se que o Congresso Nacional ao aprovar um compromisso internacional assume, junto com o Estado e em nome deste, por assim dizer, a responsabilidade ou obrigação negativa de não legislar de maneira contrária ao conteúdo do acordo[373].

Maria de Fátima Ribeiro afirma que, enquanto vigentes os tratados internacionais dispondo sobre tributos, não será lícito ao Poder Legislativo elaborar leis que entrem em conflito com a matéria desses acordos[374].

Dessa forma, além de constitucional em sua totalidade, considera-se o artigo 98 do Código Tributário Nacional plenamente eficaz, em consonância com a Constituição Federal de 1988. Entende-se, deste modo, que o tratado se sobrepõe à lei interna, quando internalizado, por força do art. 98 do Código Tributário Nacional, e por sua especialidade quando comparado à legislação pátria.

5.5 Entendimento dos Tribunais Superiores Acerca dos Tratados Internacionais

Discutir o entendimento dos tribunais superiores sobre a incorporação de tratados internacionais em matéria tributária implica, precipuamente, situa-se o grau hierárquico dos tratados internacionais no ordenamento jurídico brasileiro. Neste sentido, em que pese o compromisso metodológico de culminar na apresentação do mais recente entendimento do Superior Tribunal Federal sobre a questão posta, mister contextualizar a formação deste entendimento, contemplando-se especialmente a atuação também do Superior Tribunal de Justiça, naquilo em que constitucionalmente lhe é conferido conhecer.

Em caso paradigmático – especialmente pelas implicações da decisão, adiante discutidas -, julgou o STJ em 22/06/2004 o REsp nº 426945/PR, quando a Corte Uniformizadora, em questão decorrente do

---
373 RIBEIRO, Maria de Fátima. **Comentários ao Código Tributário Nacional**. 6. ed., Rio de Janeiro: Ed. Forense, 2001, p. 204.
374 RIBEIRO, Maria de Fátima. **Comentários ao Código Tributário Nacional**. 6 ed., Rio de Janeiro: Ed. Forense, 2001.

mérito do julgado, foi instada a se manifestar sobre a posição hierárquica em que ocupam os tratados internacionais em matéria tributária no ordenamento jurídico brasileiro.

Na situação fática, a Volvo do Brasil ajuizou ação declaratória de inexistência de relação jurídico-tributária em face da União Federal, ante a obrigação que lhe fora imposta de reter e recolher imposto de renda a incidir sobre dividendos remetidos a sócio residente na Suécia, em 1993.

A empresa alegou que o art. 98 do CTN, ao determinar a observância dos tratados internacionais em matéria tributária, associado ao disposto no art. 24 da Convenção entre Brasil e Suécia para evitar a dupla tributação em matéria de impostos sobre a renda, que determina que dividendos remetidos a sócios não residentes no Brasil teriam o mesmo tratamento tributário que os dividendos auferidos por sócios residentes, lhes outorgando, nessa medida, o direito à declaração de inexistência daquela (incorreta) relação. Outro aspecto mencionado foi no sentido de que a referida convenção foi recepcionada pela CF/88 pelo Decreto 70.053/76, estando em plena vigência no âmbito do ordenamento jurídico pátrio.

Noutro aspecto, a empresa ainda aduziu que o tratado internacional tem na denúncia seu instrumento próprio de revogação, o que não foi observado, além de que a legislação interna não pode prevalecer sobre tratados internacionais. Ademais, é contrário à Convenção – e até inconstitucional - a distinção entre contribuintes em situação idêntica, sujeitos à mesma exação tributária, discriminados pela residência, este que é critério economicamente irrelevante. Por fim, argumentou a vigência da Convenção quando esta se apresenta enquanto norma especial, em comparação à legislação do imposto de renda, de caráter geral.

Em primeiro grau, a declaração de inexistência foi negada, quando então foi interposta apelação que, julgada pelo Tribunal Regional Federal da 4ª Região, manteve a sentença. Fundamentando a decisão do Tribunal, aduziu o Desembargador Relator em seu voto que no ordenamento jurídico brasileiro não existe relação hierárquica entre leis e tratados internacionais, enquanto que ao critério cronológico caberia coroar qual das normas seria aplicada no caso concreto, conforme art. 2º da LINDB.

Neste contexto, teriam os artigos 75 e 77 da Lei nº. 8.383/91 e o art. 751 do Decreto nº. 1.041/94 - ao dispor que apenas os dividendos recebidos por sócios residentes no Brasil é que gozariam de isenção do IR - revogado o dispositivo convencional pelo tratamento igualitário aos sócios, independentemente do país de residência, já que mais modernos. Manifestou-se ainda o Tribunal que a cobrança não ofende ao princípio da isonomia, uma vez que não há similitude entre o contribuinte residente no Brasil e na Suécia.

Recebido o excepcional pela alínea *a* do permissivo constitucional, a Corte Uniformizadora, em julgamento participativo e por maioria unitária reformou o acórdão recorrido, determinando a declaração da inexistência de relação tributária que atinja os dividendos recebidos pelo sócio residente na Suécia. A tese vencida, entretanto, trazida pelo relator do caso, demonstrou que a cobrança não estaria ofendendo a isonomia, porque a discriminação combatida seria em razão da nacionalidade, mas não da residência, assim facultando a tributação quando em situação díspares, como assim se entendeu sê-lo.

O relator consignou em seu voto que não há que se falar em situações tributárias semelhantes quando a própria Convenção traz, em diversos pontos, tratamento diferenciado entre sócios residentes dentro e fora do país de onde será praticado o fato gerador. Assim, não importando se brasileiro ou sueco, o sócio residente no país destinatário do dividendo deveria sim ser tributado, ante, na inexistência de hierarquia normativa, a norma mais recente, pela possibilidade de tributação, é a que deve ser aplicada.

Assim, conclui a tese vencida pela inexistência de antinomia entre: a Convenção que institui tratamento igualitário em razão da residência dos sócios em situações semelhantes; e lei interna posterior que autoriza a tributação em situações discrepantes, fazendo distinção entre a residência do sócio.

Contudo, conforme voto divergente que se fez majoritário, a precípua discussão posta em análise é a possibilidade (ou não) de bitributação, que encontra na classificação dos tratados quanto a sua carga normativa – se tratados-leis ou tratados-contratos – um dos caminhos para a resolução da lide. Para o ministro revisor, a dupla tributação é fenômeno jurídico abominável, chegando a chamá-la de "confisco internacional", com implicações até nos direitos humanos (tributários), não condizendo o fenômeno com a forma contemporânea de relação entre as nações: a globalização.

Assim, prevaleceu o tratado internacional com relação a lei interna – até mais recente -, tendo-se entendido que a possibilidade de revogação por lei interna posterior se aplica somente aos tratados contratos, ou seja, àqueles tratados que versem sobre matéria negocial entre os países, e não aos tratados leis, como *in casu*. Ademais, ressaltou-se a prevalência da equiparação entre o tratamento interno e o internacional, advinda de princípios que estão acima até da própria Constituição, sob pena de desvalorizar-se as relações internacionais e a melhor convivência entre as nações. Tem-se a ementa do julgado:

TRIBUTÁRIO. REGIME INTERNACIONAL. DUPLA TRIBUTAÇÃO. IRRPF. IMPEDIMENTO. ACORDO GATT. BRASIL E SUÉCIA. DIVIDENDOS ENVIADOS A SÓCIO RESIDENTE NO EXTERIOR. ARTS. 98 DO CTN, 2º DA LEI 4.131/62, 3º DO GATT.
- Os direitos fundamentais globalizados, atualmente, estão sempre no caminho do impedimento da dupla tributação. Esta vem sendo condenada por princípios que estão acima até da própria norma constitucional.
- O Brasil adota para o capital estrangeiro um regime de equiparação de tratamento (art. 2º da Lei 4131/62, recepcionado pelo art. 172 da CF), legalmente reconhecido no art. 150, II, da CF, que, embora se dirija, de modo explícito, à ordem interna, também é dirigido às relações externas.
- O art. 98 do CTN permite a distinção entre os chamados tratados-contratos e os tratados-leis. Toda a construção a respeito da prevalência da norma interna com o poder de revogar os tratados, equiparando-os à legislação ordinária, foi feita tendo em vista os designados tratados, contratos, e não os tratados-leis.
- Sendo o princípio da não-discriminação tributária adotado na ordem interna, deve ser adotado também na ordem internacional, sob pena de desvalorizarmos as relações internacionais e a melhor convivência entre os países.
- Supremacia do princípio da não-discriminação do regime internacional tributário e do art. 3º do GATT.
- Recurso especial provido.
(REsp 426.945/PR, Rel. Ministro TEORI ALBINO ZAVASCKI, Rel. p/ Acórdão Ministro JOSÉ DELGADO, PRIMEIRA TURMA, julgado em 22/06/2004, DJ 25/08/2004, p. 141)

Apesar disso, a questão não foi ali dirimida. Irresignada com o resultado do julgamento, a União Federal interpôs o RE nº 460.320/PR, com fulcro no permissivo para os casos em que a parte integralmente vencedora no tribunal de segundo grau ver reformada a decisão, integralmente e em última instância, pelo STF. Assim, foi a matéria mais uma vez submetida a julgamento, desta vez no âmbito da Corte Constitucional, órgão este que, ao longo de sua história, tendeu na maioria das vezes a privilegiar os tratados internacionais com relação à legislação ordinária interna, tendo, contudo, apresentado em alguns momentos entendimento em sentido inverso, fazendo com que a matéria figure como tema polêmico no âmbito da referida Corte.

Antes, porém, de analisar o mais recente RE nº 460.320/PR, é pertinente exibir de forma pontual o transcurso histórico do entendimento da Suprema Corte brasileira, que sob a égide da Constituição de 1891 reconheceu o primado dos tratados internacionais em face de legislação interna posterior. Ao julgar em 07/01/1914, rompeu o STF com o entendimento anterior, quando a Extradição nº 07 anulou julgamento para afastar a aplicação dos requisitos para extradição da Lei nº 2.416 de 28/06/1911, favorecendo tratado firmado em 17/09/1877 entre Brasil e o Império Alemão[375].

Também sob a égide da Constituição de 1937 o entendimento foi mantido, quando do julgamento da Apelação Cível nº 7.872/RS em 11/10/1943. À época, a Corte manteve afastada a aplicação do imposto adicional de 10% criado pelo Decreto nº 24.343, de 05/06/1934, privilegiando a aplicação de disposições do tratado entre o Brasil e o Uruguai, firmando em 25/08/1934.

Na fundamentação do *decisum*, aduziu o Relator pela impossibilidade de alteração unilateral de cláusulas, ante a vigência don *rebus sic stantibus*; fundamento este também evocado quando, já com a Constituição de 1946, mais uma vez o STF ratificou seu posicionamento. Julgando a Apelação Cível nº 9.587/RS em 21/08/1951, foi aplicado o tratamento tributário previsto no Tratado de Comércio entre os Estados Unidos do Brasil e os Estados Unidos da América assinado em 02/02/1935, em detrimento do quanto previsto pelo Decreto 7.404 de 22/03/1945.

Neste contexto, foi editado o Código Tributário Nacional em 25/10/1966, positivando em seu art. 98 a preponderância dos tratados internacionais sobre normas infraconstitucionais internas em matéria tributária. Aduz o referido dispositivo que "os tratados e convenções internacionais revogam ou modificam a legislação tributária interna e serão observados pela que lhe sobrevenha".

Já sob os termos da Constituição de 1967 – após EC nº 01/69 -, o Pleno da Excelsa Corte não somente manteve o entendimento como julgou em 04/08/1971 o RE nº 71.154/PR, decidindo que, de forma geral, os tratados internacionais têm aplicação imediata, inclusive nos pontos em que modifiquem a legislação interna. Não bastasse a reafirmação, fora aprovada em 05/12/1976 a Súmula nº 575/STF: "mercadoria importada de País Signatário do GATT, ou membro da ALALC, estende-se a isenção do imposto de circulação de mercadorias concedida a similar nacional".

Somente com o julgamento do RE nº 80.004/SE em 29/12/1977, o Supremo Tribunal Federal modificou seu entendimento, passando a admitir a paridade entre tratados internacionais e normas infraconstitucionais internas. Neste contexto, caberia ao critério cronológico e ao da especialidade dirimir qualquer dúvida quanto à norma a ser aplicada

---

375 RODRIGUES, Manoel Coelho. **A Extradição no Direito Brasileiro e na Legislação Comparada**. Tomo III, Anexo B. Rio de Janeiro: Imprensa Nacional, 1931, p. 75-78.

no caso concreto, sob o fundamento de que não há na Constituição nenhum artigo que declare irrevogável uma lei positivada pelo fato desta ser oriunda de tratado.

Este *leading case* retomou as discussões e os diferentes tratamentos para os tratados-lei e os tratados-contratos. No arresto consagrado, entendeu a Corte que o art. 98 do CTN só se aplicaria aos tratados-contrato, tendo sido este o julgado inspirador do recém-formado entendimento do STJ sobre a matéria, acima discutido. Contudo, ainda em 25/06/1980, a Corte Constitucional julgou o RE 90.824/SP quando, aplicando o art. 98 do CTN, preteriu o Tratado de Montevidéu firmado em 18/02/1960 e promulgado pelo Decreto nº 50.656 de 24/05/1961 em oposição à incidência do preço de referência instituído pelo Decreto-lei nº 1.111/70, de 10/07/1970.

Após os referidos julgados, não foram poucos os precedentes do STF reiterando a Súmula nº 575 e seu conteúdo material, demonstrando a tendência da Corte em entender pela primazia dos tratados internacionais sobre a lei interna em matéria tributária. A exemplo, cita-se o AI-AgR nº 93.564/RJ, julgado em 23/09/1983, no qual a Corte entendeu que a elevação da alíquota de IOF através do Decreto-lei nº 1.783/1980 viola o *GATT* e o Tratado de Montevidéu.

Já na vigência da Constituição Federal de 1988, o Órgão Pleno do Supremo voltou a enfrentar a matéria ao julgar o HC nº 72.131/RJ, que discutia a prisão civil de depositário infiel na alienação fiduciária em garantia. Nesta feita, voltou a Corte a entender que os tratados internacionais são incorporados no ordenamento jurídico brasileiro na qualidade de leis ordinárias, razão pela qual não há razão para a existência de qualquer primado, cabendo mais uma vez aos critérios cronológicos e da especialidade o saneamento de qualquer dúvida sobre qual a norma a ser concretamente aplicada.

E, não bastasse o resgate a entendimento secundário ao longo da história da Corte, pela submissão dos tratados internacionais à Constituição Federal de 1988 e sua paridade – e não supremacia – com a lei interna, o julgamento da medida cautelar na ADI nº 1.480/DF publicado em 04/09/1997, por maioria, acrescentou que os tratados internacionais não podem versar sobre matéria reservada a lei complementar.

Não obstante, enfrentando novamente a controversa tarefa de situar os tratados internacionais no ordenamento jurídico brasileiro, pronunciou-se o ministro relator Gilmar Mendes no RE nº 460.320/PR em 31/08/2011 no sentido de que o STJ confundira o elemento de conexão nacionalidade, trazido pelo art. 24 da Convenção entre Brasil e Suécia e o art. 77

da posterior Lei nº 8.383 de 30 de dezembro de 1991. Assim, concluiu o referido relator que enquanto os residentes no Brasil foram isentos, os residentes no exterior sofreram a incidência no montante de 15%.

Em suma, entendeu o relator que a lei brasileira assegura isenção somente aos suecos, e mesmo assim se estes forem residentes no Brasil. Por outro lado, o referido ordenamento exige do brasileiro residente na Suécia ou em qualquer outro lugar a incidência do imposto de renda em 15% sobre dividendos remetidos por empresas brasileiras. Neste contexto, concluiu o relator que o entendimento dado ao art. 24 da Convenção, representado pelo referido acórdão do STJ, é flagrantemente ofensivo ao art. 150, II da Constituição Federal de 1988, porquanto iguala díspares realidades.

Desta forma, é fato que venceu no julgado em comento a tese da União Federal pela tributação de dividendos remetidos a sócios residentes na Suécia, contudo é também verdade que tal entendimento não significou uma alteração das convicções que a Corte Constitucional vinha apresentando sobre a matéria. Em que pese o resultado do julgado pela tributação – pela vigência da lei interna sobre o tratado –, seu resultado pautou-se em análise diversa de uma que tão somente contemple a hierarquia normativa dos tratados.

Foi o entendimento do RE 460.320/PR pelo reconhecimento de ofensa ao art. 150, II da CF/88, lastreado em confusão com relação a elemento de conexão que criaram situação jurídica aparente que é diversa do real, razão do desfecho discrepante do que vinha sendo sedimentado. Nessa tônica, permanece o entendimento do STF de que as atuais relações internacionais demandam fortalecimento do direito internacional, em especial do *pacta sunt servanda*, com especial destaque para as consequências econômicas da atividade fiscal dos Estados.

Ademais, o voto reconheceu que o atual modelo de interação internacional requer prevalência dos tratados sobre a lei interna, especialmente quando, em matéria tributária, a dupla tributação se consubstancia em fato jurídico temerário e que reconhecidamente em nada contribui para a dignidade da pessoa humana e para uma pacífica e harmoniosa relação entre os povos.

CONSIDERAÇÕES FINAIS

1. As manifestações exaradas no plano internacional pressupõem um acordo de vontades que não gera uma efetiva obrigação anterior à sua aprovação definitiva, sendo no momento da celebração uma promessa de acordo e, a partir dessa premissa, o posicionamento do Poder Legislativo iria transcender o direito interno, preservando de forma preliminar a soberania do Estado, sendo a decisão legislativa efetividade de produção de norma vigente não só para seus jurisdicionados, mas com efeitos externos, porque representaria a soberania estatal frente à ordem internacional.
2. A incorporação dos tratados internacionais na Constituição de 1824 se posicionava em favor da necessidade de aprovação legislativa para tratados que versassem matéria da competência do Legislativo, agregando os ares doutrinários das Revoluções Americana e Francesa e que se refere à celebração de acordos comerciais desiguais com potências europeias, denominados "sistema dos tratados" conferiu dentro das competências dos regentes, a aprovação legislativa prévia para todos os tipos de tratados, que retornou às mãos do executivo com a maioridade de Dom Pedro II.
3. A Carta promulgada de 1891 conferiu um Estado Federativo em uma República Presidencialista, extinguiu o Poder Moderador, e conferiu ao Congresso o poder de resolver definitivamente sobre os tratados e convenções do poder executivo com as nações estrangeiras e que o Presidente da República negociaria sempre *ad referendum* do congresso, pretendendo à apreciação legislativa todas as formas de comprometimento convencional, como ajustes convenções e tratados, além de expressar que sempre passariam pelo poder legislativo.
4. O termo "resolver definitivamente" inserido no ordenamento de 1891 permanece até hoje e é tecnicamente imprecisa, pois o Congresso Nacional somente decidia em definitivo caso rejeitasse o tratado, ao passo que, no caso da aprovação, a decisão é do poder executivo por meio da ratificação, inclusive discricionária do Presidente da República. Ademais, a Constituição Federal em 1891 não indicava de maneira expressa a Casa na qual deveria haver início a tramitação do tratado internacional.

5. A incorporação dos tratados internacionais na Constituição de 1934 estava sob um cenário internacional caracterizado pelas democracias liberais e, voltada para a inserção da América Latina ao processo de modernização, coloca a resolução sobre tratados na competência exclusiva do Poder Legislativo, ao invés de privativa do Congresso Nacional, e amplia essa competência pontuando que inclusive os tratados relativos à paz teriam de passar pelo crivo da competência exclusiva do Poder Legislativo.
6. A incorporação dos tratados internacionais na Constituição de 1937 há uma preponderância de normas internacionais sobre normas infraconstitucionais, em confluência com a postura dos demais países da América em que teria força vinculatória a regra de que um país não pode modificar o tratado sem o acordo dos demais contratantes, conforme art. 10 da Convenção sobre Tratados, assinada na 6ª Conferência Americana de Havana, promulgada no Brasil pelo Decreto nº. 18.956, de 22 de outubro de 1929.
7. A incorporação dos tratados internacionais na Constituição de 1946 está sob os auspícios de certa restrição às importações em favorecimento à indústria nacional em um contexto de regime cambial desfavorável às exportações. Surge no campo diplomático a doutrina da licitude dos acordos executivos e o Senado como participante direto no processo legislativo, mantendo a prerrogativa de juntamente com a Câmara dos Deputados, que receberia a incumbência de iniciar o processo legislativo após a celebração pelo Presidente da República, com relevo à prevalência dos tratados internacionais sobre o direito interno infraconstitucional. Ressalta-se que, nesse contexto, foi editado o Código Tributário Nacional, em 25.10.1966, prevendo explicitamente a preponderância dos tratados sobre normas infraconstitucionais internas em matéria tributária
8. A incorporação dos tratados internacionais na Constituição de1967 estava em um contexto de amplos poderes ao Poder Executivo, valorizando a União na estrutura federativa do Estado brasileiro e concedendo a ela certas competências que antes pertenciam aos Estados e aos Municípios. Ao congresso manteve-se a função de resolver definitivamente sobre os tratados celebrados pelo Presidente da República, a quem competia de modo privativo celebrar tratados, convenções e atos internacionais *ad referendum* do Congresso Nacional, enviando a este no prazo de até quinze dias após sua assinatura.

9. A interpretação da incorporação dos tratados internacionais na Constituição de 1969 acolheu concepção monista, pontuando em voto no Supremo Tribunal Federal que os tratados internacionais, de forma geral teriam aplicação imediata, inclusive naquilo em que modificam a legislação interna. Mas em 1977, no julgamento do RE nº. 80.004/SE de Relatoria do Min. Cunha Peixoto, o STF alterou seu entendimento tradicional quanto à relação entre Direito Interno e Direito Internacional e passou a entender o sistema sob uma perspectiva dualista.
10. Baseado na visão de Triepel, o Min. Cunha Peixoto expressou que o artigo 98 só se aplicaria aos denominados tratados-contratos e declarou não haver na Constituição, qualquer artigo que declarasse irrevogável uma lei positiva brasileira pelo fato de ter sua origem em um tratado.
11. Ainda em 1977 firmou-se o entendimento de que a lei tributária falaria de tratados ou convenções pressupondo nessa medida o fato de serem contratuais, não esposando o mesmo entendimento as leis brasileiras que tiveram origem em um tratado, porquanto este, quando transformado em direito positivo, deixaria de ser tratado. E, sendo assim, quando houvesse antinomias entre tratados internacionais e leis internas, elas seriam resolvidas apenas por critérios de cronologia (*lex posteriori derogat priori*) e de especialidade (*lex specialis derogat generali*).
12. Em 1981 alterou-se o entendimento no julgamento do HC 58.727/DF de Relatoria do Min. Soares Muñoz destacando que na colisão entre a lei e o tratado, prevalece este último, porque conteria normas específicas. Nesse aspecto, pontua-se que o entendimento do STF era de privilegiar as normas internacionais em matéria tributária sobre as normas internas posteriores.
13. A incorporação dos tratados internacionais na Constituição de 1988 traz uma divergência quanto à necessidade de o Congresso Nacional resolver sobre tratados porque o art. 49, I aduz tal competência somente quando tais tratados, acordos ou atos acarretarem encargos ou compromissos gravosos ao país. Sobre a atribuição do Legislativo, além dos acordos de caráter oneroso que devem passar pelo Congresso Nacional, aqueles que se referem à matéria sujeitas à reserva legal teriam a mesma condicional.
14. As fases envolvem a negociação feita pelo Presidente da República, com auxílio dos Ministros de Estado; em seguida

vem a assinatura que autentica o texto do acordo e manifesta a concordância dos envolvidos com os termos constantes na obrigação que se pretende assumir, ressaltando que a assinatura pode ser feita pelo Ministro das Relações Exteriores como competência derivada *ratione personae;* após a assinatura, finalizada a negociação o tratado, sob reserva de ratificação, este é enviado ao Congresso Nacional, cumprindo o trâmite do art. 49, I e 84, VIII. A remessa não é automática e obrigatória, havendo discricionariedade política do Chefe de Estado em arquivar ou postergar a submissão à apreciação legislativa. Nesse caso, esta é uma competência exclusiva no sentido de vislumbrar a conveniência e oportunidade do envio do acordo.

15. Esse ato normativo é, ao mesmo tempo, a aprovação do tratado e a autorização para o Presidente da República ratificá-lo. Tal decreto será promulgado pelo Presidente do Senado Federal e publicado no Diário Oficial e autoriza a ratificação do tratado pelo Presidente, mas não traz obrigatoriedade da ratificação, porque, pela própria demora do procedimento, pode não ser mais interessante ao país a ratificação daquele tratado. Frisa-se que a ratificação é feita sob a condição autorizativa do Congresso Nacional, mas a autorização em si não tem o condão de medida obrigatória.

16. Após a autorização pelo Congresso Nacional, o Presidente ratifica por meio da troca ou depósito de um instrumento de ratificação junto ao país depositário e posteriormente procede à promulgação do tratado por meio de um decreto que trará a vigência no ordenamento interno após a publicação.

17. Com relação aos Sistemas de Direito Nacional e o Direito Internacional, a incorporação de normas internacionais de Direito Tributário traz em si um debate subjacente, qual seja, a supremacia do ordenamento interno sobre a norma internacional e, sobre isso, perpassa o antigo debate entre monismo e dualismo.

18. A clássica divisão entre monismo e dualismo é objeto de críticas por enfatizar questões formais, resvalando o conteúdo que a norma pretende proteger. A discussão em seu aspecto teórico parece ultrapassada, inclusive muitos teóricos já abandonaram a tentativa de engendrar uma ou outra tese, mas os problemas jurídicos hodiernos enfrentados pelos Tribunais Superiores do Brasil demonstram que as respostas possíveis permeiam as duas teorias e perpassam ora uma, ora outra ou criam, como chamam

os doutrinadores, temperos (mitigações, novas roupagens ou derivações) a estas, de modo que temos a monista moderada ou a dualista moderada e, ainda surge espaço para o chamado monismo internacionalista dialógico.

19. O dualismo aduz que o Direito interno de cada Estado e o Direito Internacional são dois sistemas independentes e distintos. Nessa medida constituir-se-iam em círculos que não se interceptam, embora igualmente válidos. Os elementos que integram os dois sistemas seriam diferentes e por isso não haveria conflito entre as duas ordens jurídicas.

20. As três premissas reafirmam a soberania dos Estados e aclaram a necessidade de se reproduzir internamente as normas contidas nas normas internacionais, impedindo o Direito Internacional de regular as relações dentro do território de um Estado caso não houvesse a incorporação da norma ao ordenamento interno, por meio de um procedimento que o transformasse em norma nacional.

21. A tese dualista nega a aplicação imediata ao Direito Internacional, permitindo que suas normas se tornem vinculantes internamente quando integradas ao Direito nacional por meio de diploma legal distinto que tenha o mesmo conteúdo e seja apreciado mediante o processo legislativo cabível, inexistindo, nessa medida, conflito entre o Direito Internacional e o Direito interno, pois caso houvesse, este seria agora interno e se regeria pelas regras internas, consubstanciando o primado da lei interna de cada Estado e não do Direito Internacional.

22. Para os dualistas a ordem Nacional seria a única verdadeiramente soberana e, desse modo, coroa-se a supremacia do Direito do Estado, que em sua soberania, seria o único responsável a autorizar o ingresso de uma norma internacional no plano do Direito interno. Denota-se daí a necessidade de uma manifestação dos poderes constituídos (Poder Legislativo e o controle do Poder Judiciário *a posteriori*) em um controle interno normativo tradicional. A incorporação no ordenamento Nacional seria mais do que condição de aplicabilidade do tratado, mas consubstanciar-se-ia na sua própria existência na ordem interna.

23. Pontua seis críticas ao dualismo: 1) O Estado não é o único sujeito de direito internacional; 2) O Costume invalida a tese do voluntarismo; 3) A aplicação do direito internacional consuetudinário pelos tribunais sem que tenha havido processo de

transformação; 4) Não há que se falar em coordenação e, na tese de Kelsen, pontua-se a subordinação a uma terceira ordem; 5) O Estado não pode ser dissociado de seu ordenamento; 6) A concepção de um sistema privatístico em que o direito internacional possui uma necessária dependência do direito interno para sua efetividade e não há que se afiançar a dissociação do Estado de seu ordenamento, já que a noção de Estado automaticamente se refere a seu ordenamento jurídico.

24. Os monistas vislumbram o Direito Internacional e o Direito interno como dois ramos do Direito dentro de um só sistema jurídico não sendo necessário que haja um novo diploma que transforme o direito Internacional em direito interno. O monismo apregoa que o Direito Internacional se aplica diretamente na ordem jurídica dos Estados independentemente de qualquer transformação ou incorporação, uma vez que esses mesmos Estados, nas suas relações com outros sujeitos do direito das gentes, mantêm compromissos que se interpenetram e que somente se sustentam juridicamente porque pertencem a um sistema uno, baseado na identidade de sujeitos (indivíduos que os compõe) e das fontes (sempre objetivas e não dependentes, contrapondo o voluntarismo, da vontade dos Estados).

25. Para os monistas, o Direito Internacional e o Direito interno convergem para um mesmo todo harmônico em uma situação de superposição em que o Direito interno integra o Direito Internacional, retirando deste a sua validade lógica. O que nos parece incongruente, porque as teses foram firmadas para justamente resolver o problema da prevalência da ordem jurídica. A questão é que quando há uma unidade na ordem jurídica há de se definir a hierarquia entre as normas internas e as normas internacionais sustentando duas posições no que tange à hierarquia no caso de conflito: o monismo nacionalista e o monismo internacionalista.

26. O monismo nacionalista considera o Estado como uma soberania absoluta não o considerando sujeito a nenhum sistema jurídico que não tenha sido emanado de sua própria vontade. A partir dessa teoria, o Direito Internacional seria o Direito interno aplicado na esfera internacional.

27. O monismo nacionalista parte da ideia da convivência internacional a partir da Paz de Westfália, e, nessa medida, os Estados tão somente se vinculariam às normas com as quais consentissem

e, nos termos das respectivas ordens nacionais. Os monistas nacionalistas fundamentam sua teoria na ausência no cenário internacional de uma autoridade capaz de obrigar ao Estado ao cumprimento das normas internacionais, sendo cada Estado o sujeito que determina livremente as suas obrigações; além disso, a conclusão dos Tratados é definida no plano constitucional, para então nascer uma obrigação no plano internacional.

28. A primeira crítica ao monismo nacionalista é a negação ao próprio Direito Internacional como um direito autônomo e independente, redundando em um direito estatal.

29. O monismo internacionalista considera como norma hipotética fundamental o *pacta sunt servanda*, que subordinaria o direito interno, e, nesse ritmo, o Direito Internacional passa a ser hierarquicamente superior a todo o Direito interno do Estado, da mesma forma que as normas constitucionais o são sobre as leis ordinárias e assim por diante. O Direito Internacional passa a dirigir os Estados a cumprirem suas obrigações com base nessa norma fundamental, regendo a conduta da sociedade internacional, não permitindo revogação unilateral por nenhum de seus atores. A Convenção de Viena sobre o Direito dos Tratados adota a tese do monismo internacionalista.

30. Apesar de Kelsen não admitir que pudesse haver conflito entre as ordens interna e internacional, sob esse estrito ponto de vista, o primado absoluto do Direito Internacional superior à vontade do Estado passou a ser mitigado por alguns juristas e surgiu dentro da teoria do monismo internacionalista os monistas moderados, que negam a invalidade da norma interna quando contrária a um preceito de Direito Internacional, mas afirmam a possibilidade do Estado lesado impugnar e exigir a responsabilidade do Estado infrator pelos prejuízos decursivos.

31. Na visão monista moderada, o juiz nacional deve aplicar tanto o Direito Internacional quanto o Direito interno de seu Estado. Dessa forma os atos internacionais deveriam ser submetidos à Constituição de cada país, modulando as normas de Direito Internacional para abaixo da Constituição, mas acima das normas infraconstitucionais, que deveriam obediência ao tratado, perfazendo no caso de conflito o critério cronológico.

32. O monismo moderado não prega nem a prevalência do direito Internacional e nem a do direito Interno, mas a concorrência

entre as ordens jurídicas determinando-se a prevalência de uma em relação à outra pelo critério cronológico de solução de conflitos de leis.

33. A doutrina hodierna e pós-positivista do Direito Constitucional tem se curvado ao denominado efeito *Cliquet*, que nada mais é do que a impossibilidade de retrocesso no campo dos Direitos Humanos e, por consequência, no sentido de admitir cada vez mais o primado do Direito Internacional frente aos ordenamentos internos.

34. A solução monista internacionalista foi ampliada na proposta do Monismo Internacionalista dialógico, o qual diferencia as normas internacionais pelo seu conteúdo utilizando a medida de núcleo material ou substancial para admissão da primazia da norma internacional sobre a norma interna, referenciando o tema dos Direitos Humanos.

35. Hodiernamente existem as doutrinas conciliatórias. São correntes que sustentam a coordenação de ambos os sistemas a partir de normas a eles superiores a exemplo das regras do Direito Natural. Esta posição também é denominada de monismo jusnaturalista. Tal doutrina é formada por doutrinadores espanhóis que sustentam a subordinação da Ordem Interna e da Ordem Internacional a um terceiro ordenamento formado por normas de direito natural. Essa teoria não tem guarida nas normas internacionais e nem na jurisprudência internacional, não fornece qualquer critério concreto para uma divisão de competência ou mesmo delimitação da ordem jurídica, nessa medida porque os enunciados primeiros da justiça como fundamento para as doutrinas conciliatórias, tendo por base o jusnaturalismo não concorrem para aclarar os conflitos hodiernos.

36. A teoria do paralelismo contrapõe a teoria monista e pode ser considerada como uma intersecção de conjuntos em relação ao dualismo, considerando que alguns dos elementos que compõem a teoria dualista também estão insertos na teoria do paralelismo que lhe complementam, tendo como elemento principal o reconhecimento do Estado como centro da positividade ou da produção normativa.

37. Aclara-se no presente trabalho a subjetividade e constante evolução do Direito Internacional Público, que varia conforme as transformações e evoluções da sociedade internacional.

Demonstra-se isso quando até o século XIX, os Estados soberanos eram os únicos considerados pessoas jurídicas no Direito Internacional e, hodiernamente é indiscutível a personalidade jurídica das Organizações Internacionais – OI.

38. Afirma-se que o Direito Internacional teve, no século passado, sua ascensão, e isso se fez notório no processo de globalização em que as nações se tornaram cada vez mais interdependentes, sendo um gatilho para a celebração de tratados. E, considerando o sistema legislativo internacional ainda visto de forma horizontal, isso porque não há nenhum órgão legislativo da sociedade internacional que regule a relação entre os sujeitos de Direito internacional, surge a necessidade de uma adequação normativa sobre o Direito dos Tratados. Nesse tocante, para regular a elaboração, aplicação e interpretação dos tratados desponta a Convenção de Viena sobre os Tratados de 1969.

39. Os tratados podem ser formais ou podem ser classificados como acordos executivos que não dependem da aprovação do Poder Legislativos. A Convenção de Viena de 1969 em sua introdução define sua aplicação aos tratados entre Estados e, desta feita exclui de sua regência os tratados celebrados entre Organizações Internacionais ou outros atores, que não são regidos por suas normas, pois estas possuem um destinatário exclusivo: o Estado como sujeito de Direito Internacional.

40. A Convenção de Viena de 1969 aborda como características básicas de um tratado internacional: 1) elemento volitivo; 2) Formalismo; 3) Atores; 4) Efeitos Jurídicos; 5) Regência do Direito Internacional Público; 6) Base instrumental.

41. Os tratados internacionais tributários são cada vez mais frequentes no contexto de interdependência econômica. Tratados específicos em matéria tributária de maneira geral são aqueles que visam evitar a bitributação e a evasão tributária. Quanto aos tratados sobre o comércio exterior ou tratados econômicos ou de cooperação com repercussão na tributação, estes se referem aos acordos relativos ao comércio, às uniões aduaneiras e zonas de livre-comércio, os relacionados a transporte marítimo ou aéreos, as imunidades e isenções diplomáticas e consulares, o regime fiscal dos organismos internacionais e a cooperação cultural, científica ou militar.

42. Os tratados bilaterais são acordos firmados tendo por base uma convenção, denominados modelo de convenção destinados a

evitar a dupla tributação. O fenômeno da bitributação internacional decorre do choque entre as legislações dos países, quando pretendem tributar o mesmo fato, em decorrência da utilização de diferentes critérios de delimitação da competência tributária.

43. Além dos tratados sobre dupla tributação que em sua maioria adotam a cláusula de troca de informações, existem os tratados específicos sobre troca de informação, denominados TIEAs, que podem referir-se a outros tributos além do imposto de renda.

44. Os principais acordos de comércio exterior com efeitos tributários referem-se aos tributos indiretos, considerando os incidentes sobre circulação de mercadorias, a prestação de serviços, impostos sobre a importação e a exportação e incitam à harmonização tributária.

45. Em função da natureza da tributação do comércio exterior de bens, os acordos formulados possuem dois propósitos básicos: a) liberalização comercial (redução do imposto sobre a importação); b) incremento do fluxo comercial internacional mediante padronização de procedimentos de apuração de tributos e fiscalização aduaneira.

46. As regras advindas da OMC perfilham-se como um conjunto de normas e concessões tarifárias, criadas para fomentar e impulsionar a liberalização comercial e combater práticas protecionistas, bem como regular as relações comerciais internacionais que incluem como principais normas as referente a: a) tratamento de nação mais favorecida; b) consolidação das alíquotas do imposto sobre a importação; c) tratamento nacional; d) valoração aduaneira; e, e) regras de origem.

47. Os objetivos da ALADI consubstanciavam-se também na eliminação gradativa das barreiras ao comércio recíproco dos países-membros, impulsionando os vínculos de solidariedade e cooperação entre os povos e promovendo o desenvolvimento econômico e social da região.

48. O tratado do MERCOSUL possui dimensões políticas, econômicas e sociais e sua finalidade de União Aduaneira constituindo um Mercado Comum ainda não se cumpriu por total, mas seus compromissos foram reafirmados no Protocolo de Ouro Preto em 17 de dezembro de 1994 estabelecendo o reconhecimento do MERCOSUL juridicamente e internacionalmente como uma organização.

49. O MERCOSUL é considerado uma União Aduaneira imperfeita por dois motivos: a) há exceções à regra que determina a aplicação das mesmas alíquotas do imposto sobre a

importação extrabloco por todos os seus membros; b) ainda incide imposto sobre a importação no fluxo comercial intrabloco de alguns produtos.
50. Acordos-Quadro são os contratos celebrados entre uma ou várias entidades com vista a disciplinar as relações contratuais futuras e estabelecer ao longo de um determinado período de tempo, mediante a fixação antecipada dos respectivos termos. O Itamaraty classifica como ato que dá execução a outro, anterior, devidamente concluído e em vigor, ou que detalha áreas de entendimento específicas, abrangidas por aquele ato.
51. O acordo executivo está no escopo o processo de incorporação abreviado que compreende as etapas de negociação, assinatura ou troca de notas e publicação, neste processo, seguido pelos chamados acordos em forma simplificada, tem sua admissibilidade desde a Constituição de 1946, e foi mantida pela Constituição de 1988, tendo sido aceita pelo Congresso Nacional porque as matérias arroladas nesse tipo de processo se referem quase sempre a ajustes complementares a tratados preexistentes, que se destinam a operacionalizar tratado anterior, devidamente aprovado. Em geral, são concluídos no quadro de acordos de cooperação científica, técnica ou tecnológica. Verifica-se que tanto no processo completo como no abreviado existe a obrigatoriedade do assentimento do Congresso Nacional, com ênfase para aqueles tratados que acarretem encargos ou compromissos gravosos ao patrimônio nacional.
52. Existem os tratados relativos ao transporte aéreo e marítimo que versam exclusivamente sobre o imposto sobre a renda. Menciona-se outros tratados sobre tráfego aéreo que abrangem tanto a questão dos tributos indiretos, quanto o aspecto aduaneiro e disciplinam a aquisição de insumos no mercado interno e a importação de peças ou suprimentos e, alguns, ainda trazem a cláusula de nação mais favorecida no que se refere às taxas cobradas pelo uso das instalações aeroportuárias.
53. Alguns tratados bilaterais possuem repercussão no Direito Tributário porque tratam de preferências tarifárias e, possuem o condão de complementar acordos multilaterais preexistentes. São aqueles que trazem privilégios decorrentes do costume internacional de isentar as pessoas de direito público internacional e seus funcionários dos tributos internos sobre

a renda e o patrimônio que está relacionado com o princípio *par in parem non habet imperium* em que um Estado não pode exigir tributos de outros.

54. A celebração de um tratado é um compromisso assumido em nível internacional como uma intenção de incorporação posterior ao sistema interno, nessa medida, presume-se a existência de dois sistemas, portanto uma visão dualista.

55. A Constituição de 1988 expressa uma relação de coordenação com o Direito Internacional e no presente trabalho considera-se, nessa medida, a hierarquia das normas complementares de estrutura como superiores às normas de comportamento, sejam elas no formato de lei complementar ou não; e superiores às leis ordinárias, não se coadunando com a posição de que a norma complementar possui mesmo *status* e hierarquia da lei ordinária.

56. Com relação aos conflitos, as normas internacionais podem entrar em conflito com a Constituição tanto do ponto de vista material quanto formal. Nessa medida é possível falar em inconstitucionalidade intrínseca e extrínseca dos tratados.

57. Afirma-se conquanto à cooperação o dever de harmonizar o ordenamento jurídico interno com os tratados internacionais que venham a integrá-lo, de modo a dar a devida primazia ao direito internacional convencional, porque a União, ao representar o país no âmbito do direito das gentes, como já mencionado, não o faz em nome próprio, mas sim em nome da República Federativa do Brasil, formada pela união indissolúvel dos Estados e Municípios e do Distrito Federal (art. 1º CF 88).

58. Pontuamos o entendimento que prestigia a eficácia normativa do art. 98, sendo no âmbito do Direito tributário prestigiado o caráter da especialidade e, portanto, valendo o tratado incorporado quando conflitante com leis internas, anteriores ou posteriores, dessa forma, além de constitucional em sua totalidade, consideramos o artigo 98 do Código Tributário Nacional plenamente eficaz, em consonância com a Constituição Federal de 1988. Entende-se, deste modo, que o tratado se sobrepõe à lei interna, quando internalizado, por força do art. 98 do Código Tributário Nacional, e por sua especialidade quando comparado à legislação pátria.

59. Quando houver conflito entre tratado e um decreto do poder executivo que veicule portarias ou instruções normativas, tal conflito deve ser analisado considerando-se a lei que informou a edição do ato, não havendo, portanto, conflito direto das normas infralegais com o texto do tratado.

60. Prevaleceu, até certo tempo, o entendimento no Superior Tribunal de Justiça conquanto possível a revogação de tratado por lei interna posterior, se aplicando aos tratados contratos, ou seja, àqueles tratados que versem sobre matéria negocial entre os países, e não aos tratados leis. O STJ ainda ressaltou a prevalência da equiparação entre o tratamento interno e o internacional, advinda de princípios que estão acima até da própria Constituição, sob pena de desvalorizar-se as relações internacionais e a melhor convivência entre as nações
61. O Supremo Tribunal Federal em julgamento ainda não concluso afirmou que os tratados por sua natureza não se sujeitam aos limites formais e materiais das demais normas infraconstitucionais, ainda que federais
62. Ademais a República Federativa do Brasil, como sujeito de direito público externo, não pode assumir obrigações, nem criar normas jurídicas internacionais, à revelia da Carta Magna, mas deve observar suas disposições e requisitos fundamentais para vincular-se em obrigações de direito internacional.
63. Os tratados internacionais constituem espécies normativas infraconstitucionais distintas e autônomas, que não se confundem com as normas federais, tais como decreto legislativo, decretos executivos, medidas provisórias, leis ordinárias ou leis complementares; e de acordo com o último posicionamento esposado, a Carta Magna não respalda o paradigma dualista, usando como argumento o art. 105, III, "a" da Constituição Federal reserva a possibilidade de interposição de recurso especial contra decisão judicial que "contrariar tratado ou lei federal, ou negar-lhes vigência". Posição que, com a devida vênia, não concordamos porque há de se interpretar a norma em conformidade com os demais artigos constitucionais e com a prática hodierna do ordenamento e com o critério de soberania.
64. O STF afirma que a equiparação entre tratado e lei federal não quer significar a paridade com lei federal ordinária, sendo que a equiparação entre tratados e lei ordinária buscaria enquadrar as normas internacionais em atos normativos internos, e como na visão esboçada não haveria tal necessidade.
65. O STF aborda que o tratado internacional não necessita ser aplicado na estrutura de lei ordinária ou lei complementar, nem ter status paritário com qualquer deles, pois teria assento próprio na Carta Magna, com requisitos materiais e formais peculiares.

66. O Supremo Tribunal Federal reputa desatualizada a classificação em tratados-contratos e tratados-leis, pois os tratados internacionais não se sujeitam aos limites formais e materiais das demais normas infraconstitucionais, ainda que federais.
67. A leitura do posicionamento recente do Superior Tribunal Federal traz elementos de integração e abertura do Estado à cooperação internacional corroborando com o entendimento que privilegie a boa-fé e a segurança dos pactos internacionais

REFERÊNCIAS

ABREU E SILVA, Antonio Carlos Florêncio de; TAVOLARO, Agostinho Toffoli. Tratado Brasil/Estados Unidos Para Evitar a dupla Tributação, em **Revista de Direito Tributário Internacional,** São Paulo: Quartier Latin, Ano 5/2010, n. 15.

ACCIOLY, Hildebrando; SILVA, Geraldo Eulálio do Nascimento e. **Manual de direito Internacional Público.** 15. ed., São Paulo: Saraiva, 2002, p. 66.

ACQUARONE, Appio Claudio. **Tratados de extradição:** construção, atualidade e projeção do relacionamento bilateral brasileiro. Brasília: FUNAG. Instituto Rio Branco: Fundação Alexandre Gusmão, 2003.

ALMEIDA, Paulo Roberto. **O Brasil e o Multilateralismo Econômico.** Porto Alegre: livraria do Advogado, 1999.

ALMEIDA, Roberto Caparroz de. Do Imposto sobre Produtos Industrializados Vinculado às Importações. In: TÔRRES, Heleno Taveira (Coord.). **Comércio Internacional e Tributação.** São Paulo: Quartier Latin, 2005.

ALMEIDA, Wilson; FORTES, Naila. Integração regional e corrupção nas transações comerciais internacionais. **Revista de Direito Internacional, Econômico e Tributário** - RDIET, Brasília, v. 6, n. 2, p. 279-290, Jul/Dez. 2011, p. 281.

AMARAL JUNIOR, Alberto do. **Curso de Direito Internacional Público.** 2. ed., Ed. Atlas. São Paulo, 2011, p. 21.

AMARAL, Antonio Carlos Rodrigues do. **Comentários ao Código Tributário Nacional.** São Paulo: Ed. Saraiva, 1998.

AMARO, Luciano. **Direito Tributário Brasileiro.** 12. ed., São Paulo: Saraiva, 2006.

AMARO, Luciano. **Direito Tributário Brasileiro,** São Paulo, Saraiva, 1997, p. 176 e Machado, Hugo de Brito. **Isenções Tributárias no Mercosul,** IOB, junho/1997, n° 11/97, caderno 1, p. 269.

ANCEL, Marc. **Utilidade e métodos do Direito Comparado.** (S. J. Porto, Trad.) Porto Alegre: Sergio Antonio Fabris Editor. 1980.

ARAÚJO, Juliana Correia de. **Tratados Internacionais em Matéria Tributária:** procedimento de celebração e inserção das normas convencionais na ordem interna. 2003. 245 f. Dissertação (Mestrado em Direito) – Pontifícia Universidade Católica de São Paulo, São Paulo, 2003.

ARAÚJO, Nádia de. **Direito Internacional Privado: teoria e prática brasileira**. 3. ed. Rio de Janeiro: Renovar, 2006.

ARIOSI, Mariangêla. **Conflitos entre tratados internacionais e leis internas**: O judiciário brasileiro e a nova ordem internacional. Rio de Janeiro: Renovar, 2000.

ATALIBA, Geraldo. Conteúdo e Alcance da Competência para editar normas gerais de Direito tributário (Art. 18, § 1° do texto constitucional). **Revista de Informação Legislativa**, n. 75, a. 19, n. 75, p. 84.

BALASSA apud BOJIKIAN, Neusa Maria Pereira. **Acordos comerciais internacionais**: o Brasil nas negociações do setor de serviços financeiros. São Paulo: UNESP, 2009, p. 52-53.

BALEEIRO, Aliomar. **Direito Tributário Brasileiro**. 11 ed., rev. e complem. Rio de Janeiro: Ed. Forense, 2000.

BALEEIRO, Aliomar. **Limitações Constitucionais ao Poder de Tributar**. Atualização de Mizabel Abreu Machado Derzi. 7. ed., Rio de Janeiro: Forense, 1997.

BARBOSA, Rangel Garcia. **As licitações Internacionais Brasileiras e a OMC**. Disponível em: <http://jus2.uol.com.br/doutrina/texto.asp?id=5811>. Acesso em: 25 jan. 2007.

BARRAL, Welber (Org.). **O Brasil e a OMC**. Curitiba, Juruá, 2002. 2. ed. Ampliada.

BARRAL, Welber. **Dumping e Comércio Internacional:** a regulamentação antidumping após a Rodada do Uruguai. Rio de Janeiro: Forense, 2000.

BARRAL, Welber. Dumping e Medidas Antidumping: sua polêmica natureza jurídica. In: TÔRRES, Heleno Taveira (Coord.). **Direito Tributário Internacional**. São Paulo: Quartier Latin, 2003.

BARROSO, Luís Roberto. Fundamentos Teóricos e Filosóficos do Novo Direito Constitucional Brasileiro. In **Cadernos de Soluções Constitucionais 1**. Associação Brasileira de Constitucionalistas Democratas. São Paulo: Malheiros Editores, 2003, p. 150-184.

BARROSO, Luís Roberto. **Interpretação e aplicação da Constituição**: fundamentos de uma dogmática constitucional transformadora. São Paulo: Saraiva, 1998, p. 21-22.

BARROZO, Helena Aranda; TESHIMA, Márcia; MAZZUOLI, Valerio de Oliveira (Org.). **Novos estudos de direito internacional contemporâneo.** Londrina: EDUEL, 2008.

BASALDUA, Ricardo Xavier. **Introducción al Derecho Aduanero**. Buenos Aires: Abeledo-Perrot, 1988.

BASTOS, Carlos Eduardo Caputo. **Tratados do Mercosul e Executoriedade**. Disponível na internet: <http://www.neofito.com.br/artigos/inter8.htm>. Acessado em: 15 jun. 2008.

BASTOS, Celso Ribeiro. **Curso de direito constitucional**. São Paulo: Celso Bastos Editor, 2002.

BECHER, Hartmut. (1997), "Apresentação", in Valerio Rohden (Org.), Kant e a Instituição da Paz. Porto Alegre, Editora da Universidade Federal do Rio Grande do Sul, Goethe-Institut/ICBA.

BECKER, Alfredo Augusto. **Carnaval Tributário.** São Paulo: Saraiva, 1989.

BECKER, Alfredo Augusto. **Teoria Geral do Direito Tributário**. 2. ed. São Paulo: Saraiva, 1972.

BENKE, Rafael Tiago Juk. Ensaio sobre a Valoração Aduaneira no Brasil. In: TÔRRES, Heleno Taveira (Coord.). **Direito Tributário Internacional**. São Paulo: Quartier Latin, 2003.

BERNARDO Goncalves Fernandes - **Curso de Direito Constitucional** - 3º edição - Ano 2011, Rio de Janeiro. ed. Lumen Juris.

BEUX, Carla. **Direito Tributário Atual**. Curitiba: Ed. Juruá, 2000.

BIZZELLI, João dos Santos. **Importação:** sistemática administrativa, cambial e fiscal. São Paulo: Aduaneiras, 2006.

BOJIKIAN, Neusa Maria Pereira. **Acordos comerciais internacionais:** o Brasil nas negociações do setor de serviços financeiros. São Paulo: UNESP, 2009.

BONAVIDES, Paulo. **Curso de Direito Constitucional**. 19. ed. São Paulo: Malheiros, 2006.

BONAVIDES, Paulo; ANDRADE, Paes de. **História constitucional do Brasil**. 5ª edição. Florianópolis: OAB Editora, 2004.

BORGES, Antônio de Moura Borges. **O fornecimento de informações a administrações tributárias estrangeiras com base na cláusula da troca de informações, prevista em tratados internacionais sobre matéria tributária.** Disponível em: <http://jus.com.br/artigos/1611/o-fornecimento-de-informacoes-a-administracoes-tributarias-estrangeiras>. Acesso em: 10 nov. 2014.

BORGES, Antônio de Moura. Convenções sobre dupla tributação internacional entre Estados desenvolvidos e Estados em desenvolvimento. In: **Revista dialética de Direito Tributário** RDDT 8 (1996).

BORGES, Antônio de Moura. **Convenções sobre dupla tributação internacional**, Teresina: EDUFPI; São Paulo: IBDT, 1992, p. 19 e 20.

BORGES, Antônio de Moura; KHOURY, Laila José Antônio. A troca de informações no âmbito de tratados internacionais sobre matéria tributária. *In*: XVII Congresso Nacional do CONPEDI, 2009, Brasília - DF. **Anais do XVII Congresso Nacional do CONPEDI**, 2008. p. 2534.

BORGES, José Souto Maior. Lei complementar tributária. São Paulo. **Revista dos Tribunais**, 1975, p. 26-27.

BORJA, Célio, "Patente de Invenção - Acordo Internacional - Vigência. Parecer", **Revista de Direito Administrativo**, São Paulo, v. 213, p. 328 - 41, jul/set. 98. Pareceres

BOTTALO, Eduardo Domingos; MELO, José Eduardo Soares de. **Comentários às Súmulas do STF e do STF.** São Paulo: Quartier Latin, 2007.

BRASIL. **Constituição da República dos Estados Unidos do Brasil de 24 de fevereiro de 1891**. Disponível em: <http://www.planalto.gov.br/ccivil_03/Constituicao/Constituicao91.htm>. Acesso em: 22 agosto. 2014.

BRASIL. **Constituição da República dos Estados Unidos do Brasil de 16 de julho de 1934**. Disponível em: <http://www.planalto.gov.br/ccivil_03/Constituicao/Constituicao34.htm>. Acesso em: 23 agosto. 2014.

BRASIL. **Constituição da República Federativa do Brasil de 1967**. Disponível em: <http://www.planalto.gov.br/ccivil_03/Constituicao/Constituicao67.htm>. Acesso em: 23 agosto. 2014.

BRASIL. **Constituição dos Estados Unidos do Brasil de 10 de novembro de 1937**. Disponível em: <http://www.planalto.gov.br/ccivil_03/Constituicao/Constituicao37.htm>. Acesso em: 23 agosto. 2014.

BRASIL. **Constituição dos Estados Unidos do Brasil de 18 de setembro de 1946**. Disponível em: <http://www.planalto.gov.br/ccivil_03/Constituicao/Constituicao46.htm>. Acesso em: 22 agosto. 2014.

BRASIL. **Constituição Politica do Imperio do Brazil de 25 de março de 1824**. Disponível em: <http://www.planalto.gov.br/ccivil_03/Constituicao/Constituicao24.htm>. Acesso em: 22 agosto. 2014.

BRASIL. **Redação dada pela Emenda Constitucional nº 1 de 17 de outubro de 1969**. Disponível em: <http://www.planalto.gov.br/ccivil_03/Constituicao/Constituicao67EMC69.htm>. Acesso em: 23 agosto 2014.

BRASIL. Superior Tribunal Federal. **ADC 1/DF**. Julgada pelo pleno em 01 de dezembro de 1993.

BRASIL. SUPREMO TRIBUNAL FEDERAL, Tribunal Pleno, **ADI-MC 1480/DF**. Relator: Celso de Mello, DJ de 18.05.2001, p. 429.

BRASIL. Supremo Tribunal Federal. **Adin 1.600-8-DF**, Rel. Min. Sydney Sanches; Rel. para acórdão Min. Nelson Jobim; Trib. Pleno, decisão por maioria de votos, vencidos os Ministros Sydney Sanches, Carlos Velloso e Marco Aurélio; DJ de 20-6-2003, Ata nº 19/2003.

BRASIL. Supremo Tribunal Federal. **Apelação Cível n. 9.587**/RS, Rel. Min. Lafayette de Andrada, julgada em 21.8.1951.

BRASIL. Supremo Tribunal Federal. **Habeas Corpus, 87.585** de 19 de dezembro de 2008.

BRASIL. SUPREMO TRIBUNAL FEDERAL. **RE 460.320/PR**. VOTO. REL. Min. Gilmar Mendes. Em elaboração. 31/08/2011. Plenário. Disponível em: <http://www.stf.jus.br/portal/processo/verProcessoAndamento.asp?numero=460320&classe=RE&codigoClasse=0&ORIGEM=JUR&recurso=0&tipoJulgamento>. Acesso em: 22 agosto. 2014.

BRASIL. Supremo Tribunal Federal. **RE 80.004/SE**, Voto do Min. Cunha Peixoto. DJ 29.12.1977.

BRASIL. Supremo Tribunal Federal. **RE nº. 71.154/PR**. Voto. REL. Min. Oswaldo Trigueiro. Julgado em: 4 agosto. 1971.

BRASIL. Supremo Tribunal Federal. **SÚMULA 575**.

BRITO, Valteir Marcos de. A recepção dos Tratados Internacionais pelo Ordenamento Jurídico Brasileiro e a Participação do Poder Legislativo na Celebração de Tratados. **Revista de Direito Internacional, Econômico e Tributário**. p. 35.

BRITO, Valteir Marcos de. Brito, A recepção dos Tratados Internacionais pelo Ordenamento Jurídico Brasileiro e a Participação do Poder Legislativo na Celebração de Tratados. **Revista de Direito Internacional, Econômico e Tributário**, p. 24 e 25.

BRITO, Valteir Marcos de. Brito, A recepção dos Tratados Internacionais pelo Ordenamento Jurídico Brasileiro e a Participação do Poder Legislativo na Celebração de Tratados. **Revista de Direito Internacional, Econômico e Tributário**, nota de rodapé 20, p. 26.

BUENO, Rudson Domingo. **Tributação sobre Serviços**. Curitiba: Juruá Editora. 2013.

CABANELLAS, Guillermo. **El Dumping: legislación argentina y derecho comparado**, Buenos Aires: Heliasta, 1981.

CAETANO, Marcelo. **Manual de Direito Administrativo**. Rio de Janeiro: Forense, 1970. v. I.

CAMPOS, Antonio. **Comércio Internacional e Importação**. São Paulo: Aduaneiras, 1990.

CANAZARO, Fábio. **Lei Complementar Tributária na Constituição de 1988**: normas gerais em matéria de legislação tributária e autonomia federativa. Porto Alegre: Livraria do Advogado, 2005, p. 42-44.

CANÇADO TRINDADE, Antônio Augusto. **O direito internacional em um mundo em transformação**. Rio de janeiro: Renovar, 2002;

CANOTILHO, Joaquim José Gomes. **Direito Constitucional e Teoria da Constituição**. 5. ed. Coimbra: Almedina, 2002, p. 336.

CANOTILHO, José Joaquim Gomes, **"Brancosos" e interconstitucionalidade: itinerários dos discursos sobre a historicidade constitucional**. 2. ed., Almedina. São Paulo. 2008.

CANOTILHO, José Joaquim Gomes. **Constituição dirigente e vinculação do legislador**: contributo para a compreensão das normas constitucionais programáticas. Coimbra: Coimbra Editora, 1982.

CANOTILHO, José Joaquim Gomes. O Estado Adjetivo e a Teoria da Constituição. **Revista Latino-Americana de Estudos Constitucionais.** n. 5, Belo Horizonte: Del Rey, p. 139-154, jan/jul. 2005, p. 145.

CANTO, Gilberto de Ulhôa. Legislação Tributária, sua Vigência, sua Eficácia, Interpretação e Integração, **Revista Forense**, São Paulo, n. 267.

CARLUCI, José Lence. **Uma Introdução ao Direito Aduaneiro.** São Paulo: Aduaneiras, 1996.

CARRAZZA, Elizabeth Nazar (Coord.). **ICMS**: questões atuais. São Paulo: Quartier Latin, 2007.

CARRAZZA, Roque Antônio. **Curso de Direito Constitucional Tributário.** 22. ed. São Paulo: Malheiros, 2006.

CARRAZZA, Roque Antônio. Mercosul e Tributos Estaduais, Municipais e Distritais, **Revista de Direito Tributário**, São Paulo, n. 64.

CARRAZZA, Roque Antônio. **O Regulamento no Direito Tributário Brasileiro.** São Paulo: Revista dos Tribunais, 1981.

CARRAZZA, Roque Antônio. **O Sujeito Ativo da Obrigação Tributária.** São Paulo: Resenha Tributária, 1977.

CARVALHO, Fábio Junqueira de; MURGEL, Maria Inês. **ICMS**: reflexões sobre a Lei Complementar no. 102/2000. Belo Horizonte: Mandamentos, 2001.

CARVALHO, Paulo de Barros. **Curso de Direito Tributário.** 24. ed., São Paulo: Saraiva, 2012.

CASELLA, Paulo Borba. **Direito Internacional Tributário Brasileiro.** São Paulo: Ed. LTr, 1995.

CASSONE, Vitório. Delegação Legislativa em Matéria Tributária, **Repertório IOB de Jurisprudência**, São Paulo, cad. 1, n. 2, 1999.

CASSONE, Vitório. Mercosul. Tratados Internacionais: seu ingresso na ordem jurídica interna e isenção de tributos estaduais e municipais. Marco distintivo entre incidência, não-incidência e isenção, **Repertório IOB de Jurisprudência**, São Paulo, cad. 1, n. 23, 1997.

CASTRO, Amílcar de. **Direito Internacional Privado**. 6. ed., Rio de Janeiro: Forense, 2005.

CERVO, Amado Luiz. Política exterior e relações internacionais do Brasil: enfoque paradigmático. **Revista Brasileira de Política internacional**, v. 46, n. 2, p. 5-25, 2003. Disponível em: <http://www.scielo.br/pdf/rbpi/v46n2/v46n2a01.pdf>. Acesso em 24 de agosto de 2014, p. 7.

Charles Rousseau. *Droit* international public approfondi., Dalloz, Paris. 1958, p. 3-16. *In* MELLO, Celso D. de Albuquerque. **Curso de Direito Internacional Público**. v. 1, 12. ed. rev. e aum. Rio de Janeiro: Renovar, 2000, p. 109.

CHIESA, Clélio. **A Competência Tributária do Estado Brasileiro**: desonerações nacionais e imunidades condicionadas. São Paulo: Max Limonad, 2002.

BEVILÁQUA, Clóvis. **Direito Público Internacional.** A syntese dos princípios e a contribuição do Brazil. Tomo II 2. Livraria Francisco Alves 166 Rua do Ouvidor – Rio de Janeiro. 1911. Disponível em: <http://www.oab.org.br/editora/revista/users/revista/1211291763174218181901.pdf>., p. 31 e 32. Acesso em: 12 nov. 2014.

COÊLHO, Sacha Calmon Navarro. A Obrigação Tributária – Nascimento e Morte – a transação como forma de extinção do crédito tributário, **Revista de Direito Tributário**, São Paulo, n. 62.

COÊLHO, Sacha Calmon Navarro. **Direito Tributário Contemporâneo**. São Paulo: Ed. Revista dos Tribunais, 1997.

COÊLHO, Sacha Calmon Navarro. **Comentários à Constituição de 1988**: Sistema Tributário. 6. ed. Rio de Janeiro: Forense, 1996.

COÊLHO, Sacha Calmon Navarro. Tratados Internacionais em Matéria Tributária (perante a Constituição Federal do Brasil de 1988), **Revista de Direito Tributário**, São Paulo, n. 59.

CORRÊA, Sergio Feltrin. **Código Tributário Nacional Comentado**. São Paulo: Ed. Revista dos Tribunais, 1999.

CRUVINEL, Marcelo Pereira. A incompatibilidade do regime de transparência internacional com os tratados contra a bitributação celebrados pelo Brasil. **Revista de Direito Internacional, Econômico e Tributário - RDIET**, Brasília, v. 6, n. 2, p. 291-311, jul/dez, 2011, p. 291–311. p. 294.

CUNHA JÚNIOR, Dirley da, **Curso de direito constitucional**. 8. ed. Jus Podivm, 2014.

DAVID, René. **Os Grandes Sistemas do Direito Contemporâneo**. São Paulo: Martins Fontes. 1986.

DERZI, Misabel Abreu Machado. Federalismo, Estado Democrático de Direito e Imposto sobre o Consumo, **Revista de Direito Tributário**, São Paulo, n. 75.

DINIZ, Maria Helena. **Lei de Introdução ao Código Civil Brasileiro Interpretada**. 7. ed. São Paulo: Ed. Saraiva, 2001.

DOLINGER, Jacob, "Acordo sobre os Aspectos dos Direitos de Propriedade Intelectual Relacionados ao Comércio –TRIP's - Patente de Invenção – Aplicabilidade do Acordo no Brasil", **Revista Forense**, Rio de Janeiro, v. 342, p. 225-35, abr./maio 1998.

DOLINGER, Jacob. **A Evolução da Ordem Pública no Direito Internacional Privado**. Tese apresentada à Egrégia Congregação da Faculdade de Direito da Universidade do Estado do Rio de Janeiro para o concurso à Cátedra de Direito Internacional Privado. Rio de Janeiro, 1979.

DOLINGER, Jacob. As soluções da Suprema Corte Brasileira para os conflitos entre Direito interno e o Direito internacional, **Revista forense**, Rio de Janeiro: Forense, 1996, p. 107.

DOLINGER, Jacob. **Direito Internacional Privado: parte geral**. 8. ed. Rio de Janeiro: Renovar, 2005.

DUPUY, René-Jean. A supranacionalidade na União Européia e no Mercosul. In: E. Accioly, **Mercosul e União Européia Estrutura Jurídico-Institucional**, p. 169-170. Curitiba: Juruá Editora. 2010.

ESTEVES, Maria do Rosário. **Normas Gerais de Direito Tributário**. São Paulo: Max Limonad, 1997, p. 106

FALCÃO, Amílcar de Araújo. **Fato Gerador da Obrigação Tributária**, Rio de Janeiro, Forense, 1994.

FARIA, Alberto Gurgel de. Tributos sobre o Comércio Exterior. In: FREITAS, Vladimir Passos de (Coord.). **Importação e Exportação no Direito Brasileiro**. São Paulo: Revista dos Tribunais, 2004.

FAVARO, Luciano Monti. Os Sujeitos de Direito Internacional Econômico. **Revista do Mestrado em Direito** – RVMD. 62-97, p. 67.

FERNANDES, Bernardo Goncalves. **Curso de Direito Constitucional.** 3. Edição. Rio de Janeiro. ed. Lumen Juris, 2011.

FERNANDES, Edison Carlos. **Sistema Tributário do Mercosul**. 2. ed, rev. e atual. São Paulo: Ed. Revista dos Tribunais, 1999.

FERREIRA FILHO, Manoel Gonçalves, **Curso de direito constitucional**. 38. ed., rev. e atual. – São Paulo: Saraiva, 2012.

FERREIRA FILHO, Manoel Gonçalves. **A Democracia Possível**. São Paulo: Saraiva, 1979.

FERREIRA FILHO, Manoel Gonçalves. **Comentários à Constituição Brasileira de 1988.** São Paulo: Saraiva, 1989.

FERREIRA Filho, Manoel Gonçalves. **Curso de direito constitucional**. 38. ed., rev. e atual. – São Paulo: Saraiva, 2012.

FERREIRA FILHO, Manoel Gonçalves. **Do processo legislativo**, 7, ed. Saraiva. São Paulo. 2012, p. 196-205.

FERREIRA FILHO, Manoel Gonçalves. **Estado de Direito e Constituição**. São Paulo: Saraiva, 1988.

FOLLONI, André Parmo. **Tributação sobre o Comércio Exterior**. São Paulo: Dialética, 2005.

FRAGA Mírtô. **O conflito entre tratado internacional e norma de direito interno**: estudo analítico da situação do tratado na ordem jurídica brasileira, Rio de Janeiro: Forense, 1998.

FUCK, Luciano Felício. A denúncia da Convenção entre Brasil e Alemanha e os métodos para evitar a dupla tributação internacional. **Revista de Direito Internacional, Econômico e Tributário** - RDIET, p. 8-9.

GABSCH, Rodrigo. D'Araújo. **Aprovação de Tratados Internacionais pelo Brasil**. Brasília: Funag, 2010.

GODOY, Arnaldo Sampaio de Moraes. **Tributação Internacional e a Nova Ordem Mundial**, publicado na página: <http://www.arnaldogodoy.adv.br/publica/tributacao_internacional_e_a_nova_ordem_mundial.html>. Acesso em: 15 agosto, 2014, item 6.

GOMES, Luiz Flávio, PIOVESAN, Flávia. **O Sistema Interamericano de Proteção dos Direitos Humanos e o Direito Brasileiro**. São Paulo: RT, 2000.

GONÇALVES, Reinaldo et alli. **A Nova Economia Internacional** – uma Perspectiva Brasileira. Rio de Janeiro: Editora Campus, 1998.

GRECO, Marco Aurélio. Comércio Exterior e novas realidades – problemas emergentes. **Revista Dialética de Direito Tributário**. São Paulo, n. 44, p. 116-137, mio, p, 135-136.

GRUPENMACHER, Betina Treiger. **Tratados Internacionais em Matéria Tributária e Ordem Interna**. São Paulo: Dialética, 1999.

GUARDIA, Renata Borges La. **O controle dos preços de transferência. Aplicação em operações financeiras e derivativos.** Tese de Doutorado apresentada na Faculdade de Direito de São Paulo no ano de 2010. Não publicada, sob orientação de Heleno Taveira Torres.

Hildebrando Accioly **Tratado de Direito Internacional.** v. 2-3, Ed. Quartier Latin, 2009.

JO, Hee Moon. **Introdução ao Direito Internacional.** São Paulo: LTr, 2000.

JUBILUT, Liliana Lyra. Os fundamentos do Direito Internacional Contemporâneo: da Coexistência aos Valores Compartilhados. **V anuário brasileiro de Direito Internacional.** v. 2. p. 203 a 2013.

KELSEN, Hans. Derecho e Paz em las Relaciones Internacionales. Tradução: ACOSTA, Florêncio. Prólogo: SICHES, Luis Recasens. Fundo de Cultura Econômica, Panuco 63, 1ª edição, 1942.

KELSEN, Hans. **Teoria pura do direito,** 7a ed. Trad. João Baptista Machado. São Paulo: Martins Fontes, 2006.

LAFER, Celso. **A OMC e a regulamentação do comércio internacional.** Uma visão Brasileira. Porto Alegre: Livraria do Advogado, 1998.

LAMPREIA et al. **O Direito do Comercio Internacional.** São Paulo: Observador Legal, 1997.

LEONARDOS, Gabriel Francisco. **Tributação da transferência da transferência de tecnologia.** Ed. Forense. Rio de Janeiro. 1997, p. 99.

Liliana Lyra no texto: Os Fundamentos do Direito Internacional Contemporâneo: da Coexistência aos Valores Compartilhados e por Paulo Borba Casella em **Direito Internacional Tributário Brasileiro.** São Paulo: Ed. LTr, 1995.

LIMA, Sebastião de Oliveira. **O Fato Gerador e o Imposto de Importação na Legislação Brasileira.** São Paulo: Resenha Tributária, 1981.

LIMA, Sérgio Mourão Correia. **Tratados Internacionais no Brasil e Integração.** São Paulo: LTr, 1998.

LÔBO, Marcelo Jatobá. A Natureza Jurídica dos Direitos Antidumping. In: TÔRRES, Heleno Taveira (Coord.). **Direito Tributário Internacional**. São Paulo: Quartier Latin, 2003.

LOPES, José Reinaldo Lima. **O Direito na História – Lições Introdutórias**. São Paulo, Max Limonad. 2002. p. 277-306.

LUHMANN, Niklas. **Introducción a la Teoría de Sistemas**. Tradução de Javier Torres Nafarrate. México e Barcelona: Universidad Iberoamericana e Antropos, 1996.

LUPI, André Lipp Pinto Basto. O Brasil é dualista? Anotações sobre a vigência de normas internacionais no ordenamento brasileiro. **Revista de Informação Legislativa**. Brasília, a. 46 n. 184, out/dez., 2009.

LUPI, André Lipp Pinto Basto. **Soberania, OMC e Mercosul**. São Paulo: Adauneiras, 2001.

MACEDO, Leonardo Correia. **Direito Tributário no Comércio Internacional**: acordos e convenções internacionais – OMC, CCA/OMA, Aladi e Mercosul, 2005.

MACHADO, Hugo de Brito. **Aspectos Fundamentais do ICMS**. São Paulo: Dialética, 1997.

MACHADO, Hugo de Brito. **Contribuições e Federalismo**. São Paulo: Dialética, 2005.

MACHADO, Hugo de Brito. **Curso de Direito Tributário**, 24. ed., rev. atual. e ampl., São Paulo: Ed. Malheiros, 2004.

MACHADO, Hugo de Brito. Isenções de Impostos Estaduais e Municipais Concedidos pela União, **Repertório IOB de Jurisprudência**, São Paulo, cad. 1, n. 22, 1997.

MACHADO, Hugo de Brito. Isenções Tributárias no Mercosul, **Repertório IOB de Jurisprudência,** São Paulo, cad. 1, n. 11, 1997.

MACHADO, Hugo de Brito. **Revista Dialética de Direito Tributário n.º 93 – Tratados e Convenções Internacionais em Matéria Tributária**, São Paulo: Ed. Dialética, 2003.

Maciel Anor Butler. **Extradição Internacional**. Rio de Janeiro: Departamento de Imprensa Nacional. 1957, p. 12.

MAGALHÃES, José Carlos de. **O Supremo Tribunal Federal e o Direito Internacional**. Porto Alegre: Livraria do Advogado, 2000.

MAGALHÃES, José Carlos de. **O Supremo Tribunal Federal e o Direito Internacional**. Porto Alegre: Livraria do Advogado, 2000.

MALUF, Sahid. **Teoria Geral do Estado**. 31. ed., São Paulo: Saraiva. 2013, cap. I, p. 3.

VALADÃO, Marcos Aurélio Pereira. **Limitações ao poder de tributar e Tratados Internacionais**. Belo Horizonte: Del Rey. 2000, p. 221-222.

MARTINS, Ives Gandra da Silva. O Princípio da Igualdade da Tributação no Comércio Internacional, **Cadernos de Direito Tributário e Finanças Públicas**, n. 06.

MARTINS, Ives Gandra da Silva. **Sistema Tributário na Constituição de 1988**. 3. ed. São Paulo: Saraiva, 1991.

MARTINS, Natanel. Tratados Internacionais em Matéria Tributária, **Cadernos de Direito Tributário e Finanças Públicas,** n. 12.

MATIAS. Eduardo Felipe P. A convenção de Viena sobre o Direito dos Tratados. **Revista Jurídica Consulex**. Ano XIV, n. 315, 28 fev. 2010, p. 14-15.

MATIAS. Eduardo Felipe P. A convenção de Viena sobre o Direito dos Tratados. **Revista Jurídica Consulex**. Ano XIV, n. 315, 28 fev. 2010, p. 17.

MAXIMILIANO, Carlos. **Comentários à Constituição Brasileira de 1946**. Rio de Janeiro: Freitas Bastos, 1948, v. 2, p. 238.

MAZZUOLI, Valério de Oliveira **A Opção do Judiciário Brasileiro em face dos Conflitos entre Tratados Internacionais e Leis Internas.** Disponível em: <http://www.buscalegis.ccj.ufsc.br>. Acessado em: 22 jun. 2008.

MAZZUOLI, Valério de Oliveira. **Revista do Tribunal Regional do Trabalho da 15ª Região,** n. 43, 2013, 71–94, p. 72.

MAZZUOLI, Valério de Oliveira. **A Influência dos Tratados Internacionais de Proteção dos Direitos Humanos no Direito Interno Brasileiro.** Disponível em: <http://www.jusnavigandi.com.br>. Acessado em: 20 jun. 2008.

MAZZUOLI, Valério de Oliveira. **Curso de Direito Internacional Público.** 7. ed. rev. atual. e ampl. São Paulo: RT, 2013.

MAZZUOLI, Valério de Oliveira. **Direito dos tratados.** São Paulo: Ed. RT, 2011.

MAZZUOLI, Valério de Oliveira. **Direito Internacional: tratados e direitos humanos fundamentais na ordem jurídica brasileira.** Rio de janeiro: América jurídica, 2001;

MAZZUOLI, Valério de Oliveira. **O controle jurisdicional da convencionalidade das leis.** 3. ed. rev., atual. e ampl. São Paulo: Ed. RT, 2013.

MAZZUOLI, Valerio de Oliveira. **O novo § 3º do art. 5º da Constituição e sua eficácia.** Revista Forense, Rio de Janeiro, v. 378, ano 101, mar/abr. 2005.

MAZZUOLI, Valério de Oliveira. O Supremo Tribunal Federal e os conflitos entre tratados internacionais e Leis internas. **Revista de Informação Legislativa,** ano 39.

MAZZUOLI, Valerio de Oliveira. **Tratados internacionais de direitos humanos e direito interno.** São Paulo: Saraiva, 2010.

MAZZUOLI, Valerio de Oliveira. **Tratados Internacionais: com comentários à Convenção de Viena de 1969,** 2. ed., rev., ampl. e atuai. São Paulo: Juarez de Oliveira, 2004;

MEDEIROS, Antônio Paulo Cachapuz de. O Brasil e os novos desafios do Direito dos Tratados. In: **Conferência pronunciada no I Congresso Internacional de Direito Internacional.** Belo Horizonte, 2002, p. 81.

MEDEIROS, Antonio Paulo Cachapuz de. **O Poder de Celebrar Tratados: competência dos poderes constituídos para a celebração de tratados, à luz do Direito Internacional Comparado e do Direito Constitucional Brasileiro.** Porto Alegre: Sérgio Antonio Fabris Editor, 1995.

MEDEIROS, Antonio Paulo Cachapuz de. **Poder Legislativo e os Tratados Internacionais.** Poá: LPM Editores, 1983.

MEDEIROS, Antônio Paulo Cachapuz. **O poder de celebrar tratados: competência dos poderes constituídos para a celebração de tratados à luz do Direito Internacional, do Direito Comparado e do Direito Constitucional Brasileiro.** Porto Alegre: Sergio Antonio Fabris, 1995.

MEDEIROS, Antônio. Paulo Cachapuz de. A constituição de 1988 e o poder de celebrar Tratados. **Revista de Informação Legislativa**, p. 89-125. 2008.

MEIRA, Liziane Angelotti **Tributos sobre o comércio exterior.** São Paulo: Saraiva, 2012.

MEIRA, Liziane Angelotti. (julho/agosto de 2012). Mecanismo de incorporação dos Acordos Internacionais - Questões tributárias e normas do Mercosul. **Revista Fórum de Direito Tributário - RFDT, 58**, p. 101-124.

MEIRA, Liziane Angelotti. Contribuição para o PIS/Pasep e Cofins na Importação, **Revista Jurídica Consulex**, Brasília, DF, ano VIII, n. 189, 30 nov. 2004.

MEIRA, Liziane Angelotti. Imposto sobre a Importação. In: ROSALDO, Trevisan (Coord.). **Temas Atuais de Direito Aduaneiro.** São Paulo: Dialética, 2004.

MEIRA, Liziane Angelotti. **Princípio do Federalismo e competência tributária.** Disponível em: <http://www.rkladvocacia.com/arquivos/artigos/art_srt_arquivo20100919180216.pdf>. Acesso em: 12 nov. 2014.

MEIRA, Liziane Angelotti. Regimes Aduaneiros Especiais e Integração Regional: análise dos regimes brasileiros em face das regras do Mercosul. In: TÔRRES, Heleno Taveira (Coord.). **Comércio Internacional e Tributação**. São Paulo: Quartier Latin, 2005.

MEIRA, Liziane Angelotti. **Regimes Aduaneiros Especiais**. São Paulo: IOB, 2002.

MEIRA, Liziane. Angelotti. (julho/agosto de 2012). Mecanismo de incorporação dos Acordos Internacionais - Questões tributárias e normas do Mercosul. **Revista Fórum de Direito Tributário - RFDT**, 58, p. 101-124.

MELLO, Celso D. de Albuquerque. **Curso de Direito Internacional Público**. Rio de Janeiro. Renovar, 2001.

MELLO, Celso D. de Albuquerque. **Direito Internacional Econômico**, Rio de Janeiro: Renovar, 1993.

MELLO, Celso D. de Albuquerque. **O § 2° do art. 5°da Constituição Federal, Teoria dos Direitos fundamentais**, 2. ed., rev. e atual. Ricardo Lobo Torres (Org.). Rio de janeiro: Renovar, 2001.

MELLO, Celso D. de Albuquerque. **Ratificação de tratados**: estudo de direito internacional e constitucional. Rio de Janeiro: Freitas Bastos, 1966.

MELLO, Celso D. de Albuquerque. **Direito Constitucional Internacional**. Rio de Janeiro: Ed. Renovar, 1994.

MELLO, Celso de Albuquerque. **Direito Internacional Público**: Tratados e Convenções. 5ª ed.: Renovar, 1997.

MELLO, Rafael Munhoz de. Aspectos Relevantes do Federalismo, **Revista de Direito Constitucional e Internacional**, São Paulo, n. 41.

MELO, José Eduardo Soares de. **Curso de Direito Tributário**, 2. ed., São Paulo: Dialética, 2001.

MENDES, Gilmar; COELHO, Inocêncio Mártires Coelho; BRANCO, Paulo Gustavo Gonet. **Curso de Direito Constitucional**. 7. ed. São Paulo: Saraiva, 2013.

MIRANDA, Jorge. **Curso de direito internacional público**: uma visão sistemática do direito internacional dos nossos dias, 4a ed. Rio de Janeiro: Forense, 2009.

MIRANDA, Pontes de. **Comentários à Constituição da República dos Estados Unidos do Brasil**. Rio de Janeiro. Ed. Guanaara, 1934, tomo I, p. 527.

Miranda, Pontes de. **Comentários à constituição de 1946**. Rio de Janeiro: Henrique Cahen Editor, 1946, v. II.

Miranda, Pontes de. **Comentários à constituição de 1967**. São Paulo: Editora Revista dos Tribunais, 1967, tomo III, p. 105.

MIRANDA, Pontes de. **Comentários ao Código de Processo Civil**. Rio de Janeiro: Forense, 1974. t. I.

MORAES, Alexandre de. **Direito Constitucional**. 9. ed., atual. São Paulo: Ed. Atlas, 2001.

ARAÚJO. Nádia. A internalização dos Tratados Internacionais no Direito Brasileiro e o Caso do Trips. **Revista da ABPI nº 62**. 01 fev. 2003.

NAKADA, Minoru. **A OMC e o Regionalismo**. São Paulo: Aduaneiras, 2002.

OLIVEIRA, Phelippe Toledo Pires. A troca de informações em matéria tributária: práticas e perspectivas brasileiras sobre o assunto. **Revista da PGFN** 139 a 160, p 155-156.

OTACIANO, Nogueira. **Constituições Brasileiras**. V. I, 3. ed. Brasília. Senado Federal. 2012.

PAULSEN, Leandro. **Direito Tributário**. 2. ed., rev. e ampl., Porto Alegre: Ed. Livraria do Advogado, 2000.

PEREIRA, André Gonçalves & QUADROS, Fausto de. **Manual de direito internacional público**, 3. ed, rev. E aum. (8a reimpressão). Coimbra: Almedina, 2009.

PINTO, Gustavo Mathias Alves. Tratados internacionais em matéria tributária e sua relação com o direito interno no Brasil. **Revista Direito GV,** v. 4, n.1. São Paulo, Jan/June 2008, p.135–163. Disponível em: <http://dx.doi.org/10.1590/S1808-24322008000100007>. Acesso em: agosto de 2014.

PORTELA, Paulo Henrique Gonçalves. **Direito Internacional Público e Privado Incluindo Noções de Direitos Humanos e de Direito Comunitário.** 2. ed. Ed. *jus*PODIVN. Bahia. 2010.

PORTELA, Paulo Henrique Gonçalves. **Direito Internacional Público e Privado Incluindo Noções de Direitos Humanos e de Direito Comunitário.** 2 ed. Ed. *jus*PODIVN. Bahia. 2010.

REALE, Miguel. **Lições Preliminares de Direito.** 16. ed. São Paulo: Saraiva, 1988.

REALE, Miguel. **O Estado Democrático de Direito e o Conflito de Ideologias.** 2. ed. São Paulo: Saraiva, 1999.

REZEK, José Francisco. **Direito Internacional Público:** Curso Elementar. 12. ed. 2010. p.131-132.

REZEK, José Francisco. Parlamento Constitucional e tratados: o modelo constitucional do Brasil. **Revista de Informação Legislativa.** Brasília, a. 41, b. 162, abr/jun. 2004, p.121- 148.

REZEK, José Francisco. **Curso de Direito Internacional Público.** São Paulo: Saraiva, 1989.

REZEK, José Francisco. Parlamento e Tratados: o modelo constitucional do Brasil. In: **Revista de informação legislativa.** Brasília: Subsecretaria, n. 154, Brasília: Senado Federal, abr/jun. 2002, p. 15-29;

REZEK, José Francisco. **Direito dos Tratados.** Rio de Janeiro: Ed. Forense, 1984.

RIBEIRO, Maria de Fátima. **Comentários ao Código Tributário Nacional.** 6. ed., Rio de Janeiro: Ed. Forense, 2001.

RICCITELLI, Antônio **Direito constitucional**: teoria do Estado e da Constituição. - 4.ed. rev. - Barueri, SP: Manole, 2007.

ROCHA, Maria da Conceição Ramos. **Mercosul: alcances da União Aduaneira no ordenamento jurídico brasileiro**. Rio de Janeiro: Lumen Júris, 1999.

ROCHA, Valdir de Oliveira. Tratados Internacionais e Vigência das Isenções por eles Concedidos, em face da Constituição de 1988, **Repertório IOB de Jurisprudência**, São Paulo, cad. 1, n. 8, 1991.

RODRIGUES, Manoel Coelho. **A Extradição no Direito Brasileiro e na Legislação Comparada**. Tomo III, Anexo B. Rio de Janeiro: Imprensa Nacional, 1931. p. 75-78.

SALACUSE, Jeswald W. The Treatification of International Investment Law. **Law and Business Review of the Americas**; Winter 2007; 13, 1; ABI/INFORM Global pg. 154, apud LAURIANA., op.cit., p. 50 e 51.

SANTIAGO, Igor Mauler. **Direito tributário internacional**: métodos de solução dos conflitos: São Paulo: Quartier, Latin, 2006.

SARAIVA FILHO, Oswaldo Othon de Pontes. "Afinal, tratado internacional pode ou não isentar tributos estaduais, distritais e municipais? ", **Revista Fórum de Direito Tributário** n° 18, Belo Horizonte: Editora Fórum, 2005, p. 67 a 85.

SARAIVA FILHO, Oswaldo Othon de Pontes. Afinal, Tratado Internacional pode ou não isentar tributos estaduais e municipais? **Repertório IOB de Jurisprudência**, São Paulo, cad. 1, n. 18, 1998.

SARAIVA FILHO, Oswaldo Othon de Pontes. Tratado Internacional e o Sistema Tributário Brasileiro. **Revista de Direito Internacional, Econômico e Tributário – RDIET**. p. 14.

SCHOUERI, Luís Eduardo. Acordos de Bitributação e Lei Interna – Investimentos na Ilha de Madeira – Efeitos da Lei n° 9.249/95, **Revista Dialética de Direito Tributário**, São Paulo, n. 17, 1997.

SCHOUERI, Luís Eduardo. Acordos de bitributação e lei interna – Investimentos na Ilha da Madeira – Efeitos da Lei n. 9.249/95. **Revista Dialética de Direito Tributário**. n. 117. São Paulo: Dialética, 1997.

SCHOUERI, Luís Eduardo. Discriminação de Competências e Competência Residual. In: SCHOUERI, Luís Eduardo; ZILVETI, Fernando Aurélio (Coord.). **Direito Tributário**: estudos em homenagem a Brandão Machado. São Paulo: Dialética, 1998.

SCHOUERI, Luís Eduardo. **Preços de Transferência no Direito Tributário Brasileiro**. 2. ed. São Paulo: Dialética, 2006.

SCHOUERI, Luís Eduardo. Transparência Fiscal Internacional, Proporcionalidade e Disponibilidade: Considerações acerca do art. 74 da Medida Provisória nº 2.158-35. **Revista Dialética de Direito Tributário**, v. 142, 2007, p. 39-50.

SCHOUERI, Luís Eduardo; ROCHA, Valdir de Oliveira. **Tributos e Preços de Transferência**. São Paulo: Dialética, 1999.

SILVA, José Afonso da. **Curso de Direito Constitucional Positivo**. 32. ed. São Paulo: Malheiros, 2009.

SILVA, Lauriana de Magalhães. Direito Internacional dos Investimentos e Tratados Internacionais contra a Dupla Tributação da Renda. **Revista do Mestrado em Direito**. RVMD p. 42-70, p. 44.

SOUZA, Hamilton Dias de. Tratados Internacionais – OMC e Mercosul, **Revista Dialética de Direito Tributário**, São Paulo, n. 27, 1997.

TAVOLARO, Agostinho Toffoli e SILVA, Antonio Carlos Florêncio de Abreu e. O tratado de troca de informações fiscais Brasil-Estados Unidos. **RBCE** – 114, p. 62-71.

TAVOLARO, Agostinho Toffoli. Os Tratados sobre a Tributação e a Constituição de 1988, **Cadernos de Direito Tributário e Finanças Públicas**, n. 1.

TAVOLARO, Agostinho Toffoli. Tratados Internacionais, Dupla Tributação: Soft Law. **Revista de Direito Internacional, Econômico e Tributário.**

TEMER, Michel. **Elementos de Direito Constitucional.** 21. ed. São Paulo: Malheiros, 2006.

TENÓRIO, Oscar. **Direito Internacional Privado,** v. I, 11. ed., 1976, p. 93. *In* Tibúrcio, Carmem. Relação do Direito Internacional com Direito Interno. p. 29.

TEUBNER, Gunther. **Global Law Without a State.** Brookfield: Dartmouth. 1997, p. 3-28.

TEUBNER, Gunther. **O Direito como Sistema Autopoiético.** Lisboa: C. Gulbenkian, 1989.

THORSTENSEN, Vera. **OMC – Organização Mundial do Comércio:** as regras do comércio internacional e a nova rodada de negociações multilaterais. São Paulo: Aduaneiras, 1999.

TÔRRES, Heleno Taveira. Base de Cálculo do Imposto de Importação e o Acordo de Valoração Aduaneira. In: _____(Coord.). **Comércio Internacional e Tributação.** São Paulo: Quartier Latin, 2005.

TÔRRES, Heleno Taveira. **Direito Tributário e Direito Privado:** autonomia privada, simulação, elisão tributária. São Paulo: Revista dos Tribunais, 2003.

TÔRRES, Heleno Taveira. **Direito Tributário Internacional:** planejamento tributário e operações transnacionais. São Paulo: Revista dos Tribunais, 2001.

TÔRRES, Heleno Taveira. **Pluritributação Internacional sobre as Rendas das Empresas.** São Paulo: Revista dos Tribunais, 1997.

TORRES, Ricardo Lobo. Ética e Justiça Tributária. In: SCHOUERI, Luís Eduardo; ZILVETI, Fernando Aurelio (Coord.). **Direito Tributário:** estudos em homenagem a Brandão Machado. São Paulo: Dialética, 1998.

TORRES, Ricardo Lobo. O Princípio Arms's Lenght, os Preços da Transferência e Teoria da Interpretação do Direito Tributário, **Revista Dialética de Direito Tributário**, São Paulo, n. 48, 1999.

TREVISAN, Rosaldo. Direito Aduaneiro da Integração no Mercosul. In: MENEZES, Wagner (Coord.). **Estudos de Direito Internacional**. Curitiba: Juruá, 2005, v. 5.

Ulhôa Canto, Gilberto de. Legislação tributária, sua vigência, sua eficácia, sua aplicação, interpretação e aplicação. **Revista Forense.** Rio de Janeiro, v. 2267, p. 25-30, jul/set. 1979, p. 27.

UNITED NATIONS. **The Global Economic Crisis:** Systemic Failures and Multilateral Remedies: Report by the Unctad Secretariat Task Force on Systemic Issues and Economic Cooperation. UN, New York and Geneva, 2009.

VALADÃO, Marcos Aurélio Pereira; GICO JR., Ivo Teixeira. The (Not So) Great Depression of the 21th Century and Its Impact on Brazil, aceito para publicação na **Law and Business Review of the Americas**, v. 16, n.1, Winter, 2010.

VALADÃO, Marcos Aurélio Pereira Valadão. **Limitações constitucionais ao poder de tributar e tratados internacionais**. Belo Horizonte: Del Rey, 2000.

VALADÃO, Marcos Aurélio Pereira. "Pode o *soft law* ser considerado fonte do direito internacional tributário? ", em **Revista de Direito Internacional Econômico e Tributário**, v. 2, n. 1, Jan/Jun. 2007, p. 16.

VALADÃO, Marcos Aurélio Pereira. PODE O SOFT LAW SER CONSIDERADO FONTE DO DIREITO INTERNACIONAL TRIBUTÁRIO? **Revista de Direito Internacional Econômico e Tributário**. v. 2, n. 1, Jan/Jun. 2007, p. 16-17.

VALADÃO, Marcos Aurélio Pereira. Troca de informações com base em tratados internacionais: uma necessidade e uma tendência irreversível, em **Revista de Direito Internacional Econômico e Tributário**. v. 4, n. 2, Jul/Dez. 2009, p. 276.

VALADÃO, Marcos Aurélio Pereira. Uma visão ampliada dos efeitos da globalização no sistema tributário brasileiro. In: PANZARIN FILHO, Clóvis; TONANI, Fernando; BEHRNDT, Marco Antonio; RIBEIRO, Ricardo Pereira; VASCONCELOS, Roberto França de. (Org.). **Revista de Direito Internacional Tributário**. São Paulo - SP: Quartier Latin, 2009, v. 11, p. 131-169.

VEGAS, Jorge Hugo Herrera. **A Vigência dos Tratados do Mercosul**. São Paulo: Gazeta Mercantil Latino-Americana. Ano 3, n. 109, de 18 a 24 de maio, 1998.

VELLOSO, Carlos Mario da Silva. Os tratados na jurisprudência do Supremo Tribunal Federal, In **Revista de Informação Legislativa**, ano 41, n. 162, Brasília: Senado Federal, abr/ jun/2004, p. 37-38. Cf., Marcos Aurélio Pereira Valadão, Limitações Constitucionais ao Poder de Tributar e tratados internacionais, Belo Horizonte. Del Rey, 2000, p. 291-295.

VELLOSO. Caio Mário. Lei Complementar Tributária. **Revista Fórum de Direito Tributário** – RFDT Belo Horizonte, ano 1, n. 2, mar/abr. 2003.

VENTURA, Deisy de Freitas Lima. **A Ordem Jurídica do Mercosul**. Porto Alegre: Livraria do Advogado, 1996.

VITA, Jonathan Barros. **Valoração aduaneira e preços de transferência: pontos de conexão e distinções sistêmico-aplicativas**. Tese apresentada à Pontifícia Universidade Católica de São Paulo. 2010.

VOGEL, Klaus. On Double Taxation Conventions. **The Hague:** Kluwer Law International, 1997.

XAVIER, Alberto & Lopes, Helena de (s.d.). Tratados: superioridade hierárquica em relação à lei face à Constituição Federal de 1988. **Revista de Direito Tributário**, 66.

XAVIER, Alberto. Direito Internacional Tributário, **Revista de Direito Tributário**, São Paulo, n. 60.

XAVIER, Alberto. **Direito Tributário Internacional do Brasil**, 7. ed. 2ª tiragem. Rio de Janeiro: Ed. Forense. 2011.

XAVIER, Alberto. Tratados superioridade hierárquica em relação à lei face à constituição federal de 1988, **Revista de Direito Tributário** n. 66, p. 30–48.

XAVIER, Alberto; XAVIER, Helena de Araújo Lopes. Tratados: Superioridade Hierárquica em Relação à Lei face à Constituição Federal de 1988, **Revista de Direito Tributário**, São Paulo, n. 66.

ZOTELLI, Valéria. ICMS nas Importações: local de recolhimento. In: CARRAZZA, Elizabeth Nazar (Coord.). **ICMS:** questões atuais. São Paulo: Quartier Latin, 2007.

SOBRE A AUTORA

Hadassah Laís de Sousa Santana

Mestre em Direito Internacional, Econômico e Tributário pela Universidade Católica de Brasília - UCB no ano de 2014, defendendo a dissertação Estudo Acerca dos Tratados sobre Matéria Tributária e sua Inserção no Sistema Jurídico Brasileiro, elaborada sob orientação da Professora Drª. Liziane Angelotti Meira. Especialista em Direito Tributário e Finanças Públicas pela Escola de Administração Fazendária – ESAF no ano de 2011. Foi bolsista em Iniciação Científica sob orientação do Professor Dr. Frederico Augusto Barbosa. Participou do curso de extensão Espace Mondial em convênio com o Institut d'Études Politiques de Paris, Sciences Po, França, a Universidade de Brasília e o Centro Universitário de Brasília. Professora em cursos de graduação e pós-graduação em Direito Tributário e Finanças Públicas. Assessora Legislativa Tributária na Câmara Federal, Coordenadora do Núcleo de Prática Jurídica da Universidade Católica de Brasília na Justiça Federal, advogada e conferencista na área de Direito Constitucional e Tributação. Integrante de grupos de pesquisa com ênfase em Internacional, Tributário, Constitucional, Educação e Terceiro Setor. Possui publicações em relevantes periódicos nacionais e participação em livros na área tributária. É editora na Revista do Mestrado em Direito da Universidade Católica de Brasília - RVMD, na Revista de Direito Internacional, Econômico e Tributário - RDIET e na Revista de Pesquisas Avançadas do Terceiro Setor – REPATS da Pós-Graduação Stricto Sensu em Direito da Universidade Católica de Brasília.

Tiragem: 1000
Formato: 16 x 23 cm
Mancha: 12 X 19 cm
Tipologia: Times New Roman 11,5/10,5/8,5/16/18
           Arial 7,5/8/9
Papel: Pólen 80 g (miolo)
           Royal Supremo 250 g (capa)